愛知奥三河 今昔物語

穂積亮次
松下裕秀
小林宏之
伊藤利男
梶村太市
松井光広
〔編〕

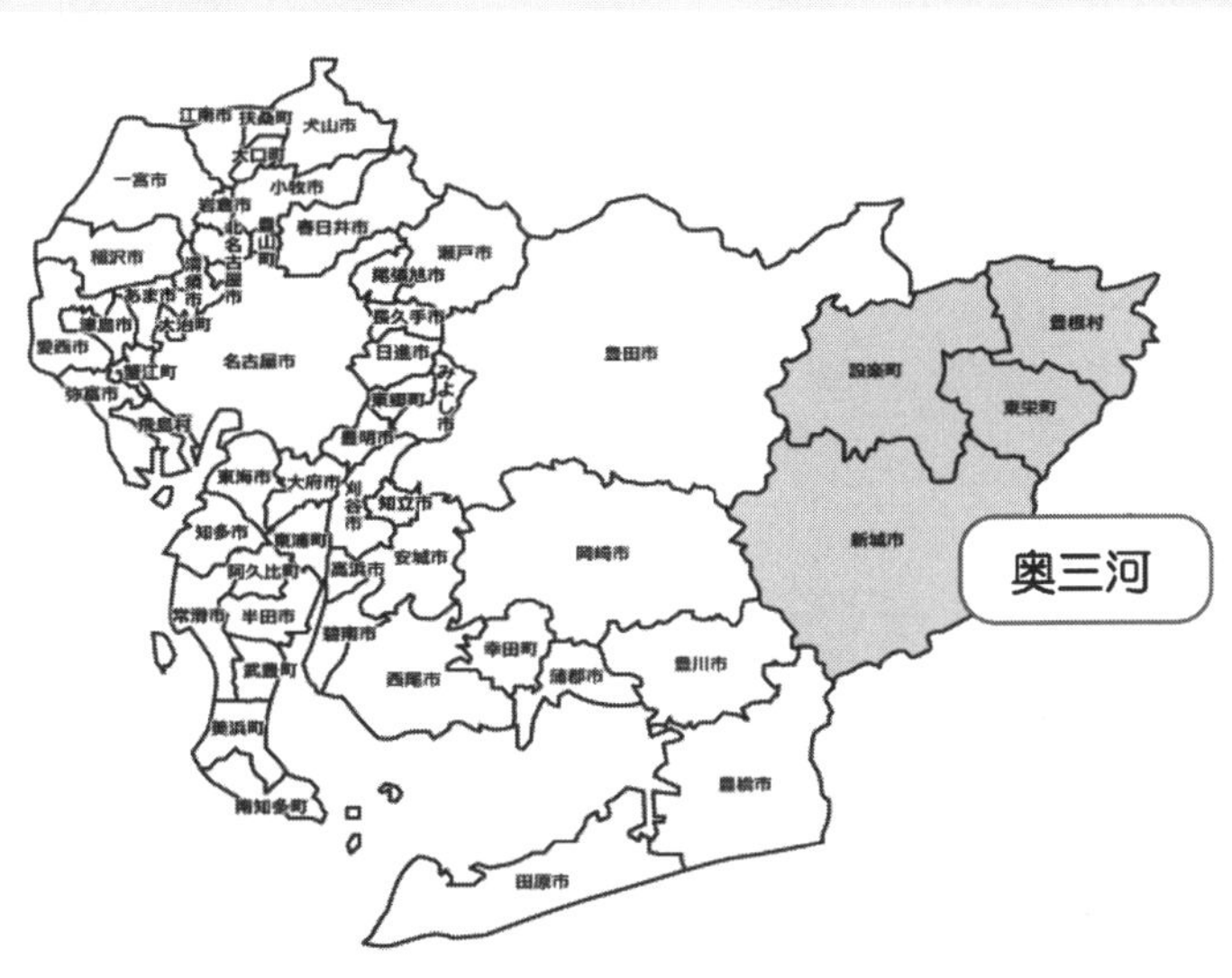

出典：『中山間における持続的地域振興　～奥三河地域を事例として～』
（公益財団法人中部圏社会経済研究所、2021年12月）

発行　恒春閣

はじめに

本書は、愛知県奥三河地方の物語である。語り手は総勢四三人に上るが、原稿はすべて三か月ほどの間に書かれ、集められた。

この離れ業を構想し、実現させたのは、新城ふるさと応援隊の諸氏である。同隊の沿革や活動については、現・代表の松下裕秀氏が第一章のなかで紹介しているので、詳しくはそちらに譲るとして、創設メンバー三氏（伊藤利男、梶村太市、松井光広）によるふるさとを想う出版は、これが最初ではない。第一作は、『立ち上がれ、ふるさと　東三河政令指定都市構想〜穂の国と豊川を超えて』（二〇一一年・日本加除出版株式会社）と題され、第二作は、『それぞれの地方創生　課題と展望—愛知・三河を中心に静岡・東京』（二〇一七年・同前社）と続いた。

ふるさと応援隊の創設が二〇〇七年だったから、二〇二三年刊の本書にいたるまで実に五年内外に一冊のペースで類書を上梓してきたことになる。

この驚異的な取り組みは、深い郷土愛に根ざしたものであるのは当然として、新たな「三河学」「ふるさと論」構築を目指した、意欲的な試みでもあったと思われる。

その必要が切迫しているのは、ふるさとそのものが大きく、かつ急速な変貌を遂げるのが必至だからだ。人口推計によれば、日本列島のなかで現在人が居住している面積の二割ほどが、二〇五〇年段階で無住の地になると予測されている。市町村の行政単位も区域境界も不変のままでいることはできないだろう。

その一方で外国人居住者は増加を続け、社会経済機能の維持のためなくてはならぬ存在となるだろう。さまざまな有事への対応が、地域のかたちを一変させるかもしれない。

昨日まであったものが明日には無くなり、昨日まで無かったものが明日には生まれている。

どんな姿が望ましく、どんな形が望ましくないのか。おぼろげながらそれを思い浮かべることはできても、確実な予測は至難で、万人納得の設計書を書くことはなおさらに不可能である。

にもかかわらず、いやそれだからこそと言うべきか、われわれは懸命になって明日への手がかりを探し求めている。どうする、どうなる、わが地域。

手がかりを求めて打ち込んだアンカーが、次の登攀者を助けるように、奥三河の各地各界から語られた本書の問いかけが、明日もまた壁に挑む人々の確かな足場になることを願うとともに、日本全国で同様の模索を続ける方々に良き刺激を提供できればと思う。

本書は全四章で構成されている。第一章「俯瞰の奥三河」は、現職の市町村長やふるさと応援隊メンバーを中心にした奥三河総論となっている。新城市若者議会の経験者や縁あって当地に移住してきた新世代も含まれている。第二章「それぞれの奥三河」は、各分野のリーダーや実践家を中心にした奥三河各論となっている。第三章「歴史の奥三河」は、本年話題の多かった戦国合戦期をはじめとする歴史をたずねて、現代に示唆するものを探った。第四章「どうする奥三河」は、編著者による総括討論である。

なお本書で語る奥三河は、現在の行政単位で言うと、新城市、設楽町、東栄町、豊根村の範囲に限られている。西三河にあたる豊田市や岡崎市の山間部も奥三河と呼ばれるので、その地の方々への失礼はあらかじめお詫びしておきたい。

最後に。冒頭紹介した新城ふるさと応援隊の手になる既刊書だが、その第一作には、創設三氏の中学時代の恩師で郷土史家でもあった林正雄先生と、長篠・設楽原合戦では武田勝頼が本陣を張った古刹・医王寺の住職で鳳来寺山自然科学博物館の館長でもあった横山良哲師の二人が、共著者に名を連ねている。横山師は第一作出版直前に、林先生は第二作の編著に携われた後に、それぞれ故人となられた。

今もご存命ならば、本書の内容ももっと豊かになっただろうことに思いを馳せ、感謝をこめておふたりに本書を捧げたい。

二〇二三年十月

編著者の一人として　前・新城市長　穂積　亮次

目　次

第一章　俯瞰の奥三河（総論）

新城市上空

【一－1】

「生まれ育ったふるさとを元気なまちにしたい」―人口減少と少子高齢化の現実に負けないまちを目指して―

新城市長　下江　洋行

はじめに

「こんにちは。下江洋行です。私は生まれ育ったこの新城が大好きです。このまちに暮らす人々がまちづくりの主役。そして、もっと魅力ある新城にしたい。そんな思いで三期一二年間、市議会議員として真剣に取り組んでまいりました。豊かな自然に囲まれ、歴史や郷土芸能・文化に育まれたこのまちには、人情味あふれる人々が暮らしています。この新城には大きな可能性があります。魅力あふれる新城の地域特性を生かし、田園回帰志向の高まりを追い風に、都市部からの人の流れ、移住や定住支援することで、まちづくりの担い手が増えていきます。そして、観光やアウトドアスポーツ等で訪れてくれる新たな交流人口と、この地域にかかわりを持ち応援してくれる関係人口を創造することで、まちづくりの輪が広がります。子どもたちが夢を描き、若者が希望を持ち、高齢者が安心して暮らせる、女性も男性も活躍できるまちであり続けたい。このまちに暮らす人々がまちづくりの主役。暮らしてよかったと思えるまち。そんなまちをわたしはつくりたい。ワンチーム新城で市民の力をひとつに結集できるよう、下江洋行、全力で取り組んでまいります。」（市長選挙に臨むメッセージ。HPにYouTube動画掲載）

私は、令和三年一一月より新城市長に就任し、「人口減少と少子高齢化の現実に負けないまち」を目指し、五つの目標と三六の提案を、新城市の一〇年後に責任を持つマニフェストとして掲げた。

五つの目標とは、一、将来に責任を持つ行財政改革（地域住民とのつながりを大切にする職員集団による行財政改革を）　二、安心して暮らし続けられるまち（日々の生活の安心と、将来不安を取り除くことを最優先に）　三、市民の安全を守るまち（防災・防犯・交通安全対策で、市民の生命と財産を守る）　四、次世代が夢と希望を持てるまち（教育・子育て支援策を充実させ、次世代の郷土愛を育む）　五、人が集まる元気なまち（地域資源を最大限に生かし、まちの活力に）であり、目標ごとに具体的な提案を掲げている。

一八年前の本市の合併時(平成一七年)から三年後に、国全体が人口減少期に入った。平成一七年に五万二一七八人であった本市の人口は、国勢調査の年度である令和二年には四万四三五五人となり、約七八〇〇人の減少となった(令和五年六月時点：四万三四二〇人)。今から約八年後の令和一三年には、人口が三万九〇〇〇人に、生産年齢人口(一五歳から六四歳)の占める割合は四八%に(現在五二%)、高齢化率は四二%に(現在三七・七%)と推計されている。

これまで本市においては、このような人口動向の推移の中で、自治体間で人口の奪い合いをするという考え方をとるべきではなく、人口が減っていくことは避けられない前提として、減少・流出のスピードを落とすための子育て支援策の充実、若者政策の実施、高齢者福祉の充実、交流人口・関係人口の創出のための施策を推進し、子育てしやすい、暮らしやすい、働きやすい環境づくりに取り組んでこられたと理解している。またその過程で、議会も各種事業の執行について承認してきた。私は今後においても、こうしてこれまで築いてきた基盤をしっかり固めながら、時に原点に立ち返り施策を検証し、必要な改善を図りながら着実に市政を推進していく方針である。

そこで、私が掲げた「少子高齢化と人口減少の現実に負けないまち」づくりを進めていくためには、まず人口減少・少子高齢化の現実と向き合い、本市における人口動向の特性を正確に分析し、それに対応する将来を展望したまちづくりを進めていくことが前提と考える。

具体的には、①高等教育機関等への進学で、いったん市外へ転出している若者や、都市部で暮らす現役世代の方が、再び新城市へ戻ってくることができるようなまちの魅力づくりと、周辺都市へも通勤通学ができるような交通手段の確保、②高齢化・過疎化に対応できる保健・医療体制の整備や、買い物・移動等における生活支援など、暮らしの安心につながる施策を充実していくこと、③さらに、交流人口・関係人口の創出を、まちの活力につなげていくため、地域資源を活用した産業政策にも力を入れていく必要がある。④そして住民自治の取り組みを定着させることで、支え合いを育む人づくりと、みんなで助け合う地域づくりをさらに進め、市民の将来不安を取り除き、ふるさと新城で暮らす誇りと安心を実感できるまちであることが、「少子高齢化と人口減少の現実に負けないまち」であるという考えだ。さらに付け加えれば、新城市第二次総合計画（令和元年度〜一二年度）の最終年度の人口は、四万人を維持することを目標としているが、一定の人口数を死守することを至上命題にするのではなく、その時の人口と年代構成をふまえて、どのような社会を作っていくかに主眼を置くことが肝であると考える。

そのためにも、第二次総合計画に掲げる**政策横断重点戦略**（①バランスのとれた年齢構成への転換を進める　②支える側として活躍したい高齢者を支援する　③地域づくりに関わる人々を増やす）と、**目指すべき三つの姿**（①個性輝く多様な「ひと」が活躍している　②快適で潤いのある「ちいき」に暮らしている　③活力にあふれた「まち」になっている）と、**「ひと」「ちいき」「まち」の姿、目標、施策を達成するための行政経営の方針**それぞれにおける個別計画を着実にすすめていきながら、これまで築いてきた基盤を固めることと合わせて、マニフェストに掲げた五つの目標と三六の提案にしっかり取り組んでいく。

脱都会派にまちの魅力発信

市長就任後に手がけた人口対策として、移住・定住などに関係する取り組みと今後の展望について話したい。まず本市の若年層の転出入の現状についてであるが、一五歳から一九歳の年代層が、二〇歳から二四歳の年代層になる時に、都市部を中心とする市外への転出が著しいという特徴がある。平成二七年から令和二年までの五年間で約五六〇人と、他の年代層と比べ突出して転出超となっている。全年代層で見ると、一年間の市外への転出が約一五〇〇人、逆に転入が約一二〇〇人であり、約三〇〇人の社会減の状況が続いている。その内容を分析すると、転出者の約六〇%が県外ではなく県内への転出であることと、転入者の約六〇%が二〇歳代から三〇歳代であり、若い年代層の占める割合が多いことも一つの特徴であることがわかる。さらに〇歳から一四歳の年代に注目すると、転入超となっていることもわかる。当然子育て世代の若い両親などと共に転入しているはずだ。また外国籍の方の人口は、コロナ禍の令和二年度、三年度においてはやや減少傾向がみられたが、過去一〇年間おおむね転入超で、令和四年度の一年間には二〇%と大きく増加している。しかも転入される年代層が、二〇歳代、三〇歳代と若い方がほとんどである。

こうした人口動向を踏まえて、おもに二〇歳代から三〇歳代前半の転出入を均衡に近づける取り組みの一つとして、本市に移住や定住を考えている方が必要とする情報を有効に発信する仕組みづくりにとりかかった。具体的には、令和四年四月から市企画部門に定住促進係を設置し、実際に都市部から移住された方へのヒアリングなどによる移住希望者のニーズ調査を行うとともに、移住希望者や若者にPRできる本市の一押しの取り組みともいえる施策、新東名高速新城ＩＣを起点とした交通ネットワークの優位性、まちの魅力（歴史・自然・文化）など「新城市の推し」の深堀りを始めた。そして、移住ポータルサイト「すぐ田舎、すぐ都会」の開設と、公式インスタグラム「しんしろライフ」による情報発信を令和五年の二月から本格的にスタートした。まちの情報を動画で配信することはもちろん、空き家など住まいの情報、こども園の保育料と給食費を無償化としている子育て施策、企業情報や新規就農支援策などをわかりやすく紹介している。そして、移住された方の声を紹介するとともに、地域住民の協力をいただくことを含めて、移住相談業務の充実をはかっている。移住をするためには、まずは住まいの確保である。これまで市では、弁護士会、建築士会、宅建協会などの一二団体と空き家に対する協定を締結させていただいているが、移住者から相談があった際、公平な立場である行政として、団体に加盟している個別の事業所を紹介することができず、団体の本部を紹介することしかできなかった。そこで、移住ポータルサイトの開設の際に、移住希望者が住まいに関する情報を入手することができるよう、「移住定住等支援協力事業者登録制度」を新設し、各事業者に登録いただくことで、相談者に対して、的確な事業所を個別に紹介できるような仕組みを取り入れた。

移住を考えている人は、必ず目的を持っている。その目的がその地で叶うかどうかがポイントで、移住者への支援金などのインセンティブは二の次であると思う（もちろんあった方が良いが）。また移住先での暮らし全般にわたる相談ができる人も必要である。新城市が選んでもらえるまちになるために、本市に住みたいと思っている方を、定住促進係が中心となり各課との連携はもちろん、それぞれの地域の方の理解や協力も得ながら、ワンストップ窓口となり、きめ細かくサポートしていくよう推進していく。移住ポータルサイトの内容や運用については、意見をいただきながら改善をはかり軌道に乗せていきたい。

今年度から本市も、地方への移住を考えている方の情報収集や相談窓口の拠点である、ＮＰＯ法人ふるさと回帰支援センター（東京の有楽町駅前）の会員となった。前年度に、北設楽郡の首長さんと当センターを訪問し、理事長から詳しく運営状況の説明を受け、担当者との面談や施設の見学も行った。年間五万人以上の方が来訪または電話での相談をされており、年々利用者が増加している傾向や、愛知県からも会員となり積極的に情報提供している自治体があることも確認させていただき、出遅れた感は否めないが、本市も当センターと積極的に連携していくことを決めた。決め手になったのは、理事長の前向きな姿勢と熱意であった。現在、当センターに常勤する愛知県担当職員と市の企画部定住促進係と連携を密にし、例えば移住定住につながる本市の新規就農者の確保に関するイベントなどをセンターのホームページで周知していただき、移住相談に来られた方への紹介をしていただいてもいる。毎年東京で行われる移住フェアへも参加するなど新たな取り組みも始めた。

もちろん移住者を増すことが容易でないのはわかっているが、現に本市の手厚い就農支援により、Ｉターンによる新規就農者の確保も実績を上げている。また、木造伝統建築の古民家に本物の価値を見出し、中山間地域にある古民家に住むことを希望する方や、飲食店などのお店として活用をされる方が増えつつある。先ほども触れたが、外国籍の方の人口は増えており、特にブラジルの方にとっては、周りに山や川がある自然の豊かさや交通利便性などを含め、本市は人気があると聞いている。豊川上流の水源地である自然豊かな中山間地域で、有機農業の道を選んだ方々が、都市部からＩターンで定住し就農してくれている。都会にはないものがすべてあるこの地域には可能性が広がっているはずだ。可能性を追求し、あきらめずに移住定住施策を推進していく積極的な姿勢をトップとして堅持していく。

夢を持ち人生をかけて新城市での生活を選択された移住者の方々は、チャレンジングでエネルギーに満ちている人が多い。また、地域に新たな価値を創造し、まちの活力に大きく貢献してくれている。そうした方々を大切にすることはもちろん、しっかり応援できる市でありたいと強く思う。

さて、人口対策を考えていく上で、土地利用や規制の現状についても検証し、移住・定住希望者に、土地利用の選択肢を少しでも増やしていくことが求められる。言い換えれば、土地利用における現状の規制と、居住ニーズとのギャップの解消である。本市中心部の市街化区域は、市の面積の約一・一％の広さしかないが、そこに人口の約三〇％が居住している。そして、市街化調整区域には人口の約四〇％が、それ以外（無指定、準都市計画区域）には約三〇％が居住しているという現状がある。つまり人口の約七〇％が市街化区域の外に居住しているという実態がある。こうした状況下で、特に市街化調整区域に住む住民や関係者から、住宅が建てやすくなるよう規制の緩和を求める強い要望があり、代表区長会や地域協議会の場において区長さんや市民から、また関係地域の議員からもこれまで繰り返し問題提起がされてきた。そこで、市街化区域内の低未利用地の活用の推進と、調整区域における規制の緩和策の検討に入った。

すでに市街化調整区域内の四地区に地区計画を定め、地区ごとに定める方針にもとづき土地利用を進めてきた。移住定住施策として千郷地区の杉山地内に「サンヒル新城」という一一区画の宅地を分譲。八名地区の八名井および東郷地区の八束穂地内では、企業誘致を推進するため「新城八名井企業団地」および「新城インター企業団地」を造成分譲。千郷地区の豊島地内に「国道一五一号沿道地区計画」による商業施設の立地に向けた取り組みを行ってきた。しかし、本市の地区計画はこの四地区だけであり、市街化調整区域における有効な土地利用としては不十分であると考える。また、平成二四年から優良田園住宅制度により、舟着地区に一ヶ所、八名地区に三ヶ所を指定し、運用を図ってきたが、残念ながら実績が上がらないまま一〇年以上経過している。理由としては、対象となる地区が限定されていることと、一団の住宅地を一ヘクタール以上一〇ヘクタール未満で形成することという要件が、本市における現実的な住宅開発の規模に合わないことが考えられる。そこで、まず現状の優良田園住宅制度上の課題に対処するため、基本方針の見直しにとりかかった。見直しにおける現状の考え方としては、想定される需要者および住宅像を、①UIJターン型として、都市等から移住し地域住民と交流連携を図りながら、田園環境の中で生きがいを求めようとする要請に応える住宅、②集落応援型として、都市部から移住し地域住民と共に地域愛を育み、コミュニティの維持と田園地域の活性化を図ろうとする要請に応えるための住宅、③郷土愛型として、世帯の通常の分家発展の過程において、家族や地域住民と共に地元愛を育み、コミュニティの維持と田園地域の活性化を図ろうとする要請に応えるための分家住宅の三パターンである。特に③の分家住宅を建てやすくする条件整備と、計画区域の面積要件の緩和などがポイントであると考えている。しかし愛知県の市街化調整区域における地区計画ガイドラインがあることで、見直しに向けて困難な状況にある。愛知県の関係部署と調整を行いながらより利用されやすい制度設計を行い、土地利用の促進を図っていけるよう協議検討を続けているところであり、実効性のある制度となるよう関係機関などを中心とする方々への理解を強く求めたい。また令和五年度から、市街化調整区域の土地利用のあり方について、市の担当課である都市計画課が議会と共に課題等の情報共有をし、改善策を練る取り組みも始まったところでもあり、議会の皆さんにも応援していただけるよう期待をしているところである。

交流人口の創出をまちの活力に

第二次新城市総合計画の政策横断重点戦略の一つに、「地域づくりにかかわる人々を、つながる市民（ひと）と位置づけ、つながる市民（ひと）との交流促進をまちづくりの力に変えていく」ことを掲げた。現在の本市の高齢化率は三七・七％であり、特に山間地域においては地域自治区単位で五〇％近くまで高齢化が進んでいる地域もある。そうした地域では、住民間の支え合いと助け合いで日々の暮らしを守り、集落機能を維持していただいている。生産年齢人口も減少していく中で、産業のみならず継承されてきた地域特有の文化活動や郷土芸能などの担い手不足の問題も顕在化している。これらの課題に向き合うためには、地域以外の人たちとの交流の促進がポイントであると考える。つまり交流人口の創出であるが、併せてそうした方々とコミュニケーションをとるツールの必要性も強く感じている。さらに、本市のファンになってもらえるような仕組みづくりにより、ファンの見える化ができないものかとも考えている。まず交流人口の創出に向けて、本市の地域資源を生かした観光振興についてから話を進める。

私のマニフェストの目標の一つが「人が集まる元気なまち」であり、その中の提案の一つが「新城ツーリズム（食、自然、歴史、スポーツ、健康、温泉）で、経済効果を観光事業者が実感できるアクションプランの実施」である。豊かな自然に囲まれ、貴重な地域資源である名所旧跡が多く、私たち自らが戦国の歴史の舞台で暮らしている本市は、町ごと屋根のない博物館・資料館である。この地域資源を有効に生かすためには、発信力のある観光大使を起用し、プロフェッショナルガイドやインタープリターによる案内付きのプランを用意することなどにより、観光地のさらなるクオリティアップをはかるとともに経済効果につながる仕組みづくりが必要と考える。戦国の歴史資源、環境整備が整った桜淵公園、湿原が広がる高原地帯の作手地区、ウォーキングやトレッキングの来訪者が年々増えてきた鳳来寺山周辺や東海自然歩道、渓谷美のロケーションと泉質が売りの湯谷温泉など、地域資源のポテンシャルを最大限引き出し、経済効果につながるアクションプランを実施する必要がある。第二次観光基本計画にある年間誘客目標人数三六〇万人（令和一一年度）を目指すことよりも、来訪者の滞留時間を延ばすとともに、密度の濃い時間を過ごしてもらうことにより、満足度を高めることに主眼を置く、質感を高める取り組みに注力したい。

令和三年四月策定の第二次新城市観光基本計画に定める観光施策の展開におけるテーマ別観光の四項目の中に、スポーツツーリズムと武将観光の二つがある。ここでは武将観光推進の取り組みを取り上げる。

令和五年一月からNHK大河ドラマ「どうする家康」の放映が始まった。これを見越して、令和三年度からの具体的なアクションプランにもとづき「徳川家康をテーマとした武将観光の推進」を図ることとし、長篠城址史跡保存館活用計画の推進、観光ボランティアガイド等の地域活動への支援、戦国絵巻三部作（長篠合戦のぼりまつり、作手古城まつり、設楽原決戦場まつり）の実施とイベントの見直しなどに着手した。そして大河ドラマの放映が始まる一年ほど前から、徳川家康公ゆかりの地、長篠・設楽原の戦いの地として、市内の各種関係団体の皆様を中心に地域の魅力の掘り起こしと発信に力を入れていただき、誘客に向けての機運を高めてきた。大河の年の盛り上がりを一過性のものとせず、令和七年に迎える長篠・設楽原の戦い四五〇周年、さらには令和八年に迎える新城城築城四五〇周年へとつなげていくには、何よりもこの地域に住む我々自身が、この機会に改めて歴史・文化・観光の視点で、本市の地域資源の価値を再認識することこそが出発点になると考えた。そもそも地域資源の価値に住んでいる住民が気付かないようでは、持続可能な観光は実現しない。本市が大きく取り上げられる大河ドラマの放映は、シビックプライドを醸成することができるまたとない格好の機会である。

まず、大河ドラマの放映が始まる一年ほど前となる令和四年の二月に、市内の観光事業者をはじめ、複数の各種経済団体、ボランティアガイドや郷土史研究会などの二八の地域団体等による、「徳川家康ゆかりの地」活用推進会議を立ち上げ、市を上げて武将観光に力を注いでいく意思を皆で共有した。ほどなく市内各所で活動する歴史ボランティアガイド、郷土研究会など九団体の連携を図るため、「歴史の見えるまちづくりガイドネットワーク」が組織され、それぞれの団体における活動やお互いの得意分野についての情報共有を図るなどの勉強会や、ガイドによるおもてなし向上のための研修をこれまで自主的に重ねてこられた。こうした団体の活動は、今年の四月から始まった企画である、ボランティアガイドと徳川家康ゆかりの地を巡るツアーにおいて、また大河ドラマを見て長篠城址や設楽原の古戦場周辺を中心としたゆかりの地に訪れる多くの方々への、おもてなしによる満足度の向上に大きく貢献している。さらには、市街から来訪される方の中から、設楽原決戦場の馬防柵の修復作業や作手の古宮城周辺の環境整備などの活動に参加する方も現れてきた。まさにこうした交流人口の広がりこそを、地域の力につなげていく必要があると強く思う。

市民に向けては、市の広報誌において、「しんしろ家康紀行」と題して全一六話の特集記事の連載を令和四年九月から始めた。この連載では、「鳳来寺から始まる家康の生涯」「武田信玄最期の城攻め～野田城～」「奥平の拠点～亀山城～」など史実を改めて学び直すことができる内容や、「家康、苦渋の決断～旗頭山～」「三河武士の意地～弾正山への布陣～」「鉄砲玉と井代城」など初めて知るような興味深い内容の記事を提供している。こうした取り組みを、ケーブルテレビにおいて紹介するなど、多くの市民に関心を持っていただけるよう努めてもきた。他にも長篠城址史跡保存館と設楽原歴史資料館における、大河ドラマの放映に合わせたタイムリーな企画展の実施、歴史ガイドによる鳳来山東照宮本殿特別拝観を含む着地型のツアーや、長篠城址と設楽原古戦場をめぐる「奥三河の語り部と歩く長篠の戦い」の実施、史跡周辺の環境整備を含めて、こつこつと活動を積み上げてくることができたと思う。

令和五年の六月四日、一一日の大河ドラマのタイトルは、それぞれ「長篠を救え」と「設楽原の戦い」となり、このタイミングでパブリックビューイングも開催した。そして一一日に開催した、大河ドラマの出演者である岡崎体育さんと當真あみさんのお二人をお招きした【大河ドラマ「どうする家康」スペシャルトークショー】は、六〇〇組のペアーチケットに約一六〇〇組が応募するという大人気の企画となった。実は、この一大事業の開催決定から当日を迎えるまでの期間が大変短く、タイトな取り組みで正直不安もあったが、観光協会の事務局と市担当部署をはじめとする職員のがんばり、ボランティア参加の団体の協力に助けられ、無事に事業を終えることができた。多くの来場者に喜んでいただける一大イベントとしての大盛況の盛り上がりは、今後、戦国の歴史のまち新城市を発信していく上で大きなはずみとなったはずである。

令和四年からのこうした各種の取り組みにより、改めて市民がまちの価値に気付き、地域を大切に思う郷土愛や誇り、市民（ひと）との心のつながりが育まれたことこそ、大河ドラマ放映の年のレガシーとして残すべきものになったと総括している。ご尽力されたすべての関係者の皆さんに、心の底から感謝している。

戦国のまちの資源を売りとした武将観光、トレイルランニングレースやサイクル競技などのアウトドアスポーツを中心としたスポーツツーリズムなどの推進を軸にして、新城のファンとつながる仕組みを構築しながら、さらなる交流人口の創出を図り、まちの活力にしていきたい。

むすびに

人口減少に伴い本市が直面している課題の多くは、奥三河共通である。中山間地域の持続可能な地域づくりに向け、産学官連携強化による取り組みの更なる推進の必要性も強く感じている。令和四年一一月に名古屋大学と交わした「医療、健康、ライフスタイル等に係る包括連携協定」を主軸に、研究機関・企業の持つ知見や技術等を取り入れ、地域課題の解決のみならず、総合計画の推進とマニフェストの実現に取り組んでいく。そして北設楽郡の町村さんとは、共通する諸課題の解決に向け、スキームを共有できるよう連携していきたい。

本市はこれまで、進んでいく高齢化・過疎と必死に闘ってきた。言い換えれば、地域を守ろうと住民と行政が知恵を絞り汗を流してきた。大切なことは、発想の出発点を、

「我々が直面している地域特有の課題こそ地域資源である」という考え方に置くことである。困難と思える地域課題解決のなかにやりがいや楽しみを見つけるという発想が、前向きなエネルギーを生むはずである。人口減少に伴う課題先進地である奥三河が、課題解決先進地になることにこそ、地方自治体の人口減少時代を生き抜く道があると信じ、人口減少と少子高齢化の現実に負けないまちを目指していく所存である。

コラム

「新城」は「しんしろ」と読む

新城市は「しんしろし」であり、「しんじょうし」ではない。「しんしろ」の呼称の由来については諸説あるが、当時新城市石田に築かれた城を「しんじょう」と呼んだので、これと区別する意味で、長篠設楽原合戦の後、奥平信昌が長篠城から新城市西入船の新城小学校校庭脇に移築した城を「しんしろ」と呼んだというのが定説だという。長篠城は「旧しろ」、入船城は「新しろ」ということになる。

（新城ふるさと応援隊　梶村　太市）

コラム

新城市は奥三河の中心

昭和四四（一九六九）年に指定された天竜奥三河国定公園の範囲が東三河の奥地である①新城市・設楽町・東栄町・豊根村までしか入っていなかったため、最近ではこの市町村だけを「奥三河」と称する例が多い。もっとも、かつては奥三河に②豊田市北東部（旧東加茂郡・足助地区や旭地区等）や岡崎市北東部の一部を含めていたが、最近は東三河のそれと区別するために、②とは別に「北三河」と称する例もあるようである。近年の用例である①の範囲を奥三河と称する例に従えば、本扉に掲示した三河北部の地図により明らかな通り、新城市は奥三河の中心に位置する。新城市は奥三河の中核都市としてその機能を発揮すべき立場にある。

（新城ふるさと応援隊　梶村　太市）

【1－2】

『山の湊』に託したもの～問わず語りに

前・新城市長　穂積　亮次

一　平成の大合併

（一）新制・新城市の誕生

今の新城市がいつ、どうやって生まれたか？　そこから話し出す意味があるかどうかは分からないが、市制施行から一六年間市長を務めてきた者として、まずはその誕生秘話から始めるのを許していただこう。

誕生秘話と言っても、そんなに大それたことじゃあない。国が特別の法律までつくり、あの手この手で進めてきた「平成の大合併（一九九九～二〇二〇年）」。その中で旧の新城市、鳳来町、作手村の三つが一緒になってできたのが今の新城市。二〇〇五年一〇月のことだ。

（二）笛吹けど……

それじゃあ、国に言われるままにやっただけなのかと、問われるとそれも違う。もちろん法律の枠組みも、そのために振るわれた「アメとムチ」も全部国が準備したもの。でもその中身をつくったのは、それぞれの市町村の選択だったことは間違いないんだ。

その証拠、と言ってはなんだが、国はそれまで全国およそ三〇〇〇あった市町村を三分の一にまで統合すると目標を立てていた。小規模の自治体では、この先の財政運営が危ういと見ていたからだ。

で、どうなったか。三〇〇〇が一八〇〇程度になったところで平成の合併は手じまいになった。

つまり国の目標を横目に、そもそも合併はやらんと突っ張ったところも、合併話が出るには出たが破談になったり途中頓挫したりした例もたくさんあったことが分かるだろう。

ちなみに合併が破談になる原因で主なのは、第一に、合併の方式、つまり対等合併か吸収合併か、第二に、新しい市町村の名称、第三に、庁舎の位置。これらで決裂というのが多かったらしい。そのほかに、それぞれの地域事情や損得勘定がからんでの結果だから、とてつもなく人間臭い事業だったことになる。

（三）合併の収支表

それとこの合併は、「明治の大合併」「昭和の大合併」に続く第三の歴史的大事業と謳われていた。明治の合併は言わずと知れている、近代国家の体裁をつくるのが目的だ。昭和の合併は、六・三制義務教育や地方自治の行政実務を担う機関が必要とされたからだ。

で、この三つを結果から評価してみよう。明治の合併で、市町村数は七七・八％減少、昭和合併では六四・八％減少。対して平成合併では四六・九％の減少で終わっている。三分の一に減らすという国の目標以前に、二分の一にも達していない。

だから国のサイドから見ると、平成の合併は大成功とは言い難い。国の審議会や調査会の総括文書を見ると大きな意義は強調されているが、成果面となると歯切れは悪いし、政治家、官僚、学者のなかでは、はっきりと「失敗作」と広言する人までいる。

二　新城市＋北設楽郡

（一）東三河ストーリー

では当地での合併プロセスはどうだったか？　東三河地方の合併にもたくさんの物語があった。

たとえば豊川市と宝飯郡四町では、全国でも珍しい住民発議による合併請願や住民投票問題などのドラマを挟みながら、豊川市が各町をさみだれ式に吸収する形で今となっている。

渥美郡の三町は半島で一つにまとまってきたし、対等合併で愛知県内のトップをきると思われていたが、市の名前でいったん破談に。その後田原市ができて順次吸収となった。

東三河全部が大合併して政令指定都市に、なんて構想もあるにはあった。けれど豊橋市が「いずれ将来は」の構えに終始して幻に終わった。

（二）奥三河は一つ

で、わが奥三河だ。

最初は新城市、南設楽郡（鳳来町、作手村）、北設楽郡（設楽町、東栄町、津具村、豊根村、富山村）の計八市町村による合併協議会ができた。でもこれは短命に終わった。新城市にそこまでの強い意志や裏付けとなる財政力がなかったことに加えて、町村側の足並みもそろわなかった。

ほどなくして新城市と南設楽郡だけの法定協議会がスタート。こちらは最初に紹介したように新・新城市として結実した。北設楽郡内では、設楽町と津具村が対等合併して新・設楽町に。豊根村が富山村を土壇場で吸収。東栄町のみ単独で残ることになった。

大所帯の合併話が空中分解して、中・小の群島に散らばったかの感はぬぐえない。

これには後日談もある。合併特例法が失効した際に、愛知県の審議会が大略次のような答申を出したのだ。曰く、新城市と北設楽郡は本来は一体化した行政運営をはかるのが望ましい、けれど合併を終えたばかりで今はムリだろう、将来の目標として残しながら連携を進めてほしい、そんな主旨だった。

これは正論だ。新城は昔から奥三河の「主都」の役割を負っていた。市町村の構成がどうあるにせよ、山があっての新城で、新城が山間部と共に、奥三河一つになって進むことは、新城の生存戦略とも言えるんだ。

三　山の湊

（一）交易のまち

さて「山の湊」だ。この言葉の出典は、江戸時代に大いに賑わいをみせた新城のまちの様子を表した、「山湊馬浪（さんそうばろう）」から来ている。荷馬が寄せては返す浪のように行き来する街道筋、まるで山に湊があるようではないか。そんな意味だろう。

当時新城は、東海道吉田宿（現豊橋）から北上して信濃路と美濃路とに分岐する要衝であったし、豊川の舟運の結節点でもあった。豊川本流（旧寒狭川）と支流（宇連川）とが合流し、平地部に進入するあたりは「舟着村」と言い、その名は今も小学校名のなかにとどまっている。それより下流寄りの市役所近辺は「入船」が地区名だから、文字通り陸運と水運とがここで結節し、ありとあらゆる物産が集散を繰り広げていただろうことが想起される。

交易が盛んになれば富が集まり、商品経済が封建の縛りを解き、町衆文化が花開き、自治の気風を呼び起こす。教科書通りのことが新城でも起こった。きっと。

（二）新市の名前

この町衆文化をプライドにし、その衣鉢を継ぐであろう人々のなかで「山湊」の言葉は好まれていて、合併前の旧・新城市のまちなかイベントなどにはしばしば登場した。かつて「全国初のまちづくり会社」ともてはやされた中心市街地活性化拠点は、その名も「株式会社山湊」と命名された（一〇年ほど前に解散）。

そして「山湊」の言葉は、平成の合併協議の場にも登場することになったんだ。

合併してできる新市の名前を合議する場面だ。当時私は鳳来町長で合併協議会の一員だった。記録をあたっていないので正確な記憶ではないが、新市の名前について広く住民の意見を聴取しようとなって、名称案を募った。

ただしこれにはアリバイ作りの面もあった。人口面でも財政面でも職員力でも、三市町村の中では新城市の力が他を圧していたから、合併しても新市の名前は「新城市」でいく、それが新城側では「当たり前」、鳳来、作手側では「仕方ない」感が支配的だった。

当時の人口分布は、概数で新城三万七〇〇〇人、鳳来一万三〇〇〇人、作手三〇〇〇人だ。そこからすれば、そもそも合併の方式について、対等なんて論外、鳳来、作手が新城に編入してくれればそれで済む。そんな空気が行政、議会はじめ新城側の主流だったろうから、対等合併は最大限の譲歩で、市名まで新しくするなど「あり得ない」ところだったのだ。

（三）サプライズはなく

それでも新設合併である以上は、市名についても協議事項としてまな板に乗せなければならん。広く住民の意見も聴く必要がある。

そこで応募された名称案。印象では、やはり「新城市」が多かった覚えが残っているが、「鳳来市」や「長篠市」もあった。鳳来町側からの意見だろうが、歴史上、観光上の知名度からも出てくるべくして出てきた案だと言える。

それはさておき、ここまでくればお祭しの通り。名称案には「山湊市」―読みとしては「さんそう市」、あるいは、「やまみなと市」が含まれていたんだ。旧市町村名はすべて除外して、新しい名前をつけるとしたら、かなり有力な案になったかもしれないが、いま説明した事情で思惑通り「新城市」とすることで落ち着いた。

四　新城市第一次総合計画

（一）山湊復活

けれど山湊はこれで表舞台から消えたわけじゃない。第一次総合計画のタイトルにその名を刻むことになったのだ。

二〇〇八年四月策定のそれは、〝市民（ひと）がつなぐ　山の湊創造都市〟と題された。市民を「ひと」と読ませたところもミソだが、つながる市民の力で現代の「山の湊」を創出していこうとの気概を表している。ちなみに二〇一九年策定の第二次総合計画は、〝つながる力　豊かさ開拓　山の湊しんしろ〟だから、この辺は一貫している。

（二）合併のエネルギー消費量

市町村合併の是非賛否は別にして、一つはっきりしているのは、合併には膨大なエネルギーが費やされているってこと。合併後には今の自分の地位は失われる公算大の首長や議員も、まじめに議論を尽くしていたことを思えば、その熱量がどこから湧いてきたか、不思議でさえある。それもひっくるめて、日本中でもの凄い仕事量が消化された。

たとえば合併のためには、元の市町村事務を突き合わせて新市で統一化するための協定を結ぶわけだが、うちの場合それは二〇〇〇を超える事項に及んだ。公共料金や各種手数料、公共施設の管理・配置、地域行政区や住民組織のあり方、議員定数、学校や保育園の取り決め、ゴミ収集のルール、福祉サービスの種類や形態、その他、地方自治法という同じ法律で運営されていても、細かいところは自治体ごとに違うので、これらを一つ一つ洗い出し、調整課題を整理し、どう一体化するかを協議決定しなけりゃならない。

（三）時間との戦いも

与えられた時間はせいぜい二、三年。各市町村で計画され、取り組みの最中ではあるが、完了していない事業もたくさんある。これを新市でも引き継ぐのか、やめるのか、別の方策を考えるのか。こんなことも含まれていて、かつそれらを総合して、一定の財政計画の裏打ちを持たせておく作業も必須。

身近なことであればあるほど、機械的には決められない。合併してみたら不便になったとか、料金が高くなったとかでは、とても収まらない。もともと国は合併への国民理解を得るために、合併で行政効率は上がるので（上がるはずなので）、サービスはより良い方に、負担はより低い方に合わせることになる（はず）と説明していたのだから、なおさらだ。

それでも決めきらずに、合併後の市長と議会の判断に委ねられた繰り越し事項が二〇〇ほど残って、その最終決着には合併後も数年を要した。

（四）新市一体化計画

だから発足時は、まず何と言っても新市の「一体化」——

心理的な面だけじゃなく、文字通りに行政運営方式の一体化が求められたというわけだ。

第一次総合計画は二〇〇八年策定と言った通り、合併後足かけ三年ほどを使って、新市としてはじめて一体となって総合計画づくりに取り組んだ。総合計画審議会の設置、市民アンケートや各種団体からのヒヤリング、議論に議論を重ねて出来上がった。

会議の取り回しや計画文書の執筆作成は、コンサル会社に委託して行う自治体も多いけれども、われわれはこの作業も担当職員が起草し、一言一句を審議会議論を経てまとめ上げた。

かなりのレベルだったと思うが、その内容についてここでは触れない。

あらあら仕上がって、最後にタイトルをどうするかになった。

(五) 画竜点睛

新市のスタート時には三市町村の総合計画を足し算した「新市まちづくり計画」なるものがあった。新総合計画が出来るまでの代替の役を負っていたが、実はこちらはコンサルに委託したもの。で、そのタイトルはというと、〝人と自然が織りなす笑顔・活力創造都市〟。

みなさんヒマがあったら、いろんな自治体のこの頃の合併総合計画を検索してみてほしい。〝人と自然が織りなす〇〇都市〟や似通ったニュアンスのタイトルがやたらと多いのに気づくだろう。

コンサルがフォーマットを持っていて、その自治体の特色を加味して〇〇都市としただろうことが容易に推察される。

〝人と自然が織りなす〟? どっからも文句は出まい。

〝笑顔・活力創造都市〟? 結構じゃないか。でもどこに新城市らしさがあるか。

こうした手法とは一線を画して、審議会や職員からいろいろな独自案が出され、最終的に市長のもとに上げられてきた。熟考の末私は「山の湊」を何かの形でいれてほしいとコメントをつけて検討をお願いした。

そうして行き着いたのが〝市民がつなぐ　山の湊　創造都市〟だったというわけだ。

五　現代版の「山の湊」を

（一）市長のこだわり？

総合計画のタイトルには、まちの将来像が託されている。旧・鳳来町最後の町長から新・新城市の初代市長となった私が、旧・新城市の、それも町なかの人にだけなじみの深い「山の湊」にこだわったことを、いぶかしく思う方もおられた。

選挙ともなれば「市長は（旧）新城から」の大きな声がずっと消えないなかで市長をしてきた穂積だから、あえて山の湊を持ち出して新城側の歓心を買おうとしたのだ、そんな解説も聞こえてきた。

なるほどそんな計算もあるだろうが、私が狙ったことは「山の湊」の拡張概念で、鳳来も作手も、さらに言えば奥三河全体も象徴するような意味合いへと広げることだったんだ。

（二）新東名時代がやってくる

このことを可能にする装置が、新東名高速や三遠南信道路の開通計画だったのは言うまでもない。

新東名の豊田ＪＣＴ～御殿場区間が開通し、新城ＩＣが稼働するのは、合併後一〇年ほど経ってからのことだが、これが新城・奥三河に与える影響が相当なものになることは、容易に想定できた。

「山湊馬浪」の賑わいについては前に述べたが、この時代から新東名時代が到来するまでは、新城が、東京圏、名古屋圏、大阪圏とつながるには、どうあってもいったんは東海道筋に向かわなければならなかった。

舟運がすたれてからは現飯田線の鉄路がそれに替わったし、戦後高度成長期、山林経済の衰退にあわせて内陸工業地へとシフトチェンジし、モータリゼーション期に入っても、国道一五一号や二五七号を頼ることは同じだった。ちなみに一五一号はかつての信濃路へ、二五七号は美濃路へと通じるものだ。

ところが新東名は、この必要をなくし、三大都市圏とダイレクトにつながる回廊となる。奥三河にとっては初めての高速自動車道とインターチェンジの開通でもあった。

（三）リニア・インパクトと三遠南信道路

新東名は東名高速よりも山側を、ほぼ並行して走っているが、二つの「渡り線」でつながっている。新清水ＪＣＴ～清水ＪＣＴと浜松引佐ＪＣＴ～三ケ日ＪＣＴがそれ。

このうち浜松引佐ＪＣＴは新城ＩＣのすぐ隣で、生活圏・交通圏がかぶっている。ここからは長野県飯田を終点とする三遠南信道路が建設中だ。

三遠南信道路は、浜松引佐から飯田にほぼ一直線で向かう自動車専用道路だが、すでに浜松引佐～鳳来峡区間、東栄～佐久間川合区間をはじめ数か所で供用が開始されている。静岡・長野県境にそびえ、地質構造上も難所中の難所と言われる「青崩峠」のトンネルが貫通すれば、全線開通も目前となろう。

そして飯田には、リニア新幹線の中間駅ができる。リニア新幹線は「新国土軸」とも構想されている通り、社会経済の主軸を「太平洋ベルト地帯」から上方へずらし、中部山岳地帯の意味合いを変え、さらにアジア経済の大膨張とともに、「環日本海経済圏」へのアクセスをも大きく変えるインフラとなるはずだ。

これは、すごいことじゃないか⁉

（四）「山の湊」を「海の港」とも結ぶ

加えて、「浜松湖西豊橋道路」の計画も本格的に動き出した。この道路は、東名三ケ日ＪＣＴから浜名湖の西側（湖西市区域）を通って国道一号、二三号に接続して三河港へとつながる路線だ。

三河港は東三河経済の稼ぎ頭で、自動車輸出入の港湾としては額、台数ともに全国一、二を争う重要港湾にもかかわらず、高速道路へのアクセス時間では全国最悪のレベルに苦しめられてきた。東名豊川ＩＣへは距離があるだけでなく、国道一五一号が慢性渋滞をきたしているからだ。

この状態を大きく改善するものとして同道路の構想が、豊橋市、湖西市、浜松市（旧・三ケ日町）を中心に進められてきた。その母体となる「建設促進期成同盟会」に当初新城市は加盟していなかった。直接の経路には含まれていないので、当然と言えば当然。

だが新東名ができ、浜松引佐ＪＣＴと三ケ日ＪＣＴとが渡り線で結ばれた時をとらえ、私は北設楽三町村にも呼びかけて、ここに加盟を申し出て、正式の一員にしてもらった。「山の湊」と「海の港」とを直結させる道になると見込んだことがその理由。

その後この路線は、国の新広域道路交通計画に位置付けられることになった。

（五）国土を変える結節環

こうして新東名と新城ＩＣの開通は、単に高速道路ができて便利になります、というだけじゃない、もっとドラスチックな変化を当地域にもたらすことが期待されている。

東海道ベルト軸とリニア軸との間に立って、縦横さまざまにアクセスする人流や物流のいわば「スクランブル交差点」のごときポジションを獲得するに違いないから。

これって、すごいことじゃないか!?

二一世紀の「山の湊」をつくろう。これが総合計画に込められた展望だった。

六　人口減少時代に

（一）人口減少時代への入り方

道路の話を長々と続けてしまった。ある人は言う。結局は高速道路頼みの構想か、と。別の人は言う。もう高度成長期じゃない、人口も減って縮小期に入るのにリニアだ道路だなんて時代錯誤か、と。

だが人口増大期の社会経済システムから人口減少期のそれへとシフトチェンジする、しかもDX（デジタルトランスフォーメーション）をテコにしてそうしようとするこの時期に、交通ネットワークに新しい意味を見出せないことの方をこそ、時代錯誤と言うんじゃなかろうか。

（二）モビリティ革命

人口増大期、高度成長期にわれわれが追い求めてきたのが「規模の経済」だったとすれば、人口減少期に求められるのは「密度の経済」だ。人も物も情報も、さらには地域空間同士も、もっともっと密接に結びつける。物流をはじめ移動の効率をもっと上げる。いや移動が移動にとどまらず、移動の時間とプロセスが別の価値を生む仕組みをつくる。たとえば自動走行の車中で、何か別の仕事や学習をしたり、あるいは十分な休息をとったりする。道路に埋め込まれた情報デバイスがそれを助ける。

これまでは道路というハードウエアの上を、車というハードウエアが走ってた。けれど道路も車もソフトウエアのかたまりになる。世に言う「モビリティ革命」だ。あらゆる物が情報端末を介してつながってくる。「コネクテッド」というヤツだ。

（三）「近隣窮乏化」政策?

もちろんこれが全ての人に幸福をもたらすとは限らないし、リスクも弊害もあるだろう。だがわれわれは否応なしに、この道を進むだろう。

そう新城市第二次総合計画が展望する通り、「つながる力」を発揮してこそ新しい豊かさが開拓されるんだ。

人口減少時代に、われわれはともすれば衰退・縮小の心理、内向き・後ろ向きの議論に傾きがちになる。地方自治体も、人口減少をいかに食い止めるか、移住者や定住者をどうやって確保するかに神経をすり減らしてしまう。

けれど日本中の自治体が「人口の囲い込み」に奔走し、「出ていくのは困る。入ってくるのは歓迎」のスタンスをとったらどうなるか？「入ってくる」人口はどこかほかの自治体から「出ていく」人口なんだから、こんなこと、そもそも成り立つはずない。

いや、自治体同士が互いをつぶし合えというのなら別だが、それこそ日本中が縮小するパイを奪い合うことに血道をあげる結果を招くだけだろう。

（四）開かれたまちづくり

それよりも、もっと開かれたまちづくりに取り組み、交流人口を増やし、自治体間の垣根を低くし、共有できる施設は共有し、共同で取り組んだ方が効果的なものは共同し、不足を補い合い、往来を活発化し、地域の「つながる力」を強める方がはるかにいい。

「開かれたまちづくり」を、新城市では海外に向かっても繰り広げてきた。世界じゅうの「新城」という名のまちと連携する、「ニューキャッスル・アライアンス」。人口五万人に満たない小地方都市には、過ぎたる事業に見えるかもしれない。けれどわれわれはここから沢山の活力をくみ取ってきた。

本書でもその当事者が書いている新城市の「若者議会」。高校の教科書でも紹介され、「こども家庭庁」の発足後は、国会の代表質問でも取り上げられた。この取り組みも、「ニューキャッスル・アライアンス」での出会いを通して、ヨーロッパ諸国の若者議会に触発された新城の若者たちが創り上げたものだ。

（五）キーワードは『つながる』

新しいつながりは新しい気づきを生み、新しい気づきは新しいビジョンを抱かせ、新しいビジョンは新しい行動を導き、新しい行動は新しい仲間をつくり、新しい仲間は新しい事業を求め、新しい事業は新しい価値を創造する。

「山の湊」は、つながる力の相乗作用や結節作用を果たす地域づくりの上に築かれる。そう確信している。

7　未完の地方分権改革――〝住民主役のまちづくり〟から

（一）小括・平成大合併

私は「平成の大合併」を振り返ることから話を始めた。人口規模や行財政基盤の脆弱な町村をできる限りなくして、行政効率の向上をはかり、もって地方分権の「受け皿」を強化する。これが国の基本スタンスだった。

当時の国のガイドラインを見ると、人口規模一〇万人から三〇万人くらいが、最も行政効率が上がり、住民サービスも良好な水準を保てる、といった指標が並べられている。だが約半数の市町村がその話には乗らず、乗ったところでも、各地の合併顛末にあるように、紆余曲折をたどって思い描いたのとは違った結末を迎える場面も多かった。

また別の側面もあった。以前は人口一〇〇万人規模としていた「政令指定都市」の運用要件を、期間限定で七〇万人程度に切り下げて、政令指定都市となることを目標にした大規模合併も進められたのである。その結果政令指定都市は、平成合併前の一二市から二〇市に増えたが、人口足し算によって要件をクリアしたところでは、山間過疎地も抱えた「大都市」が出現するという皮肉も生まれてしまった。

小規模町村の問題も、都道府県と大都市の関係性も、道州制の是非も、なお宙づり状態で残されている。

「平成の大合併」は果たして地方の力を強めたのか、それとも弱めることになってしまったのか？　議論は決着していない。消化不良のままに残った課題が、あまりにも多いから。

（二）行政効率の内実

ただ思うに、平成の大合併は、人口規模や財政力を主な切り口に推進されたために、自治体経営のもう一つの根本問題である空間領域的要件、そう、面積、人口密度、土地利用状況、地形、交通網や情報通信網などの要件をほとんど考慮に入れなかったことに、少なからぬ落ち度があったのではなかろうか。人々の生活感覚とズレがあったとも言える。

たとえば新城市はその出発時約五万三〇〇〇人の人口だったが、面積は約五〇〇㎢と人口二三〇万人超の名古屋市（約三三〇㎢）よりもはるかに広大で、その八〇％超が森林、中心市街地への人口集中度は愛知県内で最低、集落が山間地にも点在している市だ。

同規模の人口が、わずか数平方キロのなかに集住している市もあるが、これが同等の行政効率を持つなんてありえないのは、誰だって分かる。

（三）住民自治を起点に

私は鳳来町長時代に、合併協議会で大意次の主旨を述べたことがあった。

〝合併新市は広大な面積をもつことになるが、広域の行政になればなるほど、より小さな集落単位や学区単位、それぞれの地域共同体の中の自治組織が重要な意味を持つようになり、それと結びつけて初めて広域行政の実を上げることができるだろう。一層身近な単位での自治の権能を培っていくことなしに、これからの自治体運営はあり得ないと考える。〟（二〇〇五年　第二四回新城市・鳳来町・作手村合併協議会議事録より）と。

市町村の足腰を強くする―その目的に向かって合併の手法を用いたのであれば、広域化した領域のなかで、多様な域内分権の仕組みを用意し、住民により身近な地域社会に自治権を保証し、住民の発意創意が生かされるまちづくりを進めることが必須ではないのか。

（四）舟が出るぞー！

合併協議に臨んでの私の発言は、この問題意識に触れたものだったが、ありがたいことに新市建設の全過程において多くの市民や市職員、議会皆さんの力を得て、その仕掛けづくりにまい進することができた。

自治基本条例の制定、市内を一〇の区域に分けた地域自治区の設置、自治区予算への住民建議の仕組み、自治区長にあたる役職への市民任用、若者議会はじめ女性議会や中学生議会の招集、市長選挙公開政策討論会の制度化などなどがそれ。

これらの活動に積極的にかかわっていただいたある市民の方が、いみじくもこう喝破された。「市民が主役のまちづくりとは、市民が持つつながりをまちづくりに生かすことです」。

住民自治の本質を、これほど的確に言い当てた言葉はなかろう。

かつて交易の地「山の湊」は、町衆文化を開花させ、自治の気風を養った。現代の「山の湊」は、国の内外と多様な形でつながりあった市民が、そのつながりを意識的に駆使して、自分たちのまちづくりを担うことで築かれる。

この湊からは、希望を乗せた船出が絶えることなく続くに違いない。

【1−3】

新城ふるさと応援隊紹介と活性化への一愚考

豊田理化学研究所フェロー　高分子複合材料研究
新城ふるさと応援隊代表　松下　裕秀

「新城ふるさと応援隊」という組織をご存じだろうか。これまであまり広報の機会もなかったので、おそらく知っている方は新城市民でさえも極めて少ないであろうから、まずこの組織の紹介から始めよう。この隊は、新城市の出身で現在は故郷を離れて活躍する「ふるさと思い」の隊員からなっている。基本はボランティア活動だが、完全に私的な任意団体かと言えばそうではなく、構成員は「ふるさと応援大使」の名を授けられ、市長から活動を委嘱されるという公的な性格も持ち併せている。この隊の歴史を紐解くと、旧新城市と鳳来町、作手村が合併して生まれた新生新城市（二〇〇五年一〇月）が誕生した頃から胎動があり、本書の企画・執筆者である伊藤利男、梶村太市、松井光広三氏（敬称略。旧長篠中学校の同級生）が、ふるさとに何か恩返しをという想いから、長篠合戦にも縁の医王寺で住職横山哲良氏（故人）、中学の恩師林正雄氏（故人）を囲んで勉強会を始めたことに遡る。この篤い志を穂積亮次市長（当時）が受け止め、二〇〇七年に「ふるさと銀行本店」として活動をスタートさせた。最初のふるさと銀行本店の総会は二〇〇八年八月に開催され、産─官の間をこの「ふるさと銀行本店」が橋渡しして、結果として使用済てんぷら油を精製して得たバイオディーゼル燃料を公用車に活用するという成果を得た。そして、毎年一度のペースで総会を市長同席の下で開催するうち、二〇一〇年第三回の総会では団体名称を「新城ふるさと応援隊」と改称した。同時に林正雄先生をあらためて顧問として仰ぎ、隊員には「応援大使」の名を付して初代の代表には伊藤利男氏が就任した。

応援隊になってからも地道で息の長い活動を続け、「ふるさと応援隊総会」は新城市市役所ばかりでなく「湯谷・赤引温泉」や作手地区「つくで手作り村」などで開いてきた。総会では、ふるさと納税への積極的呼びかけ（事実、筆者も呼びかけにより納税実行）、商工会との連携（新城産お土産の検討など）、林業振興（間伐材活用やバイオマスエネルギー利活用）、長篠合戦を歴史遺産とした活動支援など、多様な話題について取り組んだ。加えて二〇一二年の新東名高速道路開通を契機にした観光・地場物産開発に関しても重要話題として取り上げて、自然の地勢や地域の特徴を利用した幅広い振興策に関して活発に議論してきた。中期の二〇一五年頃には応援大使の数も増やし、多彩なメンバーによる活動へと展開させた。活動の成果としてもっとも形に見えやすく且つ大きなものは、特別養護老人ホーム「翠華の里」（中部盲導犬協会運営）の誘致があげられよう。また、この間に文化事業として二度の図書出版実績（「立ち上がれ、ふるさと」（二〇一一年）、「それぞれの地方創生」（二〇一七年））がある。本書はその続編第三弾とも位置付けられ、間違いなくふるさと応援隊の活動から生まれ出た産物といってよい。

筆者はこのような歴史を持つ「ふるさと応援隊」に大使として任命を受けたが、最初は仕事の都合で総会への参加も叶わず、いわゆる幽霊隊員として過ごしていた期間を経て、実質的に二〇一五年の総会から続けて参加している。こんな貢献度の低い隊員であった私が、どういう風の吹き回しか二〇二二年から伊藤氏の後を継いで隊の代表を務めることになった。時間的には少し相前後して下江洋行市長が就任したが、新市長も前市長に劣らず応援隊への期待は大きいことを感じている。基本精神はボランティア活動の域を出ないので達成すべきノルマはないが、少しでもふるさとの再活性化と振興に役立つ活動を企画・立案・提案・実行してゆきたいと思っている。本書では「ふるさと」としての対象範囲を新城から北設楽まで広げ、上記の応援大使をはじめふるさとを思う多くの関係者が各々の立場で活性策の提案・提言を行っている。読者の皆様には是非これらの声に耳を傾け、提案によっては賛同し、活性化に向けた活動・行動への応援・支援をお願いしたいところである。

以下は、応援隊代表の立場を離れ、奥三河出身者の一人として現状を直視した上で、ふるさとが持つ財産を活かす活性化への一案を考えてみたい。

私は「もはや戦後ではない」といわれる言葉に象徴される、戦後復興から経済成長への移行過程で力をつけてゆく一九五〇年代中盤に、旧鳳来町に生まれ育った。山間の典型的な山村だったが、子供も多かったし人々が元気に希望をもって暮らしてゆく基本要素は町に整っていた。国全体を見ても、総務省統計局が五年ごとに行う国勢調査などを基にした我が国総人口の推計値は、今から五〇年前の一九七三年（筆者が高校を卒業してふるさとを離れた年）には、総人口が一億九〇〇万人で、人口を年齢によって三つに区分した比率は、二四・三％（一四歳まで）、六八・二％（一五～六四歳）、七・五％（六五歳以上）であった。標準的な人が中学卒業後から働き終えるまでの、所謂労働者人口比率がすごく高く、国が力を発揮できる基本要素が整っていたことが分かる。その後、総人口は一五年前の二〇〇八年の一億二八〇〇万人をピークに減少に転じ、微減が続いている。本年二〇二三年の統計局の人口推計によると、今のところ人口減少数は少ないが、一九七三年から五〇年の時を経て、年齢別分布が、一一・六％（一四歳まで）、五九・四％（一五～六四歳）、二九・〇％（六五歳以上）と激変した。高齢者といわれる六五歳以上の人の割合が七％を境に世界共通認識として「高齢化社会」と呼ばれ、さらに比率が上がって二倍の一四％になると「高齢社会」、三倍の二一％では「超高齢社会」のように使われる。この二九％という数値を見ると、我が国は既にトップクラスの超高齢社会であり、すぐ目の前の二〇二五年には三〇％を超えて世界各国の中でも群を抜いて首位になる事が確実視されている。そして、先ごろ発表された約五〇年後二〇七〇年頃の人口推計では、多数の外国人の流入を見越したうえでも総人口は八七〇〇万人（最高値の約六八％）、高齢者人口は約三九％と凄まじい数値になるとしている。高齢化社会から高齢社会まで二四年、高齢社会から超高齢社会まで僅か一三年と、移行のスピードも既に国際的にトップを走っているのだが、これがさらに加速されると現時点では予測されている。この由々しき現状を生んでいる第一の直接的要因は、いまさら言うまでもなく先進国病とも目される「異次元」といわれる出生率の低さにあることは明らかである。これを反転させれば深刻さは立ちどころに解消するのだが、人口構成が高齢者優勢に移ってきた国々に関しては残念ながら「出生率向上」はお題目に過ぎず、日本に限らずどこの国でも反転への方策は見いだせていない。もちろん、安全な食料の持続的確保と心身の健康管理を含む医療の目まぐるしい進歩による寿命の延びという喜ばしい高齢化社会形成要因の寄与も大きい。これらをひとまとめにした「少子高齢化現象」は国全体として一方向に突き進んでいるが、その中でも地域差も大きく地方に行けば行くほど先行しているのが現状である。ここに一つ重要な視点がある。高齢化は平均年齢が高くなるという客観的事実から起こるのだが、近年の多くの高齢者は元気・健康を保ちながら齢を重ねていて、働くことができる年齢も平均的には相当に伸びていることには留意が必要である。本稿ではこの点に注目し、我が国の先行きを先導しているふるさとの実態から目をそらさず、嘆き節に終始することなく少しでも明るさを作り出す策について述べたい。

視線を足元に移し、新城・奥三河の実態を数値で見てみよう。新城市の高齢化率は二〇二〇年に三六・四%と既に三〇%を優に超え、このまま進めばという仮定の下だが二〇四〇年の予測は+一〇ポイントの四六・四%ととても重い数値が突きつけられている。設楽町・東栄町・豊根村は既に五〇%を超えているようで、恐ろしいほどの高率である。そして、五〇年の間に激変してしまった社会システムを振り返ると、まず人口構成の変動に伴った教育組織の衰退・縮小が挙がる。筆者自らが辿った過程は、例外ではなかろうから典型的な実例として述べよう。私は旧鳳来町の北の端といってよい海老地区で生まれ育った。最初に社会との接点になった海老保育園は完全閉園になって久しく、海老小学校、海老中学校も、統合合併の流れに乗らざるを得なかった。そして、新設校同等の高校として元気に過ごした愛知県立新城東高校（筆者は第一回卒業生）までもが、新城高校との合併という形で二年前に姿を消してしまうという、卒業する頃には想像だにできなかった痛恨事が現実になってしまったのは記憶に新しい。一八歳まで通った教育機関が全て形をなくして母校消滅の憂き目に遭遇した人間は、日本全国を探したら沢山いるのではなかろうか。このような劣悪といってよい教育施設の環境では義務教育を受けるだけでも大変だし、高校にだって簡単に行けない。これでは子供を産んで育てる環境とは程遠い。子供がいないのでさらに教育機関が減る。子供の数と教育機関の数というこの点だけ取り上げても絵に描いたような負のスパイラルである。

この教育機関問題に象徴されるように、明治から昭和中期まではまずまずの賑わいを見せた「海老の街」は商業地区という観点で見ればほぼ消滅してしまっている。現代の変貌してしまった社会に住んでいる数少ない地元の若者には信じ難いだろうが、海老の街には全国の山村や漁村がそうであったように、劇場を兼ねた映画館もあったし行商の人達などが宿泊する旅館も複数あり、そして町の人々の楽しみの受け皿であったパチンコ屋さんも元気に営業していた。このあり得ないほどの激しくかつ淋しい変化を目の当たりにしている私達でさえも、往年の元気な街が夢か幻かのように感じるくらいである。旧市街に軒を連ねていた生鮮食料品をはじめ小売店はほとんど営業をやめ、郵便局はかろうじて存在するものの農協も統合により徒歩圏内にはなくなった。高齢者が多いから医療機関が近いことが望まれるのに、医院や医療機関で診療を受けるのもとても不便である。筆者の生家は、全国どこでも満天の星の如くある話題のように、親の健康状態が良くなくなった一〇年以上前から空き家の状態である。子供の頃には、家の周辺に覚えきれないほど沢山の家庭とそこに住む人々がいて、通学団区分としての子供会の歌（今でももちろん口ずさむことができる）まであった地域に住民がほとんどいない状況が生まれ、限界集落という言葉を既に大きく超えてしまっている。

しかし、往年との比較で嘆き節を連ねても本書の目的と相いれないし、何も展望がない。この嘆かわしいともいえる現状をどのように打破するか。全国の同じ悩みを持つ自治体は数知れず、至るところで町やふるさとの復活をかけた企画や取り組みがあって、ここは智慧比べである。新城・奥三河の特徴は何か。市内の各々の地域によって事情が異なりはするが、第一番は比較的低層な山岳地を背負う地勢の中にあることである。事実、明治―昭和前期にかけては、南に位置する東海道の豊橋・浜松地区と信州とを結ぶ人流・物流の通り道として栄えた。基盤的社会インフラとして田口鉄道や鳳来寺鉄道などの鉄路が整備され、人の運搬だけでなく木材運搬・林業振興を直接支えた。その後は、道路網の整備と自動車産業の発達によって木材の運搬も鉄路より道路が選ばれるようになり、山間部の鉄道は歴史的な役割を終えていったことはご存じの通りである。鉄道の消失は時代の趨勢としてやむを得なかったが、森林・林野は人間社会に有用な資源の持続的な供給源になるので、ここではこれらに注目しよう。我が国は国土に占める森林の比率が約六六％と先進国の中では非常に高い森林大国である。そして新城（八三％）、北設楽（九一％）は全国平均を大きく上回る豊かな森林を誇る。

生活スタイルや住環境の大きな変容など様々な要因により材木の需要は昭和後期（総需要は一九七三年がピーク）以降減り続けて現在はピーク時の半分以下である。国産の木材需要に関しては、外国からの安価な材料の輸入のためさらに減少率が高く林業も往時のような勢いはない。わかりやすい例をあげれば、学校や地域の病院など昭和前期までは基本的に低層の木造建築であったものが鉄筋造りなどにとって代わった。ただ、日本人の木材との馴染みは深くかつ緊密なようで、新築個人住宅に占める木造住宅の割合（木造率）は決して下がっておらず、むしろ漸増していて九〇％近くの水準であるから、この点では木材を商品とする林業は持続可能な産業である。ただし、森の木は木材として使えるように成長するまで数十年という時間を要するため、木材の育成はゆったりとしていて壮年の人が職業とするにはとても厳しい仕事である。森林の活用については、新城市の中にも学術界・産業界と連携してITを活用した新時代の林業に関する取り組み（森林DXプロジェクト）[*注]があるようなので、その振興・発展に大いに期待したい。

ただここで私が注目する場所は、木材として活用する木々を育てる深い森ではなく雑木林などになっているいわば浅い森で、別の言い方をすれば現在は森林資源を多くは産出していない地帯である。広大な森林を持つ新城・奥三河には、活用可能でありながら遊休地になっている浅い森や林野が広範囲にわたり存在しているに違いない。

さて、山川に囲まれた環境に多くの高齢者が暮らす土地で、浅い森林を活用して何か持続可能な事業が起こせないだろうか。これを執筆している筆者の年齢（満六八歳）と体の機能、体力などを念頭に置いて考えてみる。確かに記憶力、持続性、瞬発力など、若い頃の自分と比べると哀れといってよいほど質が悪くなっている。でも、自分が子供の頃、半世紀前の七〇歳の人と比べると比較にならないくらい元気でまだまだ役に立つ気がしている。同年代の多くの方にも同意いただけることに自信がもてる。つまり、新城・奥三河には元気な高齢者が多数静かに暮らしている。そこで、やや唐突に聞こえるかもしれないが、自然を活かして山菜類・キノコ類・薯類などを「栽培」してこの方たちにもう一働き、場合によってはもう二働きしてもらう仕組みを作ったらどうかと思うのである。これら山菜やキノコ・自然薯などは、木材の育成と違い成長が地球の動きと連動していて毎年必ず恵みを齎してくれる旬を持つことは非常に重要な点である。そして、「浅い山」に育てるなら、これらの栽培・収穫作業は自分のような前期高齢者かつ素人でも男女を問わずできるように思える。もちろん、五〇年前には存在しなかったIT技術を使って栽培地の状況把握などの生産管理を使わない手はないし、十分に威力を発揮するだろう。企画・営業としては「〇〇狩り」のように山菜などを市外からの訪問者に採取してもらうことの方が活性を生み出すだろうが、採取物が山菜・キノコのように食物であるため、食中毒などの危険回避のためにはその考えはよほど慎重にかからねばならない。重大な事故を招く可能性があるので封印したほうが無難であろう。

過剰な重労働、技術的な熟練を伴う作業工程があるものはまず避けなければならないし、記憶に頼るものもＮＧであることは当然である。ここで、子供の頃の楽しかった記憶や当たり前だった原風景のようなシーンを思い起こしてみる。祖母や父親に連れられて出かけた蕨（ワラビ）・薇（ゼンマイ）・蕗（フキ）などの山菜採りが一番に浮かぶ。本物を見分ける眼さえ身につければ、技術や体力は劣る子供でも採取は十分にできた。山菜に比べさらに選別眼が必要だが、キノコ採りもワクワクして楽しかった。山薯（自然薯）掘りしかりである。これらは採る事の喜びだけでなく、調理の後に食卓を彩りながら季節感を味わうという二重・三重の楽しみにつながっていた。これらの自然が生んだ〝産物〟は「天然に生えているものを収穫する」という印象が強いが、栽培すれば収穫量は格段に上がるだろうし生産管理にも適している。山菜と言えば、全国的には楤木（タラノキ）の育成とタラの芽の収穫は、比較的新しく且つポピュラーな林業・農業である。栽培農法としてのなめ茸、しめじなどキノコ類の栽培もあろうし、斜面を利用した自然薯の計画的育成もあろう。さらに、本書姉妹編「それぞれの地方創生」（二〇一七年）でも触れたが、上記の植物栽培（春・秋）に加え、夏場に向けては子供に人気のカブトムシ、クワガタムシ、タマムシなど大型昆虫の育成・養殖事業も、林業・製材業者と連携して実施することが可能ではないかと思っている。

このように、いかにもすぐにでも事業が始められそうに書いたが、下準備や初期投資が必要なことは当然である。キノコの栽培は太陽光を抑える環境が必要なので、ある程度の森の深さは必要であるが、山菜はむしろ浅い山で栽培するのが適切である。そのためには、樹木の伐採・植樹・根付けなどの初期工程から始めなくてはいけない。定期的な手入れが欠かせないことは言うまでもない。そして、組織的・計画的な生産・出荷ということになるとＪＡや関連組織とのタイアップは必要になろう。また、事業として始めるなら入山権を含む地主との交渉、流通・販売経路の確保など営業的な仕事も不可欠であり、ここにも働き手が要ることになる。事業の規模によっては地域にとどまらない生産高になることもあり、新城・奥三河地域から見ると「特産品として外貨を稼ぐ」ことにもつながるために好循環を生む可能性も秘めている。農作業や林業に何も携わったことがないズブの素人の発想なので、重要なポイントが抜けている可能性はあるだろうしお笑いものであるのかもしれない。ここで働き手の主役は、体が十分に動く五〇代後半から七〇代くらいまでの人生のベテラン層を想定するが、もちろんUターンやIターンの若い人の積極的参加も大歓迎である。すでに記したように、新城・奥三河には団塊の世代とよばれる日本の成長を支えてきた戦後間もない生まれの人を筆頭にして「元気なベテラン」が多数暮らしている。この方達は働く機会があれば生産者側に回れる能力を有しているが、それを有効に使わずに過ごしている方も多いのではなかろうか。平均余命が伸びたことは、個々人が元気に過ごせる平均時間が伸びたことでもある。人生一〇〇年時代になり、八〇歳くらいまでは十分な活動力がある人は相当数いることは確実なので、誠にもったいない。この事態、少し大げさに言えば、地域や国の膨大な損失である。ここに書いたことを実現するためには、当然だが森を深くしてしまわないために下草刈りや雑草刈りなど林野のメンテナンスは必要だし、低木類やシダ類の生育の特徴など最低限の知識を把握してもらうための教育機会も必要になるだろう。他にも筆者が気が付かないだけで必要な活動やケアが各種あろう。事業が起こって事業運営の様々な側面が生じてくると必ず仕事、つまり雇用が生まれることは自然の成り行きである。これも二次効果として非常に大きいと期待する。

足元に目を落とすと、いろんな方からの情報を見聞きするにつけ新城・奥三河地域には老々介護に時間を取られている前期高齢者あるいはその手前にいる方も多いようである。その人たちが、計画的に決めたデイタイムに介護から離れて戸外の仕事に就くことができるように介護の代行をするいわば〝シルバーシッティング〟などの仕組みを導入することが必要になろう。その仕組みの作り方を工夫すれば新しい雇用を生み出す効果も期待できる。

このように、天然に豊富に存在する森・林を利用し、地域で頑張っている元気な人生のベテランの力を活用する事業の提案は、一つの愚考に違いないが、「何をとぼけたことを」と一笑に付して終わらせないで考えてみる価値がある気がしている。それればかりでなく、新たな多くの雇用を生み出す可能性は十分にあり、相乗効果でさらなる発展につながるような企画・事業が起これればよいと願っている。

＊注：DXは、デジタル・トランスフォーメーション（デジタル技術を活用して社会を変革させる試み・過程）の略称で、多くの事象に使われる。森林DXとは、森林の材積量や木の成長量をドローンや衛星を使ったリモートセンシングにより計測し、効率的な伐採・搬出に活かす試みである。

コラム

湯谷温泉

昭和の名歌手島倉千代子さんの透き通った声で「鳳来小唄」に歌われ、宮城谷昌光著の「風は山河より」にも武士が疲れを癒す場として登場する湯谷温泉は、新城・鳳来の宝であり、単純な湯治場・レジャー施設を超えて歴とした文化遺産といっても良かろう。かくいう私も、と言いたい所だが、近くで育ったためにこの地を離れるまでは全く興味がなかった。約一〇年前に、ひょんなことから家族である宿に宿泊する機会があった。その時、派手ではないがゆったりと落ち着いた「おもてなし」を受け、すっかり気に入ってしまった。それ以来、営業する旅館・ホテルを踏破しようと考え、確か四つの宿泊施設に毎年一回出かけた。五か所目を予約中にコロナ禍が始まり、キャンセルを余儀なくされたままになっている。

昨今の状況からそろそろ再開してもよいなと思っている。この温泉での印象深いイベントに鳶への餌やり行事がある。温泉郷を流れる宇連川沿いのホテルの従業員が、前日の逗留客の食事準備の際に出た魚の切れ端などを翌朝、川の上空に向かって放り投げると群がってきた多数の鳶が乱舞し競い合いながら、この上等な餌を見事に空中キャッチするという催しである。完全に自然現象という訳ではないが、野生の鳶であるだけにとても面白く見物したのを覚えている。

（新城ふるさと応援隊　松下　裕秀）

コラム

道の駅「もっくる新城」

新東名高速道路「新城インター」出入り口の近くに立地した木造でユニークなデザインの施設であり、ＥＴＣ2.0の走りとして知られる道の駅である。「もっくる」は「木材」と「来る」を組み合わせた造語であるらしい。

この道の駅、新東名高速道路の近くの供用区間が開通するのとほぼ同時期、二〇一五年に営業を開始し八年余りになる。開業当時の人気は衰えることなく続いており、今なお多くの利用客で賑わっている。売り場や食事スペースは決して広くないが、もっくるならではの商品・料理も人気の支えになっているようだ。その中でも人気と呼び声が高いのは、朝食用の温泉卵を提供する卵かけご飯。食べ放題でワンコイン（五〇〇円）と超お値打ちうち（卵の品薄のために一時的には卵の個数に制限があるようである）であることも人気の一つ。尾張地区に住む知人がわざわざ朝食のためにもっくるのこのセットを食べに行ったというくらいだから、人気は本物だろう。他に、なめこ汁、五平餅、鶏濃い味ラーメンなどが人気のようだ。私のお気に入りはお土産の三英傑三段団子である。

他に、少々品のない話題に聞こえるかもしれないが、馬防柵をイメージして木で作ったトイレの男子小用器（確か八か所）の前に立つと、長篠・設楽原の戦いで生死をかけて戦った三英傑はじめ武将八人が各々紹介してあり、用を足している際でもとても得した気分になれる。

（新城ふるさと応援隊　松下　裕秀）

コラム

三つの戦場と私

二〇二二年二月二四日以降、我が国からは空路で八〇〇〇キロ余り離れたウクライナの地で、耳目を疑いたくなるような軍事侵攻が続いている。二〇世紀以降の科学技術の急速な進歩により、殺傷力の高い武器も使われているが、民族闘争・領土問題という紛争の根源は、古今東西の争いと本質的に同根である。これを記している二〇二三年六月末にはまだ解決の道筋が立てられていないが、無辜の人々の命が一人でも多く保たれることを願ってやまない。

筆者は現在、名古屋市の南東部を占める緑区に在住であるが、旧町名を見ると鳴海町であり、日本史の重要な分岐点になった桶狭間の戦いの戦地と同じ町内ということになる。これに端を発して戦国の戦に思いを馳せ、とても不思議なことに気がついた。一六世紀に現在の愛知県内で大きな戦いが三つあった。最初は永禄三（一五六〇）年の桶狭間の戦い、二つ目が天正三（一五七五）年の長篠の戦い、そして三つ目が天正一二（一五八四）年の、小牧・長久手の戦いである。

私は、一九五四年に旧南設楽郡鳳来町で生を受け、一九七〇年に愛知県立新城高校普通科に入学したが、入学から二年経った一九七二年には、新城高校の普通科が分離独立し、設楽原にほど近い新城市北部矢部に新城東高校として新設されたために移動した。高校卒業後には名古屋の大学に進学し、大学には母親の生家がある長久手町の叔父の家に厄介になって六年間も通った。この時、住民票も長久手町に移していたので長久手町民であった。

結果的に後に大学で教鞭をとることになり、先に触れた緑区に自宅を構えたので、住民として鳳来町⇓長久手町⇓鳴海町と移り住んでいる。つまり三つの大きな歴史的な決戦地の住民であり続けている。さらに加えると、私は現在職場が長久手市の古戦場の近くにあり、古戦場公園を横目で見ながら通勤している。

これらの一連の事実は、何の繋がりもなく個人の感傷的な思いでしかないが、偶然というにはあまりに面白い重なりである。戦で苦難に遭遇し命を落としていった「兵」たちの奮闘に感謝し、霊を慰めろと言われているようである。

（新城ふるさと応援隊　松下　裕秀）

【一－4】

どうする新城・奥三河（二〇五〇年から展望する新城・奥三河）

リスクマネジメント・危機管理講師・航空評論家
（元日本航空機長）小林　宏之

二〇五〇年の新城・奥三河を展望する

二〇二三年のNHK大河ドラマ「どうする家康」が放映された。新城・奥三河地方も徳川家康のゆかりの地が多く、家康にまつわる話題も多い。持続可能な開発目標（SDGs）が二〇一五年九月の国連サミットで加盟国の全会一致で採択されて以来、産業界だけでなく各自治体などにおいても持続可能な開発、発展が重要な課題となっている。少子化・過疎化という厳しい条件の中でも、新城・奥三河も例外なく持続可能な発展の工夫が求められる。

私は、故郷新城を離れて久しく、新城・奥三河の実状を正確に把握してはいないが、四〇年間、高度一万メートルから地球を眺め続けてきた。各国での経験や厳しい世界情勢に身をもって遭遇してきた。こうした経験を基に、地球規模で、日本列島から新城・奥三河を俯瞰して、近未来の二〇五〇年の時点に立ち、持続可能な新城・奥三河を展望してみたい。

新城・奥三河を展望するうえでの前提条件

（一）新城・奥三河を展望するための思考法

最近は、技術革新をはじめ社会の変化が著しく激しい。コロナやウクライナ問題など予測し難いことも発生し、いわゆるVUCA*注の時代になっている。

従来の展望の仕方は、現在の時点から将来を予測するフォアキャスト（Fore cast）思考であった。しかし、VUCAの時代では、未来のある時点での姿を想定して、それまでのある時点ではどうあるべきか、そのためには今何をすべきかというバックキャスト（Back cast）思考法が求められる。以下、二〇五〇年からみた将来展望である。

＊注：VUCAとは、Volatile(変動性)、Uncertain(不確実性)、Complex（複雑性）、Ambiguous（曖昧性）の頭文字をとったものである。

（二）二〇五〇年の世界から展望する

一九九一年の七月と八月に、私は旧ソ連のウラジオストックへ日本の経済使節団一行のチャーター便を二回担当した。ウラジオストックは、ソ連の極東地域の最大の軍事施設があり、一九一七年のレーニン革命以来、外国人を一切入れなかった。そのソ連が日本の経済使節団を受け容れたこと自体、驚きであった。それ以上に驚いたことは、ウラジオストック空港や兵隊の様子であった。それを見た私は「もうソ連は崩壊するのではないか」と感じた。実際にその四か月後の一二月にソ連は崩壊した。

ソ連が崩壊していわゆる「鉄のカーテン」がなくなった。人、モノ、情報が自由に行き交うようになり、物価をはじめ、様々な分野で世界は平均化が進んだ。

二〇二〇年頃にかけて、世界はグローバル化が急速に進み、生産拠点は人件費の安い国に移り、農産物などの一次産品は、効率的に大量生産できる国が輸出国となってきた。ところが二〇一九年から新型コロナウイルス感染症のパンデミックが世界的に広がったこと、二〇二二年のロシアのウクライナ侵攻によって、世界が大きく変わってしまった。エネルギー価格、食料価格の高騰など、人類の日常生活にとって基本的な重要課題に直面することになった。日本などの資源の乏しい国にとって、冷戦終了後のグローバル化が、マイナス要因として大きく降りかかってきた。

また、世界の平和と安全の維持を目的とした国連の安全保障理事会が、常任理事国の拒否権発動で機能しなくなった。それに加え、世界の政治、軍事バランスが複雑性を増している。従って、二〇五〇年の時点で、世界が安定しているというシナリオは考えにくくなっている。

世界はこうした不安な難題を抱えながらも、温室効果ガスに代表される二酸化炭素の排出量を、二〇五〇年にはゼロにする目標が設定されており、地球温暖化による自然災害を食い止めるためにも、世界は待ったなしで取り組む必要性に迫られている。

（三）二〇五〇年の日本から展望する

日本は世界に例のない超高齢化に突入している。近年の出生率からすると、二〇五〇年には、現在より更に顕著な逆ピラミッド型の人口構成となっている。二〇五〇年から逆算して、バックキャスト思考で日本を、そして「どうする新城・奥三河」を考えるべき最大の課題がこの人口構造である。

二〇五〇年の日本をイメージする際に、経済活動、日常生活に大きな影響を与える為替レートを抜きにすることは出来ない。為替は国ごとの通貨、お金の交換レートである。お金には「貪欲でかつ臆病」という性質がある。平時においては、米ドルと日本円の為替の動きをみると、貪欲な投資資金は、少しでも儲かる金利の高い方向に動いている。一方、非常に憶病な面を持っているのがお金である。その典型的な面を私は身をもって経験した。一九九〇年八月に予定されていた、当時の海部首相の中東五か国訪問の首相特別便の準備をして中東からの帰国後、二日目にイラクがクウェートに侵攻した。イラクはイラク・クウェートに滞在していた欧米人・日本人を人質としてしまった。それから、五か月間に亘って私は、国連安保理決議によるイラクに対する空域封鎖のなかで、イラクから解放される人質の救出フライトを何度も実施した。

ヨルダンのアンマン空港で燃料を給油する際は、平時にはどこでも通用するクレジットは使えないばかりか、米ドルの現金、それも一〇〇ドル紙幣しか通用しなかった。戦争状態では軍事力に裏付けされた通貨しか通用しない現実を知らされた。

では、二〇五〇年の時点で、日本の経済活動、国民生活に大きな影響を与える為替、特に対米ドルとのレートはどうなっているであろうか。今後、中国による台湾侵攻、ロシアによる核の威嚇、北朝鮮による弾道ミサイルなどの日本に対する安全保障上の脅威が現実に起こった場合は、大きく円安になっている。こうしたことが現実に発生していないものと仮定した場合でも、人口減によるＧＮＰ（国民総生産）の減少、産業競争力の低下、日本の様々な硬直した法律や制度などから国力の低下は否定できず、二〇二三年四月の時点での一米ドル一三〇円前後より、かなり円安になっていることを想定した対策が求められる。

二〇五〇年の「どうする新城・奥三河」

（一）新城・奥三河が持つ潜在的財産を把握する

二〇五〇年の新城・奥三河を具体的に展望する際に大切なことは、世界の姿、世界の中の日本を、そして日本がおかれた枠のなかで、新城・奥三河を考える必要がある。同時に、新城・奥三河が持つ良さ、潜在する財産を活かしながら、課題を解決していく必要がある。潜在する財産は、なんといっても豊かな自然である。特に森林資源が豊富である。地球上の中緯度にある日本列島のほぼ中心に位置し、比較的温暖な気候に恵まれて、農作物の栽培に適した土地柄である。湯谷や東栄などの温泉や三河湖、朝霧湖の風光明媚な湖もある。歴史的遺産や風物に恵まれている。

地域の活性化に必須なものとして昔から交通の要所がある。車社会の動脈である高速道路、自動車道のインターチェンジが、新東名と三遠南信自動車（二〇五〇年には全線が開通しているはず）の二つがある。これは新城インターに隣接する「もっくる」とその周辺の姿が証明している。この二つの交通の要所を活かすことにより、様々なポテンシャルがある。

（二）過疎化、高齢化への対応

日本の地方自治体の多くが抱える顕著な過疎化、高齢化は、新城・奥三河にもそのまま当てはまる。若者をこの地域にとどめる施策と平行して、若者の移住政策を積極的に推し進めていくことが火急の課題として求められる。

若者の移住については、新城市の「農林業公社しんしろ」の移住者に対する手厚いバックアップ体制や「若者議会」には良い成果を期待したい。東栄町の「移住定住促進情報サイト『居職充』」などの積極的な情報発信も大切である。

私は、北海道にある七つの空港の民営化を活性化する外部有識者会議の委員をしており、北海道各地の観光地を視察する機会がある。そこでは、意外に感じたことがある。客足が衰えた観光地で中心となって活躍しているのは、地元や道内の人ではなく、本州各地から移住して来た若者たちである。地元民では気付かない良さを掘り起こし、活性化して活躍している姿である。

（三）豊富な森林資源の活用

新城・奥三河の八〇％以上が森林に覆われている。高度成長時代からは、価格の安い海外のからの木材に押され、林業は衰退してしまった。その大きな原因のひとつに、山林から木材として市場に出すまでのコストである。二〇五〇年には、各国とも厳しい資源保護に舵を切り、円安で輸入価格も高くなっている。林道を整備すれば、木材の質はもちろんのこと、価格競争でも、日本の林業は十分成り立つ。新城・奥三河育ちの若者や、新城・奥三河に移住してくる若者が林業に従事して活躍することができる。

（四）観光の活性化

二〇二二年にスイスのダボス会議の「世界経済フォーラム」が、観光産業の競争力において、日本を世界一位に評価した。観光で行ってみたい国として、日本は一位として評価されたのだ。

新城・奥三河には地元の人では気付かない観光資源が眠っている。近隣からの客だけでなく遠方、さらに海外からの個人客にも来てもらえるポテンシャルを持っている。ただし、そのためには、工夫が必要である。

例えば、作手の巴川は、工夫すれば青森県の奥入瀬に匹敵するような景観にすることもできるのではないか。

観光で発展するために、観光資産とともに、観光客を受け入れる側の接遇が大きく影響する。レストランでも、お店自体は素晴らしく、美味しい料理を提供しても、店員の接客態度がよくなかった場合は、「もう二度とこのレストランに行きたくない」となってしまう。SNSでそれをアップされると、その印象が拡散してしまう時代である。

新城・奥三河の観光を発展するための、最大の課題は人であり、接遇、ホスピタリティーである。観光を発展するためには、受け入れる側の「人の在り方」が取り組むべき重要な課題である。日本には「おもてなし」という素晴らしいホスピタリティーの文化がある。新城・奥三河が観光の分野において持続可能に発展するためには、「新城・奥三河ならでは」の「おもてなし」を構築し浸透させる必要がある。

（五）ドローン、空飛ぶ車の活用

新城・奥三河は、新城市街とごく一部を除いて、ほとんど山間部である。生活用品の輸送、災害時の捜索、救難活動等の緊急用務をはじめ、道路が不通になった際には、ドローンや空飛ぶ車の活用がこの地方にとって今後大変重要となる。

ドローンに関しては、技術の進歩に安全規制が追い付いていなかったが、二〇二二年一二月の改正航空法により、ドローンの活用範囲が拡大した。二〇五〇年には、ドローンの技術面は日進月歩で進んでいるだろう。それに対応して法律も整備改正しており、ドローンの活用は日常化しているだろう。空飛ぶ車は、二〇二五年開催の関西万博で、実用化が披露される。空飛ぶ車も、ドローン同様に技術的進歩は著しい。安全規制に関わる法律と調和をとりながら、二〇五〇年にはその活用範囲は広がっている。新城・奥三河は立地条件からしても、ドローン、空飛ぶ車の積極的活用が、地域の発展に寄与するだろう。

【一―5】

選ばれる地域（新城・奥三河）へ一提言

新城ふるさと応援隊　伊藤　利男

一　本書の新しい試み

旧長篠中学時代の同級生三人（梶村太市、松井光広、伊藤利男）は、令和四年来本書の出版について議論を重ね今迄とは違う形を目指した。我々応援隊メンバーが下江市長、穂積前市長とコラボして出版する申し入れを行い、両氏より快諾を得てスタートした。従って新城市・奥三河（設楽町、東栄町、豊根村）各界のメンバーが数多く参加し、地域のＰＲと今後の課題解決について論じた本書は、今迄にない新しい試みであり時機に適したものと考えている。

令和五年四月、人口問題研究所は、二〇五六年の人口が一億人を下回り、七〇年には現在のおよそ三割減の八七〇〇万人になると予測した。これでも日本で暮らす外国人を含めたもので、二〇七〇年には九人に一人が外国人となる見込だ。なかでも少子化は社会のあらゆる分野に影響を与える。生産年齢人口の不足は、経済成長の足かせになる一方で省人化・省力化の技術革新を生み、企業の新陳代謝を早める効果も生むだろうが、社会機能の維持は厳しくなる。政府は危機感を強め「異次元の少子化対策」を目玉政策として打ち出した。

二　自分の城は自分で守る

マクロ政策は政府の所管であるが、新城・奥三河地域は、この難局に「自分の城は自分で守る」気概を持ち立ち向かうに違いない。下江市長は、本書に対し新城・奥三河の持続可能な将来展望、特に人口減少と高齢化が進む状況下で何を強みとして生き抜くか、奥三河の魅力や可能性のＰＲ、二〇二五年の長篠の戦い四五〇周年へ向けての盛り上げ策を期待している。

二〇一四年日本創成会議は、二〇～三〇代の若年層が二〇一〇年から二〇四〇年にかけて五〇％減る「消滅可能性都市」を試算したところ、八九六市区町村が該当し、新城・奥三河四市町村も含まれた。新城・奥三河は移住者と非定住者（主に観光客）を少しでも増やす努力が急務である。減り続けるパイの奪い合いをして意味があるのかとの声もあるが、座して死を待つ訳にもいくまい。移住者を増やす努力が、そこに住む住民の満足度を高めるとしたら一石二鳥である。言い換えれば、ひたすら住民満足度を高める努力をすれば移住者促進につながると考えられる。住民の満足度が高まれば、評判となりマスコミも取り上げ、他の地域住民からも住んでみたいと思われる「選ばれる地域」になるだろう。

企業は顧客に商品やサービスを提供し、その対価を頂き存続している。自治体も住民サービスを行い、その対価を税金で頂く構造は企業とよく似ているので、民間企業の事例が役立つ場合もあるだろう。自己紹介を兼ね私が経験した企業の改革事例を参考に供したい。

三　新生販社を目指して

私は、ブラザー工業に新卒で入社、総務部、生産管理部でスタッフ業務を行った後、電機事業部とホームファッション機器事業部（主に家庭ミシン事業）に在籍し、商品企画、開発、製造、販売、サービスまで一連のメーカー業務を担当、後のブラザー販売を含めブラザーバリューチェーン（顧客から始まる価値の連鎖）全てに関わる得難い経験が出来た。

二〇〇一年六月、当時の安井義博社長に呼ばれ、「ブラザー販売社長として、とにかく販売会社を新しく生まれ変わらせてくれ（新生販社）、そして再建してほしい」と言われてブラザー販売へ移籍した。

ブラザー販売は、それ迄三回のリストラを実施しており、私が就任した時はスタッフが三分の一に減り、当然ながら士気が落ち気持ちも萎えていた。

①　風土改革、情報の共有化とコミュニケーション

新生販社にするには、全従業員が私の思いを理解し、同じ思いで其々の役割を果たすことで実現すると考え、企業風土改革を行い、情報の開示とコミュニケーションを徹底した。自由闊達で気楽に話し合える風通しの良い職場を目指し、社長室は個室を使わず従業員と同じフロアで顔が見える状態にし、お互いの呼び方も役職名を使わず、全員さん付けにした。

従業員への情報提供は、オープンマインドで私の思いを「一意専心メール」で配信。「B-Interesting」と題し全国の支店へ出かけ、直接話し合いの場を設定。社内情報ページには日々の売上高、ＥＳ（従業員満足）、ＣＳ（顧客満

足）情報を発信。戦略会議（役員、事業部長出席）の議事内容も概ね公開し情報の共有化に努めた。特に結論だけでなく結論に至るプロセスも伝えた。こうした施策が徐々に浸透したのか、従業員の意識と行動が変わり始めた。

② 顧客視点で仕組み作り

経営理念、ビジョン、基本方針を顧客視点で見直して新しく定め、従業員の行動規範は「まずはスピード」「次にチャレンジ」「そしてチームワーク」とスピードを重視した。同時に組織もフラット化した。

従業員のやる気次第で新生販社実現の成否は決まるので、「個人の自主性を尊重し、能力発揮の機会を与え、その成果に報いる」と基本方針に明記し、新たに能力開発の仕組みを導入し、人事制度（チャレンジ性重視と成果給の取り込み）の改革も行った。

ＩＳＯ９００１認証制度は、それ迄メーカーが取得するものと思われていた。販売会社の課題は、営業力やノウハウが個人のもので標準化や仕組化されておらず、次世代へ組織的に伝承したいと考え、ＩＳＯ９００１取得を宣言。販売商品と七支店で認証取得した。

③ 従業員満足度調査

ＣＳと同様ＥＳにも注力した。何故なら顧客に価値提供するのは従業員であり、ＥＳ無くしてＣＳは無く、ＣＳとＥＳは経営の両輪であると考え、組合（連合傘下）とは友好関係を維持した。専門の調査機関で従業員満足度調査を毎年実施、数値は徐々に向上し、再建を実感するようになった。これは、全員が努力した賜物であり、感謝したい。それ以来、座右の銘は「雲外に蒼天有り」である。

四　自治体の住民満足度調査

こうした経験から、新城・奥三河地域も住民満足と職員満足の両方を追求してほしいと思うが、例として、住民満足度調査を実施している成田市のＨＰで調査結果を調べると数年に亘り実施しており、満足度の変化を見るには好都合だ。日本政策金融公庫の地域版ＳＤＧｓ調査は、市区町村の住民満足度ランキングを公表しており参考としたい。新城・奥三河地域は、一定の住民支援策は準備出来ても、財政力勝負の特別な支援策は難しい。別の面から住民満足度を高める方法を考える必要があるだろう。

それに関し船井総研の「新・自治体組織論」では、「住民の立場に立った質の高い行政サービスを受けることで、この地域に住んでいること及びこの地域の住民であることに満足感を覚え、他自治体との競争においても優位に立つ」と述べており、我が意を得たりである。

岩手県旧滝沢村（現滝沢市）の全職員が議論して生み出した行動宣言は、以前のものだが今でも心に残っている。「私たちは変わります」と宣言。その内容は「か」…改革します。「わ」…わかりやすく伝えます。「り」…理解し合います。「ま」…真心で接します。「す」…すばやく行動します。と定め実践した。全て住民目線で仕事をしている姿が目に浮かぶようだ。住民も高い評価をして満足しているに違いない。

最近、デジタル庁が力を入れている幸福度・満足度調査（Well-Being）は、心豊かな暮らし実現に向けた指標としてのツールと説明されており、自治体独自の任意設問が一〇問追加できるとあるので、自治体の課題把握とその解決に使えそうだ。丁度タイミングも良いので是非導入を検討してほしい。データをベースにした議論と政策判断を期待したい。

五　職員の満足度

職員満足度調査をしている自治体に横浜市がある。調査項目は、仕事、職場、人材育成、人事・給与、労働環境、業務効率、組織風土等から合計三四問である。前回調査との比較では、経営者のマネジメント、ＩＴ活用、人材育成等が低下しており、改善項目となっている。

また、兵庫県加西市は、市民サービスの向上と組織運営を強化するため、職員満足度調査を実施中だ。調査内容は、仕事、勤務条件、職場環境、人材育成等からなり参考となる。

前述の船井総研レポートは、自治体版ＥＳ・ＣＳの好循環サイクルモデルを発表している。「ＥＳ向上により職員の活性化とやる気が向上して所内連携が強化されると、住民満足度の向上と他自治体との競争優位（ＣＳ向上）が実現するので、観光・移住等に於ける関係人口の増加、住民のシビックプライド（市民としての自覚や誇り）が醸成される。これ等自治体の魅力が向上すると共に職員ＥＳが更に向上する好循環が生まれる」と解説しており、四市町村とも職員ＥＳ調査を取り入れて、住民のＣＳ向上を目指してほしいものだ。

これからの自治体は、住民減、税収減、職員減の三減に直面せざるを得ない。職員のパフォーマンスの向上、組織間連携の強化等自治体組織全体の効率化、活性化を図るのは当然として、前向きな税収増に結び付く国内外からの観光客誘致は大変重要な施策となる。

六　女性活躍

住民の半数は女性であり、自治体の諸施策にも当然ながら女性目線が必要になる。政府は東証プライム市場上場企業に、意思決定には多様性が必要との観点から二〇二五年迄に女性役員一名以上、三〇年迄に女性役員比率三〇%を求めている。

新城・奥三河も女性副市長（助役）や女性幹部を登用出来ないだろうか。適任者がいなければ公募でも良い。公募によりこの地域の先進性が認知されるし、外部評価も高まる。議会でも今年の地方選挙で女性が半数以上当選した自治体（千葉県白井市）がある。新城・奥三河の議会にも、三割以上の女性議員誕生を希望するが、新城市議会の女性比率は、現在一割強である。五か年計画の見直しで、女性活躍の項目を是非追加したいものだ。

七　子供を持つ親の希望

若い夫婦や子供を持つ親が望む条件を満たせば、地域住民はハッピーだし移住希望者も食指を動かすだろう。その条件について考えてみる。

①　生活基盤となる就職先

昔から新城市は、工場誘致を進めてきたお陰でそれなりの働き口はある。最近は環境の良い田舎に住みリモートで国内外の仕事をする人が増えているのは有難い。新東名、東名、三遠南信道路へのアクセスの良さと中山間地特有の森、林、川に囲まれた日本の原風景とも言える景観が広がり、気候は温暖で津波の心配はなく絶好の住環境である。空き家も多く住居提供も可能だ。しかも田舎には、温かい人情や助け合いの精神（絆）が残っている。これ等を活かさない手はないだろう。本社を地方に移す企業も出ており追い風が吹く。県内屈指の自動車メーカーの関連企業や太平洋岸近くに本社がある企業は狙い目だが、特に将来の日本経済をリードするＩＴ関連企業（ハード、ソフトを含む）やデータセンター等を是非誘致したい。

②　教育問題

次に子供の教育問題である。地域の教育にエッジの効いた特色を是非とも持たせたい。愛知県は、児童全員にタブレット端末を持たせデジタル教育に力を入れると聞くが、一歩も二歩も先へ進めたい。東三河ビジョンフォーラムの田村専務理事は、本書の中で豊根村でプログラミング学習を始めたと紹介しており、大変心強い思いがしたが、更に進んでいる自治体がある。

横浜市の戸部小学校五年生は、「地域の魅力発信にアプリを開発して、商店街を盛り上げよう」とのテーマに取り組んだ。総合学習の中で「まちへの恩返しの為に役立ちたい」「まちが元気になる魅力を発信したい」との思いを実現する手段を検討する過程で、先生がアプリで地域ＰＲをしている事例を紹介、生徒も興味を持ち方向性が定まった。その後、専門家の指導を受けて「戸部まちアプリ」が完成した。地域の情報収集からプログラミング体験をして完成したアプリを沢山の人に届ける迄の一連の活動を、専門家の指導を受けながら生徒が実践したことは大変意義深いし素晴らしい。良い参考事例と思う。

専門家を捜す方法は、副業で週に一日指導に来てもらうか、大学院生にアルバイトの依頼をする等あるだろう。新城・奥三河の生徒が、戸部小学校の如き実践的なデジタル教育を受けて成長すれば、地元に居ながら国内外の仕事が出来るし、ＩＴ企業も人材豊富な地域として進出の可能性が高まり就職先も増える。デジタル田園都市構想の後押しもある。ＩＴ関連企業の誘致やＩＴ人材の育成等を含め、この地域をＩＴの一大拠点化する検討が出来ないだろうか。将来、日本のデジタル人材が大幅に不足するのは明白であり、こうした環境下、長期的視野に立ったＩＴ教育を四市町村が協力して是非進めてほしいものだ。

英語教育も大切である。今後外国人観光客や外国人移住者は当然ながら増加する傾向にあるので、まず自治体は、英語対応能力が必要となる。外国人が住み易くなるには、ハイコンテクスト（日本人の得意な暗黙の了解重視）からローコンテクスト（言葉による表現を重視）に変わる必要があると外国人のある大学教授は指摘している。やはり共通言語は英語である。

デジタル教育と英語教育に特色のある地域になれば、地域住民は誇りに思うし、移住を希望する夫婦も増えるに違いない。

③　医療健康問題

医療環境、医療体制も大切である。新城市民病院は、新城・奥三河地域の中核病院であるが、診療科が限定され、総合病院としては医師が不足していると聞くので、対策を急がねばならない。ところが市内には個人経営の医師は結構存在するし、新しく新城で開業する医者も出てくる。個人の開業は多額の投資と手間暇がかかる。

市民病院の充実と個人開業医師のニーズを考えると、市民病院内に個人病院が入居して運営する新しい方式を採用すればウインウインの関係となるだろう。ショッピングモールと同じ発想である。市民病院側は、診療科が増え中核病院の役割が担えるし賃貸収入も増える。入居する医師は、設備投資が少なくＰＲもせずに患者は集まり独自経営のメリットが享受できる。住民は、一か所で診療が受けられて利便性が増し大変有難い。デメリットとしては、市民病院と個人医院との経営方針の違いや責任範囲の不明確さ等が考えられるが、三方良しなら色々な課題があっても是非克服して進めてほしいものだ。医療体制の充実は、住民が安心して暮らす基本であり重要なテーマである。

八　纏め

地域住民へのサービスに日々奮闘している職員の皆さんにエールを送りつつ、民間企業経営に携わった者として、自由に提言してみた。皆さんにとって気づきのヒントになれば幸いである。新城・奥三河の全職員が首長の思いを共有して、ＥＳとＣＳの好循環サイクルを実現し「選ばれる地域」になるよう切に願う次第である。

【参考文献】

『経営の質を高める八つの基準』　かんき出版
『「日本一」の村を超優良会社に変えた男』　講談社
船井総合研究所「新・自治体組織論」　自治体通信
「地域の魅力発信アプリを開発して、商店街を盛り上げよう」　㈱ディー・エヌ・エーの実践報告
各自治体のＨＰ

コラム

豊川は人も育む母なる川

ふるさとの思い出は、豊川と上流宇連川に関係することが多い。子供時代、夏休みは毎日川遊びに出かけた。泳げなかった頃、ガキ大将に川で頭を押さえられ、バタバタ必死にもがき、手荒な方法だが泳げるようになった。父も川好きで、鮎掛けや親子で小鮒釣りを楽しんだ。ウサギは追いかけなかったが唱歌「ふるさと」の世界は、確かに存在した。

愛知県は、製造品出荷数日本一だが、農業生産も盛んだ。昔、渥美半島は、乏水半島と揶揄され農業には向かなかったが、現在、花卉生産日本一を誇る。こうした変貌は、新城・奥三河を水源とする豊川用水の賜物であり、豊川は、東三河地方の水瓶である。

田原市で専業農家を営む石川卓哉君とは、豊橋有機の会を通じ一〇年程前知り合った。彼は、田（七町歩半）、畑（二町歩）、二棟のハウスを使い有機無農薬栽培を営んでいる。

豊川用水の恩恵を誰よりも実感する彼は、以前から豊川流域の上流と下流のつながりを深めたいと水源地である奥三河への進出を考えていた。丁度、県が「三河の山里、なりわい実践者」を募集した際、一番熱心だった東栄町に約二町歩の畑を借りて拠点を構えた。

豊川用水の恩恵に感謝するという人は多いが、自宅から車で約二時間の距離にある東栄町へ実際に進出した彼の行動は、自利から他利への精神を実践するもので大変感心した。

鮎滝　新城地区

これを機に農業法人化し、その名も「ゆたかわ」と命名。「豊川」を訓読みすると共に生産者と消費者を結び付け「豊かな輪」を作ろうとする志だ。

豊川は、流域の暮らしを支え、農業生産に役立ち、人も育む母なる川である。

（新城ふるさと応援隊　伊藤　利男）

【1-6】

高齢者が活躍する時代がやってきた

事務局担当　新城ふるさと応援大使　松井　光広

一　人口減少時代の地域社会

地方再生の核心は『人口減少』問題ではなかろうか。人口減を前提にした地域社会のあり方を考える本が相次いで登場している。

地方（郷里）を消滅させず持続可能にするための処方箋とは何なのか（『人口減少社会の地域経営政策』（川口典子編著・晃洋書房））、『人口減少社会のデザイン』（広井良典著・東洋経済新報社）は、地方分散型社会への移行が持続可能性の観点から必要と説き、地方の人口減少が深刻なのは、高度成長期に若い世代が首都圏に流失した影響が大きいと分析し、首都圏の高齢者が地方にUターンするのが望ましいとも言っている。『関係人口の社会学』（田中輝美著・大阪大学出版会）は、地域再生の最大の課題と言えるのは、担い手や主体についてだと主張している。

二　高齢者が活躍する時代がやってきた

人口減少問題は、どうしても現役世代（一五歳〜六五歳）に焦点が当たる。忘れてはならないのは高齢者問題。国立社会保障人口問題研究所によると、高齢化率は二〇二〇年二八・六%→二〇七〇年三八・七%、何と四割近くが高齢者だ。社会の担い手が先細れば医療や介護、年金など社会保障を現役世代が支え切れなくなる。これらの制度発足当時は五人で一人の高齢者を支えていたのが、二〇二〇年三・五人で一人、二〇七〇年は二・六人で一人となると同研究所は発表。最近、この種の発表や報道が余りにも多い。コメントなしの報道は高齢者に肩身の狭い思いをさせ、消極的にさせてしまうのではなかろうか。

私は「リスクはチャンスだ」「人生一〇〇年時代、高齢者が活躍する時代がやってきた」と言いたい。人口の三分の一の高齢者が生き抜く社会を作ること。健康な人、病気の人、お金持ちの人、その日暮らしの人など様々であろうが、高齢者が活躍する時代だとの気持ちを強く持てば道は開かれる。

三　応援大使一五年、私の主張

①都市で暮らす高齢者に、故郷Uターンを呼びかけよう

私の場合、定年リタイア後は故郷に帰りたいとの思いは強かったが実現しなかった。五五歳で定年後の生活について家族と話し合いを深めるべきだった（定年後の検討では課題が多すぎで遅すぎる）。ふるさと新城は東京から豊橋まで新幹線もあるし、新東名も新城にインターが出来たし、仕事先にしても五五歳から考えれば十分可能ではないのか（最低限、首都圏と新城二つの居住であるなら私は十分可能であった）。現に、五五歳で定年後研修を始めている大手企業が増えている。

②二つの故郷を持とう

転出者は準市民にしようと訴えたが、二つの故郷案は、これからも呼びかけたい。特に準市民は国策としての検討が望まれる。地方創生に出身者や協力者の準市民扱いの制度（準市民の市民税、処遇など）イメージを作ることが重要かなと思う。

③人口を減らしたくない→外国人頼りの現実

私は、千葉県船橋市（人口六二万人）で働いている。東京駅までJRで二五分、政令指定都市ではないが居住者の三割が外国人になったとか。国籍も様々であるが、おおよそ中国、台湾、韓国などから来たとみられる人々は日本語で話し、服装も似ている。居酒屋で飲んでいたら周りは皆中国人、知らないのは本人のみということも……。夜のにぎやか通りは外国人が多く逆転状況が起きている。

国勢調査によると、二〇二〇年の日本の人口は一億二六一五万人。四〇年後までにこの水準を維持するには毎年七五万人の外国人に来て頂くことが必要だ。どの程度開国するか。国策が定まっていないが、人口減の深刻な中山間地域の自治体はどうなるのか。外国人の受け入れ拡大は避けて通れない。

四　ふるさと新城市の現状

①この本を読んで頂ければ、新城市の状況や各界の課題は理解できると思う。さらに地域自治区意見交換会、市民意識調査結果公表、若者議会、女性議会、市議会など広報物に記されている通りの活発な動きには、期待が高まるばかりである。

②昨年、穂積前市長から下江新市長にバトンタッチ。穂積前市長は在任一六年、旧新城の大きな財政難を背負った

新・新城市の財税再建、海の田原市～山奥の豊根村（新城市含む八市町村）をつなぐ広域連携の確立、先進的地方自治の取り組み等に大きな成果を残した。引き継がれた下江新市長は市民の声をよく聞き、誰からも親しまれる人柄と先見性に早くも期待の声が出ている。では、これで全て万々歳なのか。残念ながら地球環境、人口減少、国力の低下等、しわ寄せを受ける地方（ふるさと）の危機は続いている。

五　しこりを残さない選挙を行おう

①市長は三期、出来れば四期はやってほしい。くるくる変わるようでは大事な政策は実行できない。そのため二期目が大切→全ての方々の選挙参加が望ましいにも拘らず、公的部門の方々は選挙運動は出来ないとの誤解がある。地位の利用や組織的運動は公職選挙法に触れるが、個人としての行動まで制限してはいない。

②合併以後の新城市市長選挙は、合併前の作手村鳳来町連合軍と新城市一部勢力（地区）の争いとなり、しこりを残した。市会議員は地区代表的性格は許されるが、市長は全地区をまとめていかねばならない。

③三市町村五万人が一緒になったわけだから、しっくりくるまでには市長任期の二～三期はかかる。一六年経過し社会激変の今日、新・新城市が一体となって発展を考えねばならない。次の市長選挙が最大のチャンス、何方であろうと大多数で勝利する市長を誕生させよう。

④政令指定都市以上の市長知事は政党公認の選挙戦となるのはやむなしであるが、普通の自治体は無所属が望ましいと思う。

⑤『高齢者が活躍する時代がやってきた』と痛切に思っているが、雇用の場、活躍の場を考えねばならない。私はボランティアへの参加を進めたい、と強く思っているが次の機会に譲る。

【一―7】

奥三河に生まれ育って～故郷への想い、故郷に託す夢、期待～

岐阜県市町村教育委員会連合会会長
（元岐阜大学理事・副学長）　横山　正樹

一　故郷への想い

（一）ミニファミリーヒストリー

小生は横山正樹と申す。昭和三二（一九五七）年に東栄町中設楽字先林に重治、ウメヨの三人兄弟の次男として生まれた。父、母の祖先は豊根村であることから、私は生粋の奥三河人と言える。

父系の祖父は豊根村の大家の出で、元々は恵まれた家庭だったようで炭作りを生業としていた。また母系の祖父は茶臼山にあった愛知県の農場で県職員として働いていた。その後ある時期に父系の祖父が東栄町に引っ越してきた。

父は地元の中設楽尋常高等小学校を卒業後、鳴海（現名古屋市緑区）の逓信講習所で学び、卒業後地元に帰り長岡の郵便局に勤めていたが、数年後材木業界に転職（俗に言う脱サラ）した。母は内職生活後地元の縫製工場で働き生計を助けていた。父は仕事柄山に行く機会が多かったが、山を見ればどの程度良質な材木（商品価値）があるかを瞬時に見極めることのできる眼力を持った職人（材木のプロ）だったようだ。母は特に際立った才能があったわけではないが、とにかく一日一日を真面目に一生懸命生きるをモットーに生活していた。

そんな中私は父母、兄、弟の五人家族の中で元気に生活していた。東栄町での生活は保育園、小学校、中学校卒業までのわずか一五年間のみだったが、家系から見ても生粋の奥三河人として育ったことは間違いない。郷里への想いの源泉はこの一五年間にある。

ではそれはどのように培われたのか、東栄町での一五年間を振り返ってみたいと思う。

（二）東栄町で過ごした少年時代

私は幼少期は御殿保育園で、学齢期は中設楽小学校、東栄中学校で過ごした。

東栄町は豊かな自然に恵まれた地であり、遊びのフィールドはもっぱら山、川で、まさに野山を駆け巡るという表現がピッタリで、それも四季折々のものだった。

春はわらび、ぜんまい、ふき、たけのこなどの山菜取り。夏は昆虫採集、植物採集のほか川での魚釣り、お盆の頃には父たちが入札で一シーズン権利を買った川での鮎の引っ掛け取り。河原での鮎の塩焼き、鮎の炊き込みご飯、鮎の味噌汁と鮎づくしの手料理は美味しく、まさに山の家族総出のレジャーだった。うなぎもよく取れた。前日夜うなぎの居そうな岩穴にどじょうを餌に仕掛けをしておくと翌朝には大きなうなぎが取れていて、父が手早く捌いて鰻丼を作ってくれた。包丁で切り刻まれ炭火で焼かれながらも生きているうなぎの生命力に感心したことを今も鮮明に覚えている。秋は山を駆け巡っての地蜂取り、土の中に何段にもなった蜂の巣を取り出し、家に持ち帰り家族全員で巣に入った幼虫を安全ピンで取り出し、それを炊き込みご飯にして食べたり、缶詰にして保存したりしたもので、これらはすべて父が主になって、私たち子どもは見よう見まねで取り組んだ。冬は町営のスケート場でのスケートを楽しんだ。

このように春夏秋冬それぞれに山村地域にふさわしい「遊び」があり、東栄町版の自然体験学習であったと思う。

半世紀経過した今でもその原風景が目に浮かぶ。今振り返れば少年期に野山を駆け巡るなど自然相手に体験した様々な活動により、足腰をはじめとして身体が鍛えられたのはもちろんだが、それにもまして意欲、自信、忍耐、自立、自制、協調、共感といった人間として必要な心の部分（非認知能力）が育まれたことが、その後の人生を歩む上での基盤形成となったといっても過言ではない。私の身体の中には奥三河、東栄町の血が染み渡っているのである。

（三）東栄町からの旅立ち

そんな貴重な経験を積ませてくれた東栄町を離れないといけない時期がやってきた。

山村特有の事情なのだが、高校が町内に一つしかなく、さらに大学進学を目指す者にとっては親元を離れないといけない。そう、一五歳の決断を求められる時期がやってきた。

高校進学、私は当時一つの選択肢としてあった中日新聞奨学生（いわゆる新聞少年）としての道を選択した。新聞販売店に住み込み、朝夕刊を配達しながら全日制高校に通うというもので、ある意味少年期の大きな決断だったが挑戦してみることにした。東栄町一五年間の基盤形成の上で自分自身の更なる成長を求めた選択だった。

その後大学に進学、卒業後は国家公務員として国立大学に就職、三年後には内部昇進制度により文部省（現文部科学省）に転任、約二〇年間（初等中等教育一五年、生涯学習二年、学術国際五年）経験を積み、その後は国立大学に出向、三つの大学で部長を経験し、最後は岐阜大学の理事・副学長として四年間勤め平成三〇年三月定年退職した。

思えば故郷東栄町を一五の春に旅立った後、様々な場所、機会で自分自身の可能性に挑戦してきた。まさに山あり谷ありの四五年間だったが、辛い時の支えになったのは故郷東栄町の存在だった。

（四）東栄町への変わらぬ想い

東栄町を離れてはや今年で五〇年になる。月日の経つのは早いもので、東栄町での生活はわずか一五年だったが、私の中にはいつも東栄町はあった。

町を離れた後もお盆や正月、春秋のお彼岸など時々は帰省しその折には旧友と親交を温めたものだ。

なぜ東栄町にそれほど愛着があるのか。一言で言えば「飾ることのない『自然』（山、川はもちろん、肩肘張らずに一生懸命生きている人々）」が大好きだからだ。


私は文部省に採用になった年の課の親睦旅行で「新人何かやれ」と急に言われ、何も取り柄のない私は「私の故郷を紹介します。私の生まれ故郷は愛知県の山奥の小さな町です。数は数えたことはありませんが、間違いなく人間の数よりサル、イノシシ、シカ、鳥など野生生物のほうが多いです。そんな山の中ですが、そこにはどこにも負けない、軽井沢にも引けを取らない美しい自然があります。」、「文部省唱歌ではなく出身の東栄町歌を歌います。」と言って大声で独唱した。

「明神晴れて昇る陽に　心も真澄む朝ぼらけ、資源豊けき山の富　汗もて開く野良の幸　踊る産業弥栄の　行くて輝く東栄町」

東栄町歌は小学校時代音楽の授業で歌唱指導を受け、運動会の開会式には国歌「君が代」とともに歌っていたので何年経っても歌詞を覚えていた。

たまたま当時の担当課長が文化庁の課長時代、東栄町の花祭を国の重要無形民族文化財に指定してくれた方だった。

私は故郷を離れ、東京をはじめ様々なところで生活したが、東栄町の『自然』に勝るところはなく、私にとって東栄町は山、川、人……すべてが忘れられない存在なのである。

二　故郷に託す夢、期待

（一）東栄町の特徴と今後のまちづくりの方向性

東栄町の特徴をいくつ挙げられるだろうか。典型的な過疎地、花祭の里、豊富な森林、明神山、清流、奥三河のナイアガラ（蔦の渕）、ポットホール、満天の星、天文台、とうえい温泉、鮎、地蜂、五平餅、千代姫荘、雲母、東栄チキンなど、他地域にない東栄町ならではのものが数多くある。

東栄町は少子高齢化の進む典型的な過疎地である。しかしその特徴は豊富な森林、清流があること、花祭に代表される伝統文化があることではないだろうか。

東栄町総合計画（平成二八～令和七年度）の「まちづくりの基本理念」には「豊かな自然環境、古から伝承される歴史や伝統文化、住民の温かく素朴な人柄、これらが本町の特徴です。これら地域の財産を生かし、住民同士が互いに助け合いながら、過疎地での暮らしを営んでいます。こうしたまちを住みやすいと感じ、今後も住み続けたい、訪れたいと思えるまちとしていくため、町民みんなが力を合わせ、本町の特徴を最大限に生かして、みんなが幸せを実感できるまちを育んでいきます。」とある。

そして「まちづくりの目標」として、「暮らし続けられるまちを未来につなぐこと」とし、「将来のイメージ」としては「山のめぐみをうけ　ともに築く彩の里～幸せを実感できる最先端の田舎をめざして～」とある。

私は東栄町総合計画におけるまちづくりの基本理念、まちづくりの目標、将来イメージには今後の東栄町の進むべき道が示されていると思う。

そんなに高みを望む必要はない。要は「町民が住みやすい、暮らしやすいまちづくり」を第一に考えるべきだ。そしてそんな中にも「きらりと光るものを持っていて、よそから是非行ってみたいと思われる存在感のある最先端の田舎づくり」、これが今後のまちづくりの方向性であると思う。

（二）東栄町発展の具体策

では、東栄町がこれから未来に向けて、「住みやすいと感じ、今後も住み続けたいと思える安心安全な町」、「多くの人が訪れたいと思える活力ある町」である「最先端の田舎づくり」にどのように取り組むべきか私見を述べたいと思う。

そのための視点として、①町の強みを最大限活かすための具体策、②町の弱みを最小限に抑えるための具体策の両面を考える必要があると思う。

① 町の強みを最大限活かすための具体策

東栄町の強みは何といっても恵まれた自然環境であり、花祭に代表される伝統文化である。特に豊かな森林は底知れぬ可能性を感じる。しかし高齢化による林業従事者の減少により山の手入れができていないことから、折角の良質な森林の良さが奪われている。この課題解消のために是非産学官民（例えば中経連、名古屋大学、東三河県庁、林業に志をもつ若者）の枠組みによる森林の維持管理、有効活用の持続可能なシステムを作り上げて欲しいと思う。言うまでもなく東海地方は自動車に代表されるものづくり産業の中心地だが、その原動力は産学官連携である。東栄町には森林というとてつもない財産が手付かずになっている。是非森林の有効活用を早急に進めるべきだと思う。

また花祭はかつて国語の教科書にも取り上げられた東栄町の誇るべき全国区の伝統文化である。是非観光資源として全国に発信してもらい、それによって町に人を呼び込むことを大いに進めてもらいたいと思う。財産はうちに抱え込んでいても宝の持ち腐れであり、関東圏、関西圏の間に位置するメリットを活かし、東京、大阪で積極的にＰＲすべきである。遠慮がちな民族性がせっかくの伸びしろを抑えているのである。「やめまいか」でなく「やらまいか」精神を大いに発揮すべきで、そのためには地域おこし協力隊など外部から豊かな創造力を持った若手人材を獲得し、養成していくことが必要であると思う。

これにより、「訪れてみたい町」に拍車がかかり、観光客、移住者の増が期待できる。そのためには町を一旦離れた者のＵターンを拒む保守的な体質は改めるべきである。

町の人口は三〇〇〇人にも満たないが、その外側にはそれ以上の理解者、応援者が必ずいる。その輪を広げていくことが町に活力を生むことにつながる。

② 町の弱みを最小限に抑えるための具体策

東栄町の抱える悩みは何といっても少子高齢化と脆弱な医療体制であり、高齢化は避けて通れないだけに、医療体制をいかに充実させるかが「住みやすいと感じ、今後も住み続けたいと思える安心安全な町」を実現するための喫緊の課題である。新しい医療センターができたことはうれしいことであるが、従事する医師、専門分野も限られておりテコ入れが必要であると思う。

その解決のための具体策としては、愛知県内の優良私立医科大学（藤田医科大学、愛知医科大学）から定期的に必要な専門分野を担える医師を派遣してもらうシステムをつくることではないだろうか。そのためには前述の私立医科大関係者を東栄町に招き、町の良さを知ってもらうとともに、それを活かしていくためには充実した医療体制が必要であることを理解してもらうことから始めるべきではないだろうか。今こそ外部人材を活用した医療体制のさらなる充実を図るべきである。

（三）奥三河連合圏構想

話を奥三河全体に展開してみたいと思う。

これまで故郷東栄町の強み、弱みについて記述してきたが、奥三河を構成する新城市、設楽町、東栄町、豊根村にとってそれらは共通した強み、弱みであると言える。したがって様々な活動について、単独で展開するだけでなく、奥三河全体で取り組むスケールメリットを活かした取り組みも大いに行うべきである。

それぞれの持つ観光資源等の強みは、お互いに切磋琢磨しながら、ますます磨きをかければ良いと思う。また同じ強みであっても、酒、温泉、農作物などを例に取ってもそれぞれ個性があり、連携した取り組み（奥三河酒、奥三河温泉など）として全国に打って出ることもあっていい。ずばり目指すは「奥三河のブランド化」である。

この点は今こそ新城市に奥三河のリーダーとしての存在感を是非とも発揮してもらいたい。

新城市には広大な土地があり、鉄道（ＪＲ飯田線）も、新東名高速道路のインターチェンジという交通拠点もある。まさに奥三河の拠点としてのインフラがあり、要はそれをどう活かすかなのである。立地条件の良さを活かし、新城市民病院の発展的解消による奥三河総合病院の建設。これにより奥三河最大の懸案事項である医療体制を構築するのである。併せてショッピングモールであるとかアウトレットのような大型商業施設を誘致し、一つの奥三河生活安定ゾーン（インフラ集積地）をつくる。そのためには新城市が先頭に立ち取り組むことが必要である。

今こそ新城市が奥三河のリーダーとしての存在感を発揮する好機と思う。新城市だけの成長、幸せを考えるのではなく、奥三河全体の成長、幸せを考えた取り組みができるかである。新城市にそれだけの意欲、覚悟といった自治体としての非認知能力があるかどうかが問われていると思う。新城市は過去に新城大谷大学を誘致し文教都市を目指しながら失敗した苦い経験がある。その経験も踏まえ四市町村の中核となって新たな圏域をつくる。内にあっては高齢者をはじめとする住民に優しい圏域であり、外に向かっては多くの人を呼び込む観光圏域。これが新城市を中核とする奥三河連合圏構想であり、まさに新城市は奥三河のハブとなるのである。

新城市には、まだまだ伸びしろ、可能性が秘められている。「目覚めよ、新城。求められているのは君の奥三河のリーダーとしての自覚と実行力なのだ。」と声を大にして言いたい。

（四）自分の描く東栄町、奥三河の未来図

私は自分の生まれ育った奥三河、東栄町に強い愛着を持っている。この思いは死ぬまで抱き続けるであろうと思う。残念ながら東栄町に戻ることは叶わなかったが、その行く末は非常に気になるところである。間違っても人口減少とともに自然消滅する「限界町」などということはあってはいけない。

人口問題研究所の分析によると、今から一七年後の令和二二（二〇四〇）年の町の人口は二二五九人とのことで、現在よりもさらに六〇〇人近く、率にして二〇％ほどの減少となるとの結果が出ている。これが大きいか小さいかは人によって評価は分かれると思うが、私はせめて常時三〇〇〇人は維持してもらいたいと思う。特に根拠はないが、現在の東栄町の活力をみるとこの程度は「人口力」として必要と感じる。そのためには内部だけではその達成は不可能なので、移住を促進するなど外部から移住者を増やす必要がある。高齢化率がほぼ日本全体の倍であり、これから生産人口もさらに減少することを考えると移住者（特に若者）を増やすことは必須である。

三遠南信自動車道の全面開通がいつになるかは分からないが、その完成が待たれるところである。それにより東栄インターチェンジが生きてくる。また、三遠南信自動車道の起点の長野県飯田市はリニア中央新幹線の新駅に予定されている。そもそも三遠南信自動車道はこの地域の活性化を目指した取り組みであったはずであり、それにリニア新幹線も絡めれば東京・名古屋・大阪といった大都市圏にない魅力を発信できると確信している。これは前述の奥三河

連合圏構想に直結する話だが、そういったインフラの整備が東栄町に魅力を感じ、住みたいと思える者が増える要因となり、町の活性化にもつながるのである。

現在私の同級生（【一―11】村上孝治氏）が東栄町長として頑張っている。前述した私の東栄町発展のための私見は町長にとっては折り込み済みのものばかりかも知れない。但し、いろんな要因で東栄町に戻れなかった私を含む多くの者が、町の今後に期待し応援していることをご理解いただきたい。

今後の東栄町は「定住者と移住者が仲良く暮らす町であり、若者が高齢者を大切にするどこからも羨ましがられる共生社会が確立した町」。

これが私の描く東栄町の未来予想図だ。

「東栄町よ、そして奥三河よ。最先端の田舎づくり目指して頑張れ！　私は後方支援の応援隊として声援を送る。これが私の故郷への最後のご奉公と思っている。東栄町よ、奥三河よ、永遠なれ！」

【一―8】

岐路に立つ教育

新城市教育長　安形　博

一　学びの変化

令和二年二月二九日午後六時三〇分、安倍首相が緊急記者会見を行い、翌月から全国の小中学校を臨時休校にする旨の宣言がなされた。新型コロナウイルス感染症の感染拡大防止のためである。これを機に、日本の教育は大きく変化する局面を迎えた。文部科学省のＧＩＧＡスクール構想は前倒しされ、全国の市町村で児童生徒一人一台端末の予算化が進められた。本市においても、首相の宣言後一年足らずで一人一台端末が整備された。

コロナがパンデミックとなり、世界中の国々で学校が閉鎖されたとき、先進国では、パソコンやタブレットを使用したオンライン学習を取り入れ、子どもは、学校に通わなくても家庭にいながらにして学習することができた。しかし、日本はというと、まったく手つかずの状態であった。

それが、一年後には、一人一台端末の普及により、休校時でも子どもが家庭で学習できる環境が整ったのである。コロナの副産物である。学校現場では感染予防第一の対策が講じられてきたが、新型コロナウイルス感染症が五類に移行された現在、子どもたちの生活は、感染前の状況に戻りつつある。

本市では、一人一台端末導入以降、「とにかく使う」を合言葉に、教室や家庭学習でタブレットを活用してきた。タブレットの活用に対し苦手意識のあるベテラン教師も若手教師に使用方法を学び、自分の授業に取り入れてきた。タブレットの活用率は高く、他市から授業視察に訪れるほどである。子どもも学習手段の一つとして抵抗なくタブレットを活用できるようになってきている。この積極的な取組みは評価すべきである。未来社会において、デジタル化が進むことは明らかであり、デジタルに対する苦手意識は、その子の可能性すら摘み取ってしまうことにもなりかねないからだ。

そのような中、子どもの学ぶ姿を見て、とても気がかりなことがある。令和二年を境にして、子どもの学びが大きく変わったのである。端的に言えば、授業中の子どもの視線の変化である。

教師が話すときは、子どもは教師を見る。新任時代、子ども全員が教師を見るまで話し始めてはいけない、とよく指導されたものである。教科書を読むときは、両手で教科書を持ち、姿勢を正して読む。ノートに文字を書くときは、教師が黒板に書いた文字を丁寧に写す。話し合いでは、発言する子どもを見て話を聞く。これらは、以前はよしとされた授業風景である。教師を見る、教科書を見る、黒板を見る、ノートを見る、発言する子どもを見るというように、授業の場面場面で子どもの視線には、一定の法則性があった。

今はどうか。多くの授業で、子どもの机上にタブレットがある。タブレットの存在により、子どもの視線に法則性が生じにくくなっている。教師が話すとき、教師を見ずにタブレットを見ている子どもは少なくない。タブレットを操作している子どももいるほどだ。タブレットを使う時間が多くなればなるほど、教師の話を聞いたり、教科書を読んだり、文字を書いたり、子ども同士で話し合ったりする時間は少なくなる。視線の法則性どころか、以前の学習活動そのものがなくなりつつある。

著名な教育学者の佐藤学氏は、興味深い調査結果を用いて指摘している。『ＩＣＴ教育の効用について信頼できる調査は二つある。一つはＰＩＳＡ委員会によるＯＥＣＤ加盟二九か国を対象とする調査報告（二〇一五年）であり、もう一つはマッキンゼー・アンド・カンパニーが二〇一八年に五一か国三四万人の生徒を調査した報告（二〇二〇年）である。前者は教室でのコンピューター利用時間が長ければ長いほど学力が低下する結果を示している。後者は、教室のコンピューターは教師一人が活用するときにのみ若干の効果（プロジェクターとしての活用は効果）があり、一人一台生徒が使う場合最もダメージが大きい（アジア諸国でダメージが最も大きい）。』（内外教育『ＩＣＴ教育の効用』時事通信社・二〇二三年六月一三日）

では、これからの教育において、その生命線といえる授業はどうあるべきであろうか。

二　デジタル化の落とし穴

タブレットは実に便利である。わからない言葉があれば、文字入力さえすれば瞬時に意味が表示される。人文科学や自然科学で用いる国語事典に載っていない言葉であっても、その言葉に関わるおびただしい情報を瞬時に入手できる。図書館にある蔵書丸ごとの情報がデジタル化されているといっても過言ではない。しかし、子どもにとって、これらの無数の情報が必要か、情報量の多さが与えるマイナスの影響はないか、果たして子どもが情報を取捨選択できるかなど、子どもの発達段階に応じた適切な対応は困難を極める。

デジタルを駆使した学習教材も枚挙にいとまがない。易しい問題から難しい問題に順序よく配列され、間違えば類似問題が提示される学習教材。子どもが飛びつくようなアニメーションや画像を散りばめた色鮮やかな学習教材。しかし、こうした至れり尽くせりの学習教材で、子どもが意欲をもって学び、学力を身に付けることができるのか甚だ疑問である。看過できないのは、学習教材の善し悪しを見極めることができないのは、子どものみならず教師も含まれるということである。子どもの意欲が増し、学力が高まる魔法の教材など、この世に存在しないのである。教師が教材と向き合い、子どもにとってより魅力的になるよう、さまざまな工夫をしていくことこそが、最も大切な営みなのである。もし、教師がデジタル任せになってしまったら、もはや子どもの力を伸ばすことなどできないだろう。便利さゆえの落とし穴に気づかないとしたら、未来社会は危うい。

デジタル化のもう一つの落とし穴は、学習者の自由意思によって成立する学習は少なく、一定の制限の下、選択に委ねられる場面が圧倒的に多いということだ。タブレットのスイッチを入れる。文字を入力する場合には、キーボードにあるキーのいずれかを選択する。画面に表示された選択肢をクリックする。このような選択をし続け、一つの学習が成立していく。大学のセンター入試や高校入試にマークシートが導入されたとき、マークシートという選択方式で本当の学力を測ることができるかの論議はあったが、導入されてしまえば元に戻ることはない。タブレットの導入により、子どもたちの日常の学習の中にも選択方式が占める場面が多くなった。選択方式中心で本当に学力が高まるか、今だからこそ吟味しなければならない。

三　消えてしまった学び

私は、昭和六三年から二〇年以上、中学校の英語教育に携わってきた。指針としてきたのは、國弘正雄氏が提唱した『只管朗読』である。『只管朗読』とは、曹洞宗開祖の道元が唱えた『只管打坐』をヒントに國弘氏が作ったことばである。以下、『英語の話しかた』（國弘正雄著・一九七〇年・サイマル出版会）から引用する。

『外国語の習得は何といっても習慣の累積ですから、肉体に記憶させなければなりません。ただ単に頭で憶えただけでは不充分であり、理屈として知っているだけでは役に立たないということなのです。これを難しくいえば、ことばを内在化、つまりinternalizeさせるということになるのでしょう。つまりは肉体の内部に定着させるということで、肉体の感覚（五感）を用いることによって自然に記憶させるのが、外国語の習得にあたってもっとも大切なことなのです。（中略）

この点をはっきりさせたのが、シカゴ大学の心理学教室の実験です。その実験の結果、正確な記憶のためにはvocalizeつまり口に出してみることが不可欠だということがわかりました。そして口に出してみない不正確な記憶を知的記憶（intellectual memory）と呼んでいます。ところが充分に口に出し、しかもそのうえで手を使って書くことにより、記憶はさらに正確の度を加えることがはっきりしました。そしてこの記憶をmotion memory、つまり運動記憶と呼びます。身体中のさまざまな筋肉を動かすことによって得られる記憶だから、こう呼ばれるのです。

われわれの英語習得もすべからく運動記憶によらなければなりません。そして朗読と筆写こそは、まさに運動記憶のための格好の手段なのです。目の筋肉以外に、口や耳や手の筋肉を総動員することによって、記憶を正確にし、しかも恒久的なものにしていくことができます。目の筋肉しか使わないのと、他の筋肉をも同時的に駆使していくのと、どちらがより効果が大きいかは、一と三ないし四のどちらが大きいかという、単純な算術の問題でしょう。』

『只管朗読』は、英語習得の手法として有益なものであると私自身実感しているが、生徒にとっても英語習得に欠かせない手法であると信じ、授業でも『只管朗読』を多用した。五〇分の授業の中で、テキストを少なくとも二〇回は朗読することを目標にした。ところが、平成一〇年代の頃から、『話す力』を付けるために英語の教科書は、大きく様変わりし、その多くが会話文で構成されるようになった。英会話力を付けるため、そして、英語を話せない日本人から脱却するための計らいだった。ちなみに國弘氏は、『只管朗読』するための優れた教材として、中学校のリーダーの教科書を挙げているが、会話体のこま切れ的文章の多いものは朗読にふさわしくなく、ある程度の長さと首尾の一貫した英文をふさわしいものとして推奨している。実際の授業では、教科書の会話文やそれを元にして生徒同士が会話をするのだが、これを何百回繰り返しても、残念ながら英語を話せるようにはならない。その理由は、会話文では、ある特定の場合にはどう言うかということは覚えられても、そういう単文の知識を断片的に覚えただけでは、応用がきかないからだ。

『只管朗読』や『只管筆写』は、英語の学習に限ったことではない。私たちが育った昭和時代には、他の教科においても毎日当たり前のように繰り返した学びであったのだ。国語の授業では、教科書を両手で持ち、声をそろえて朗読したものだ。途中でつっかかれば、最初に戻って何度でも朗読したものだ。朗読した回数を、『正』の字で教科書の端に数え切れないくらい書き込んだ記憶もある。新しい漢字を習うときには、先生が黒板に書いた字を見ながら、字形を真似してノートに写す。同じ字を一行に何度も繰り返し書いて身に付けたものだ。宿題も「ノート三ページ」という先生の指示の元、右手がしびれるまで書き続けたものだ。算数も同じだ。九九は何度も唱え続け、誰が一番速く言えるか、友達と競ったものだ。計算問題も、問題をノートに写し、計算式を書いて答えを導き出したものだ。こうやって、身体で覚えながら、基礎を徹底的に身に付けていった。だから、何十年も過ぎた今でも、ある程度漢字を書くことができ、計算もできる。

ところがである。タブレットの出現により、「画面を見てクリックやタップ」以上終了。そんな学習をよく見かける。朗読して、のどがからからになったり、つっかえて悔しがったり、何度目かの挑戦で全員で終わりまで朗読して教室に自然と歓声があがったり、そんな教室の風景はどこかに消えてしまった。この教室の風景の変化は、タブレットの出現により加速化された。

四　新城ならではの学び

このままではえらいことになる。そんな予感めいたものがあり、危機的状況に陥るのを回避するために、二つの手を打つことにした。

一つ目は、『みがく』である。今こそ、新城の教師に、立ち止まって自分の授業を考察してもらいたい。そのような思いから、市内小中学校で『みがく』と称し、自身の授業を見つめる研修を行うことにした。研修といっても、授業をつくりだすのは各々の教師であるため、教師の主体性を最大限に引き出したい。みがく方法は、校長を中心にその学校の教職員が知恵を出し合って決める。授業である限り、若手教師であれ、ベテランであれ、管理職であれ、一人の授業者として遠慮なしに、授業に対する思いや考え、ときには批判や否定も含め、ぶつけ合う。日本の教育界が直面するこの難局を打破する提案性の高い授業を行う教師がいれば、市内の全小中学校に伝え、学びの意識を強くもつ教師同士が自由に行き来し、自らの授業力向上へのヒントをつかむ機会としている。

二つ目は、『三宝の学び』である。三宝とは、新城の自然・人・歴文化のことである。令和五年六月、二週にわたってＮＨＫの大河ドラマで新城を舞台に『長篠を救え！』『設楽原の戦い』が放映された。『長篠を救え！』では、四五分にわたり鳥居強右衛門が映し出された。長篠城趾は、母校鳳来中学校の至近にある。しかしながら、私が中学生のとき、鳥居強右衛門について知っていたことといえば、その名前と武田氏に磔にされたことくらいである。『設楽原の戦い』も同様である。馬防柵の横にある東郷中学校には一一年間勤務したが、『設楽原の戦い』を語れるほどの知識はない。私自身の小中学校時代を振り返ってみても、学校の授業で、全国的にも有名な郷土の歴史を取り上げた記憶がほとんどないのである。灯台もと暗し。新城には、歴史、文化、自然、そしてこれらを永代大切にしてきた人々がいる。新城教育憲章にも、「『新城の三宝』を故郷の誇りとする」と謳われている。『新城の三宝』を学校ごとのオリジナルの教育課程に位置づけ、子どもが机上の学びにとどまることなく、フィールドに出て本物と出会い、ふるさとの魅力を発見し、郷土を愛する心を育んでいきたい。小学校低学年から『三宝の学び』を繰り返すことで、実体験を積み、五感を駆使しながら自分事として学び、物事を深く掘り下げて考えられるようになる。また、『三宝の学び』は、地域にある数々の伝統行事に積極的に関わることであり、子どもが新城の文化の担い手となることを意味する。子どもにとっては、教室や学校から離れて学ぶことであり、学校という枠組みから解放された学びであるとともに生涯学習の起点にもなりうる。『三宝の学び』のさらなる充実に努め、地域、家庭、学校の三位一体を図っていきたい。

日本の学校教育が岐路に立つ今、これから大切にすべきことについて私見を綴った。半世紀も前の書を引用しながら、私自身の考えを改めなければならないときが来ているのではと思ったのも事実である。二〇年後には、英語習得法など過去の遺産となり、万能同時通訳機の誕生とともに、外国語を学ぶ必要性も薄らぐ時代が来ているのかもしれない。漢字が書けなくても計算ができなくても困らない世の中になっているのかもしれない。

“It is not the strongest of the species that survives, nor the most intelligent that survives. It is the one that is most adaptable to change.”

「生き残る種とは、最も強いものではない。また、最も知的なものでもない。それは、変化に最もよく適応したものである。」

岐路に立つ今、ダーウインのことばのとおり、求められるのは適応するしなやかさということか。

【一-9】

山の湊（みなと）の議会の行方

新城市議会議長　長田　共永

市議会の役割～先人の思い～

この国の自治体における市議会は、住民が住民のために行う自治の実現のために、住民自らが選出した代表者によって、市の意思を決定する公の機関であり、その基本的な権限は議決権であり、予算を決定し市の条例を制定することが最も重要な権限であることは言うまでもない。また、市政全般にわたり執行機関に所見を求め、疑義をただすための場が認められている。この議会の役割は、新城市においても変わるものではなく、先人たちが英知を注（そそ）いできた過去の議会における議員そして議会の思いを、自身なりに振り返るとする。

思えば昭和三〇年四月一五日町村合併促進法に基づき、関係五町村が合併し、南設楽郡新城町が誕生した。この合併により愛知県下第二位の大きな町が生まれた。戦後わずか一〇年もたたない中、この合併を成し遂げたことは驚きであるが、合併という選択に舵（かじ）を切る上で、何よりも誕生する新城町というまちを良くしたいという思いは、関係町村における行政・議会の議論の共通認識として一致していたのであろう。その後の旧新城市の誕生、そして旧鳳来町、旧作手村との合併を経て誕生した現在の新城市においても、その思いは連綿として引き継がれていかなければならないのである。

新城町議会から新城市議会へ～意思を引き継ぐ者～

新城町が誕生する際にも、合併協議のなかで市制実施を要望する声も一部ではあったようだが、時期尚早として見送られた。その後、市制施行の人口要件の変更及び、地方自治法の一部改正がされたことにより、新城町を市制に施行とする流れが起きたのだが、当時の行政と町議会はこのまちの将来をどのように見据えていたのであろうか。ここに新城町に市制を施行とする趣旨で、当時の町長が発した言葉（原文）の一部を紹介させていただくとしよう。

『本町はここに市制を布（し）き「新城市」をなさんとするのである。市といえば都市的概念を抱きがちであるが、現在の都市は従来の市街地のみをもって構成した市とは著しく変貌し、所謂（いわゆる）田園都市として発展しつつあるのが数多いのである。特に今次（こんじ）の全国的な画期的町村合併の結果、この様相は濃くなってきたといえる。同一規模を有する市と町がある場合、市としての地方自治の運営を図るのが望ましいことは幾多先進地の在り方を見てもこれを実証しているところであって、市になることによって国、県補助金、交付税等財源の確保を見たならば、積極的な投資部門にこれを振り向け地方自治の振興を念願とする次第である。即（すなわ）ち産業の増進、土木事業の整備拡張、教育振興による文化の交流を企画したい。合併新町は国、県の合併町村育成の指導援助を得て合併町としての一体性確保と住民の福祉増進を基調として諸施設の整備拡充に努めつつ円滑なる行政の運営を図ってきたが、期限付市制実施の「人口要件の特例」有効期間中に本町将来の大計を樹（た）て、市制実現を図ろうとするものである。特に将来豊川用水の完成によって、飯田線沿線における奥三河唯一の産業都市として発展を期するため先（ま）ずもって市制を施行し、将来の飛躍を図ろうとするものである。』

この言葉を当時の議員は、どのように聞き、どう受け止めたのであろうか。当然ながら議会として、この言葉に呼応し市制への移行という道を進むことになり、昭和三三年一一月一日に愛知県下二三番目の市として新城市が誕生することになる。この事実に対し自身が述べたいことは、後述する新・新城市の誕生における、新市まちづくり計画にも共通の認識があるということである。例えば新市まちづくり計画において「山の湊・しんしろ」のまちづくり施策を策定したが、この当時からこのまち、そして住む人々を思い、その将来の姿を見据え施策を提案した事実は、素直にその慧眼（けいがん）に感服するものであり、現在も議会はその意志を継ぐ者として存在しているということであろう。

新・新城市誕生～産みの苦しみを経て～

さて旧新城市誕生から、四七年という歳月を経て、平成一七年一〇月一日に新城市、南設楽郡鳳来町及び同郡作手村が合併し、新たな「新城市」が誕生したが、その誕生までには様々な産みの苦しみがあったと言えよう。旧新城市においては、旧五町村の合併で誕生した新城町から新城市への市制移行ということもあるが、新・新城市の誕生に向けては、まさしく一からのスタートであり、その苦しみは初めから予想されていたものであった。

先にこの三市町村の結びつきを述べると、この三市町村の地域において、通学・通勤や日常の買物、通院など日常生活圏の動向は、豊川市、豊橋市等への一部地域外への動向があるものの、新城市を中心とした地域内での結びつきが非常に強く、早くから共通の生活圏・文化圏を共に形成してきたところにある。また、地域住民からは、公共交通機関の充実や市街地・中心街の整備、円滑な道路の整備など広域的課題への対処を望む声が多く、行政からも早くから、豊かな森林資源に代表される自然環境を活（い）かすことを基本に、中山間地域の居住の推進や産業の創出、道路網を始めとする広域的インフラの整備、拠点機能の整備とネットワーク化などを地域振興のテーマに掲げ、行政事務の共同処理や協議会を通じて一体的な圏域づくりに取り組んできた。具体的には昭和三七年、し尿と一般廃棄物処理を目的とした旧新城市と旧鳳来町による一部事務組合「新城衛生処理組合」の発足を始め、新城南設楽の三市町村と北設楽五町村（当時）を含め、昭和四五年には「新城南北設楽交通災害共済組合」、昭和四六年には「新城南北設楽広域市町村圏協議会」、さらに平成八年には「新城市広域消防」の設置など、行政においても結びつきの強い地域である。

であるにも拘（かか）わらず、いざ合併という選択をするとなると、各自治体それぞれの思惑も絡んでくることは紛（まぎ）れもない事実で簡単ではない。当時自身も議会の一員でありこの合併を議論し、判断する立場であったが、今思えば侃々諤々（かんかんがくがく）、まさしく百家争鳴とは、このことを言うのであろう。実は三市町村の合併協議の以前には、北設楽郡五町村（当時）を含めた新城南北設楽任意合併協議会が設置されたが、様々な協議の末の合意事項は、「今後の合併の枠組みは新城南設楽三市町村及び北設楽五町村の枠組みで進めることにする。」「新城南北設楽八市町村においては、広域市町村圏として、今後とも協力・連携をふかめていくこととする。」ということになったが、簡単に言えば八市町村の合併は白紙ということである。今思えば八市町村の合併という選択をしたら、その後この地域がどうなったかとの思いはあるが、それをこの場で述べるのは野暮（やぼ）である。

話はそれたが、改めてそのような経緯を踏まえ、旧新城市、旧鳳来町そして旧作手村の三市町村で設置された合併協議会の議論は、当然ながら当初混乱を極（きわ）めた。合併協定項目は「合併の方式」「合併の期日」「新市の名称」「事務所の位置」の基本四項目を始め、新市建設計画（まちづくり計画）や事務事業五五項目に及び、協議会は二年余の中で述べ二五回の合併協議会、そしてこの協議会のほか、新市まちづくり計画策定小委員会一〇回、幹事会二五回、専門部会六六回、分科会六二五回など、これら以外にも各自治体行政・議会での議論は数え切れないであろうが、そうした議論があって新・新城市が誕生することになる。

なぜここまで旧新城市誕生の経緯、そして新・新城市誕生までの議論と経緯を詳細に記したかというと、合併協議会において首長・議会・学識経験者も、それぞれの立場でそれぞれの人々のことを思いながら発言や提言したのであって、合併から一八年が過ぎようとする現在でも、議会もその思いを忘れることなく新城市を良くしていくという議論を大前提にしなければならないからである。三市町村の多くの人々が時間と労力をかけたからこそ現在の新城市があるのだから、その思いを踏まえ、このまちの未来を見据えながら、議会として活動しなければ、議会の存在意義がないことを、何より伝えたいからである。

新城市議会として～山の湊の議員が決めたルール～

新城市議会は新城市議会基本条例を定めているが、これからの議会の目指すべき姿を論ずる前に、本条例の意義や目的を伝えておきたい。この条例は本議会における議会運営の最高規範であり、議会は他の条例及び規則の制定にあたっては、この条例を尊重しなければならない。そして、その目的は、自主自立が求められる分権時代にふさわしい議会及び議員の活動並びに議会運営の基本を定めることにより、市民の負託に的確に応え、もって市政の発展に寄与するというものであるが、現在もこの条例が議会・議員の活動原則の礎となっており、是非目を通す機会があれば御一読いただきたい。その上で、議会活動、議会改革を全議員で進め、議会としての方針を定めている。

新城市議会として～山の湊の議員は何人が適当か～

ここで議員定数に触れようと思う。地方自治法において の議員定数規定上、新城市の人口区分において上限は二六人であるが、新市発足した後、最初の市議会議員選挙は、合併特例を踏まえて選挙区（新城選挙区二〇人・鳳来選挙区八人・作手選挙区二人）を設定し、三〇人の議員が選出された。その後、議会改革を進めながら現在の議員定数を一八人と定めているが、議員定数については市民の皆様からお声をいただくことが多い。もちろん議員定数削減は議会として判断していくが、そうした中、若い世代や女性の声をきくため、各世代そして性別等に関係なく様々な立場の議員が誕生するための施策や、併せてその声を反映させる施策も、考えていかなければならない。もちろん公職選挙法を遵守する立場での議論となるが、今後も山の湊の議員定数は考えていく必要はある。それ以上にそれぞれの議員が襟を正して活動することが、議会が市民にとって必要な組織だと認識していただけることになる。

新城市議会として～山の湊の人々の声を反映するために～

議会は議論する場であり、それぞれの議員が思想・良心の自由に基づき発言することを決して否定しないし、現状以上に議員同士が議論する場を持ちたいと考える。改めて言うまでもないが、議員は特定の団体や地域または個人の意見を反映するために存在するはずもない。そこで住民の皆様の声を聞く方策の一つとして、議会報告会の実施と、市民意識調査を実施している。

議会報告会については、議会基本条例において市政の諸課題に対処するため、市政全般にわたって、市民と議員が自由に情報及び意見を交換する議会報告会を行うものとするとあり、必ず実施しなければならないのであるが、開催回数、開催時期そして開催場所等、今後も改善する点は多いが、多くの世代やそれぞれの分野での課題に対して直接住民の声を聞く方法としては、最も有効な手段と考える。

議会に関する市民意識調査は、定期的に市内在住の一八歳以上の男女から、無作為に抽出した二〇〇〇人に議会に関するアンケートを送付し、御意見をいただくのだが、最新の調査の回収率は三二・三％であった。まずこの回収率を高めることが急務であろう。自身この回収率を少ないと感じており、議会ホームページや議会だよりも含めて、議会としての広報広聴の手段の在り方は、多ければ多いほど良いのであり、いかに議会の活動を多くの住民に知っていただけるか手段を考えなければならない。なお、市民意識調査の結果についてはすべて公開しており詳細についてこの場では述べないが、自由記載でいただいた御意見については、真摯に受け止めていることだけは申し上げたい。そして常時議会に対する御意見もお受けしているので、遠慮なくいただければ、議会としてこれほど嬉しいことはない。

　では住民の意見を受けたら議会はどうするかということにふれる。先に述べた広報広聴活動で受けた意見や、各議員間での政策議論を踏まえ、各年度市長に対し、政策要望及び予算編成に関する要望書を提出することになる。この要望書は各所管における常任委員会が新城市総合計画の体系を基にまとめたものであり、議会から行政への政策提言として最たるものとなっている。

新城市議会として～山の湊の議会の行方～

　議会の健全なあり方こそ、山の湊の未来に繋がらなければならない。その思いを念頭に述べるが、第一にこの「山の湊」新城のまちの目指すべき将来像をどう考えていくかということである。この国が少子高齢化を迎えていく中で、かつて新城地区が山湊馬浪と言われ、高度成長期における新城駅前の賑わいを取り戻すことは簡単ではない。もちろん鳳来地区、作手地区の中心核も同様であろう。乱暴な言い方をすれば、先に述べた旧新城市が誕生した時から、このまちの目指す方向は変わっていないとさえ言えよう。では将来どうするのかという点になるが、住民自治ということになる。つまり住民一人一人が主役になり、それぞれが繋がりながら、まちづくりに責任を持つことであり、それを補完するために議会があるという点を肝に銘じておく必要がある。

　なお、併せて人口減少時代に向けた広域的な取り組みを、議会は考える必要がある。「奥三河はひとつ」ということで、現在も新城北設楽の枠組みで取り組む課題は確かにある。だが既に「東三河はひとつ」、つまり東三河すべての自治体という枠組みにシフトして、事業実施する必要があるということだ。現在、東三河広域連合で広域的に実施することで大きな効果を見込める三事業を実施しているが、それを拡大する必要がある。現在、東三河市町村議長会でも、今後この地域で広域的に実施できる事業を拡大し、各施策においても足並みを揃（そろ）えていくことを模索し、提言しようとしている状況があることを述べておく。

新城市議会として〜どうする議会〜

「このまちの未来は明るい」と胸を張って次の世代に、議会は言えるだろうか。もちろん議会だけでなく、その言葉を大人としても次代を担う子どもたちに言えるだろうか。簡単ではないのかもしれないが、それでも議会は前に進まなければならないのである。少なくとも子どもや若者たちが、自分のまちの将来に希望を見つけ、自信を持てるようになるために、議会や大人が何かできることはないか。そして若者らが社会に触れる機会をつくるとともに、一緒に歩を進める事業を実施する必要はないか。議長のひとり言とさせていただこう。

【一―10】

設楽町の課題と展望

設楽町長　土屋　浩

一　設楽町の概要

設楽町は、愛知県の北東部に広がる三河山間地域の中央に位置し、名古屋市中心部から約九〇㎞の距離にある。町域は、東西約二二㎞、南北約一九・七㎞、総面積二七三・九四㎢である。隣接する市町村は、東部は東栄町と豊根村、西部は豊田市、南部は新城市、北部は長野県根羽村である。

町内には、新城市方面及び岐阜県恵那市方面へ国道二五七号が南北に走り、交わるようにして豊田市方面へ国道四二〇号、東栄町方面へ国道四七三号が東西に走っている。

設楽町の地形の特徴は、広いことはもちろんのこと、縦断勾配や標高差が顕著であり、住民は点在する集落で生活している。また、標高差があることも特徴的で、一〇〇〇m以上も差があるため、気温の地域差が大きくなり、積雪する地域と、逆に積もらない地域があり、また、桜の開花時期も地域で異なる。道路の勾配については急な坂が多く、カーブが連続しており、こういった道の補修はなかなか進まないのが現状である。

設楽町は、一〇〇〇m級の山々が連なっており、約九一%が山林であり、山林面積二万四八四六haのうち国有林が約五六〇〇ha、民有林が約一万九二〇〇haである。民有林の約八割は、スギ・ヒノキからなる人工林となっている。人工林の多くは、戦後の拡大造林期に植えられたもので、五〇年以上生育しており、収穫期となっている。面積の約九割を占める森林は、東側から天竜川、豊川、矢作川の三大水系の水源地となっている。この豊富な水量を下流域に与え、変化に富んだ流域には多くの自然が残され、さまざまな動植物が共存している。

「設楽町」の名は、諸説あるが、約八〇〇年前、源頼朝が鎌倉に幕府を開府した当時、三河国振草の庄の領主設楽三郎大伴資時の「設楽」に因縁があり、設楽郡が設けられたのは、約一一〇〇年前の延喜年間に大伴氏が郡司に任ぜられた当時との説もあり、設楽の語源は随分古いようである。また、「設楽」の意味については、両手を使う合い打ち拍手、つまり「手打ち」とも言われ、開花の恩恵が山の中まであまねく行き渡っている幸福をたたえた言葉とも言われている。

設楽町の人口推移を見ると、昭和三五年当時の人口（旧設楽町と旧津具村の合計）は、一万四九七五人だったが、昭和三〇年代の神武景気や岩戸景気といった工業と中心とする日本の高度経済成長により過疎化が加速した。昭和三〇年代までは、次男・三男らが働き場を都市に求めて流出する形態だったが、高度経済成長以降は長男までもが高学歴・高収入を求めて都市へ出るように変化していった。昭和四〇年代になると、都市と農村の経済格差が広がり、多くの人々が都市へと転出した。主な転出者が青年層であることから出生の減少につながり、人口の自然減も招いた。昭和五〇年代以降は、生活様式の都市化により家計費が上昇した反面、農林業については生産性の低さから衰退が加速したことなどにより、さらに過疎化が進んだ。こういった過疎化は、全国の過疎地域でも深刻化していき、平成の時代には地方分権の推進に対応することなどを目的として、平成七年の合併特例法に始まり、急速に市町村合併が進んだ。当町も例外なく影響を受け、平成一四年に新城南北設楽広域市町村圏協議会が設置されて以来、様々な検討がされ、平成一七年に「設楽町」と「津具村」が合併し、現在の「設楽町」が誕生した。こうした過疎化が進展した大きな原因の一つは、林業の不振が挙げられる。昭和三〇年代後半になり、伊勢湾台風などで木材需要が増大したが、木材不足から外材が輸入されるようになると、木材価格の下落が始まった。この状況は現在も続いており、山林経営だけでは生活ができにくくなっている。そのような中、当町に巨大な湖である「設楽ダム」の建設事業が計画されており、令和一六年度に完成予定である。この建設事業の中で発生する木材も含めて、設楽町の地域資源である木材の利活用が町の経済活性化に大きく関わる課題となっている。

一方で、間伐や枝打ちなど、手入れがされないまま放置され、森の保水力が弱まりつつあるなど、荒廃が進むことが懸念されている。こうした町が抱える課題を解決するため、昭和四四年に策定した町総合計画以降、工場誘致、交通利便性向上、公共施設の充実、へき地教育の充実等、各種施策を実施してきた。また、平成二八年度には、移住定住対策を重点的に取り組むべく、企画ダム対策課内に移住定住推進室を設置し、IUJターンの促進などに取り組んでいる。

二　設楽町の移住定住対策について

国勢調査結果では、一九六〇年の人口一万四九七五人をピークに右肩下がりに減り続け、二〇二〇年には四四三七人と、六〇年で一万五三八人（約七〇％）も減少しており、人口減少が加速している地域の一つである。

このような状況の中で、令和二年度に総合戦略を策定し、解決すべき課題を洗い出し、解決策を話し合った。設楽町版総合戦略策定時における設楽町人口ビジョンから判明した、行政課題で特に重要課題と考えられるのは、

・持続可能な地域を創るための互助意識の共感
・雇用機会の場における需要と供給の改善
・移住者ニーズに基づいた住む場所の確保
・子育てをしたいと思う環境の整備
・来訪したくなるサービス業の充実

と位置付けた。この五つの課題を解決するためには、問題の根幹である人口減少問題に正面から取り組む必要があると再認識し、「設楽町第二期総合戦略」の課題として掲げた。また、課題解決の糸口として挙がったのが、移住定住対策である。移住者の確保や今住んでいる方への定住対策を行うことにより、人口減少を緩やかに留めることを優先

にすべきと捉えた。そこで、「子育て世帯（年間一〇世帯）の移住者を確保する」という政策目標を定め、次の基本目標を掲げることにした。

- 設楽町で継続した暮らしを実現する
- 設楽町で働きたい方の希望を実現する
- 設楽町で暮らしたい方の希望を実現する
- 設楽町の子育て希望を実現する
- 設楽町に訪れた方の満足を実現する

しかしながら、この「子育て世帯（年間一〇世帯）の移住者を確保する」という政策目標に向け、試行錯誤を重ねてきた当町だったが、動き始めた当初は、目標達成が非常に厳しい状況が続いていた。全国的に人口減少が叫ばれており、各自治体でもいかに移住者を確保できるか検討している中で、当町も独自の町の政策を模索した結果、平成二八年度、企画ダム対策課内に設楽町の移住定住対策に特化した「移住定住推進室」を設置し、人口減少対策に本格的に乗り出した。

移住定住推進室が移住希望者等と関わってきた中、移住・定住の際のハードルの一つに、住居の確保や雇用の場の創出ができていないことが浮き彫りになってきた。そこで、住居の確保においては、「空家バンク制度」の運用や「若者定住促進住宅補助金」など各種補助制度を充実させ、移住者を中心に支援を行ってきた。また、雇用の創出においては、無料職業紹介所の開設や新規就農者の確保及び起業者支援等を行ってきたが、現状、どちらの政策も思うような効果は得られていない。

そのような中、令和二年に総務省から「人口の急減に対処するための特定地域づくり事業の推進に関する法律」が施行された。この法律に基づく「特定地域づくり事業協同組合制度」に着目し、令和五年一月二〇日に愛知県認定第一号となる「したらワークス協同組合」が正式に認められ、事業を開始した。この制度は、安定的な雇用環境と一定の給与水準を確保した職場を作り出し、地域内外の若者等を呼び込むことができるとともに、地域事業者の事業の維持・拡大を推進していくことが期待できる制度である。この事業の取組みは、行政だけでなく、この制度に賛同した町内の五事業者と、この「したらワークス協同組合」を運営する事務局長や地域おこし協力隊の協力により成り立つことができ、令和五年五月現在は、職員を二名派遣している状況である。まだ動き出したばかりであるが、いずれは人材確保・雇用の場の創出を安定させ、町内産業の活性化へと段階的に発展していくことによって、持続可能なまちを目指している。

一方、移住した定住人口の前段階となる、関係人口の創出や交流人口の増加にも取り組んでいる。まずは設楽町を知ってもらうために、自然・歴史・食等の地域資源の活用やオリエンテーリングといったアウトドアスポーツなど、観光に主眼をおいた交流人口への取組み、また、地域課題の解決やスタートアップ事業者との繋がりによる関係人口の創出・拡大に向けた取組みも積極的に展開している。さらに、地域おこし協力隊の採用を積極的に行っており、令和五年五月現在は、五名が活動を行っている。「したらワークス協同組合」の運営に携わっている者のほか、設楽町の新たな観光資源の開発に取り組んでいる者も多い。中には、任期後の設楽町での起業を具体的に視野に入れている者もおり、設楽町が新たなことにチャレンジする人たちから注目されつつあると実感している。引き続き、地域おこし協力隊員の採用に取り組み、設楽町の地域活性や課題解決を加速させていきたい。

しかしながら、こうした取組みは行政だけが取り組むだけでは効果が薄く、住民を始め地域との協働による取組みが必要となってきている。「住民の声を聞く」ということではなく、「聞いた声を政策に反映させる」ということが重要で、そのために行政が実施する施策の意義、費用対効果等、細かな情報を住民に提供し、説明責任を果たしていくことが求められている。これを果たすことで、住民参加による協働の「まちづくり」に繋げていきたいと考えているところである。

三　ダムを活用した地域振興について

豊川はその源を設楽町内に位置する段戸山に発し、山間渓谷の寒狭川を流れて宇連川に合流し、新城市に出た後、豊川放水路で分流して三河湾に注いでいる。そのため、豊川の水は、古くから東三河地方の農業用水や水道用水として利用されてきた。今では、蒲郡市、渥美半島、さらには静岡県湖西市まで含めた広い範囲で利用されている。しかしながら、夏季などには渇水の状態となることがあり、また、下流市では幾度となく繰り返されている洪水氾濫により人々の生活が苦しめられていた。そうした被害から人々の暮らしを守るため、そして活力に満ちた東三河地域の発展に貢献するため、三つの役割である、「洪水を調節する」、「川の流れを保つ」、「利用可能な水をつくる」ことを果たす多目的ダムとして、設楽ダムの建設が決定された。

現在の設楽ダム建設事業の始まりは、昭和四五年、愛知県により策定された第三次愛知県地方計画の中の新規水源開発計画で設楽ダムについて記述されたことを受け、昭和四八年にダム建設のための調査実施の要請を愛知県から申し込まれたことによる。それから長い年月を経て、ついに平成二一年、長年の議論の末、水没者や地権者の方々が損失補償基準に妥結をし、同時に、国と設楽町の間で建設同意協定が結ばれた。こうして長い歴史に一定の方向性が定まり、住民や関係省庁、県職員、それぞれの立場で関わりを持った方たちの取り組みに、一応の終止符が打たれたのである。その後、建設事業が開始され、平成二九年に転流工（仮排水トンネル）着工式が執り行われた。令和五年には転流式が執り行われ、令和五年度より本格的なダム本体の建設工事に着手することになっている。

設楽ダムの工期は、昭和五三年度から始まっており、令和八年度までと予定されていたが、令和四年五月に工期延長が発表され、令和五年五月現在では、令和一六年度に完成予定となっている。総事業費は三二〇〇億円となる見通しである。ダムの計画諸元については、型式は重力式コンクリートダムである。また、堤高は一二九ｍであり、集水面積は約六二㎢である。総貯水容量は九八〇〇万㎥で、有効貯水容量は九二〇〇万㎥を想定している。令和五年三月までの用地取得の進捗率は、約三〇〇haのうち約九八％であり、水没世帯である八橋・川向・大名倉・松戸・小松・田口の各地区で九五世帯、付替道路等による移転を余儀なくされた一四世帯、水没を免れたが生活維持の困難な一五世帯を加えた合計一二四世帯は、全世帯町内外へ移転が完了しており、今は住み慣れた故郷を離れ、新しい環境で生活を始めている。水没地区には、旧小学校跡や舗装した県道、国道、町の象徴的な橋である設楽大橋、大名倉地区にある縄文時代の遺跡もすべて水没することになっている。そのため、代わりとなる道路の整備も進んでおり、付替道路については、国道二五七号も含め、現在施行中となっている。

今後の設楽町が、生活再建を余儀なくされた方々や用地を提供された方々の犠牲や協力のもとにあることを忘れず、水を溜めるだけのダムでなく、ダムインパクトといった地

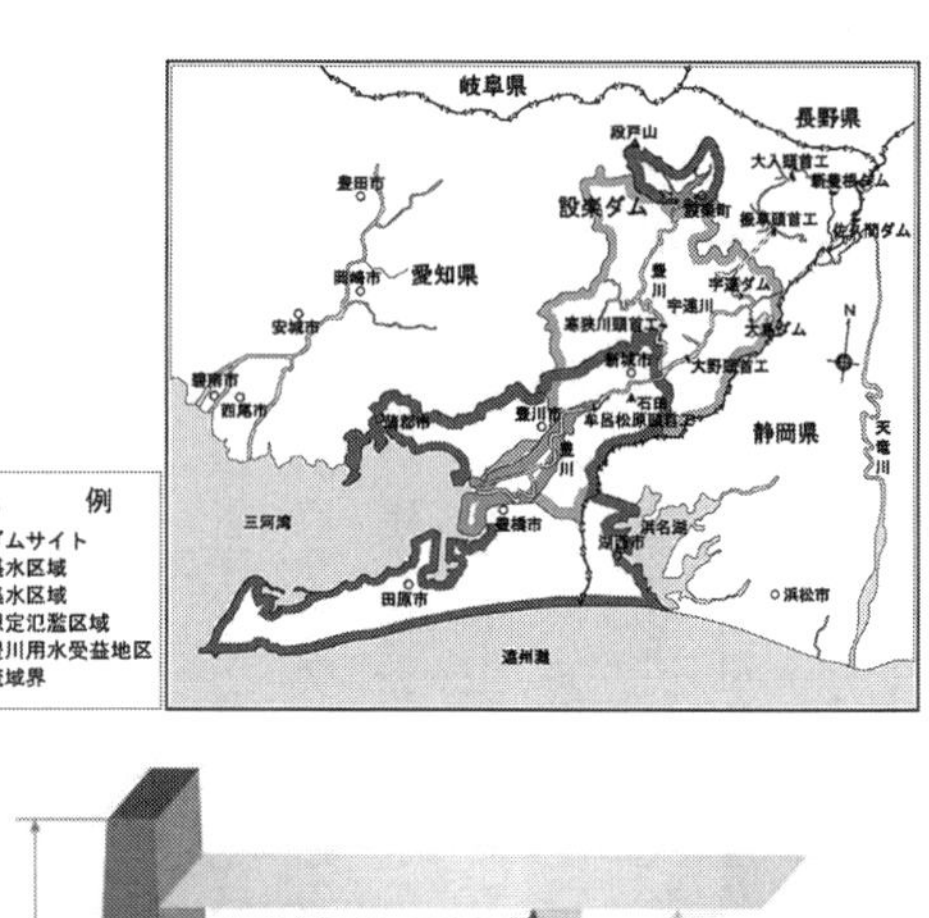

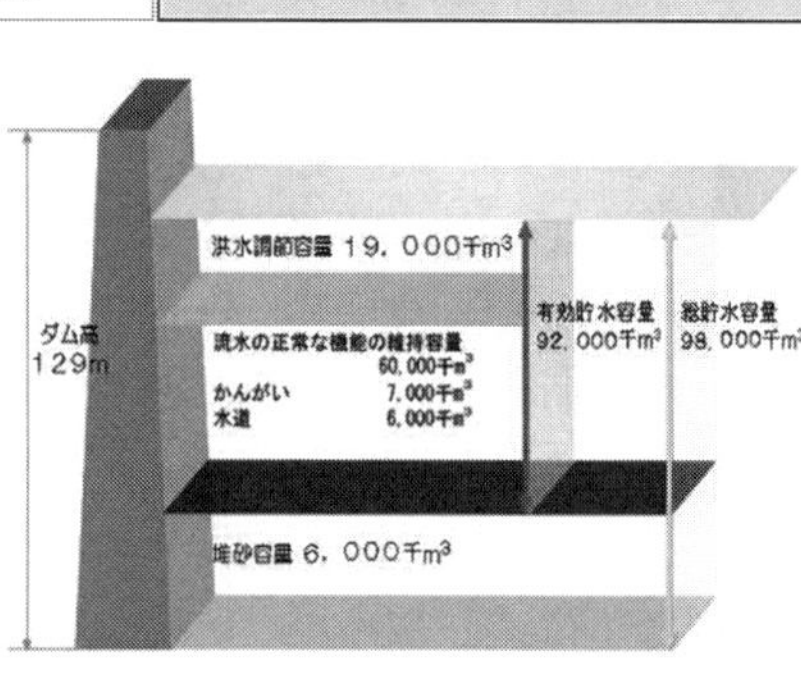

域振興策を進めることで、設楽町の明日の活力へつなげていくことを肝に銘じ、施策を推進している。設楽町におけるまちづくりは、設楽ダム建設事業を一つの起爆としたダム周辺整備の視点を取り入れて、町民が協働して参画できるような取組みが必要である。その考えを取り入れるため、設楽町の振興計画は、平成二八年度に策定した「ダムインパクトビジョンの実現に向けて～設楽ダム湖周辺整備基本方針及び基本計画～」をもとに進めている。特に、ダム周辺整備で計画されている道路、公共施設、ダムサイト、ダム湖等のハード整備を一つの観光資源として、イベント等の全体運営計画や資本投資の継続等をまちづくり計画の中で図り、担い手を発掘できる事業を創出していくことも重要視している。設楽ダム周辺整備については、ダム湖やダム周辺の自然を活用し、地域住民・地域外住民などの人の活動の場を創出するとともに、まちの持続に繋げていけるよう進めていく。具体的には、四つの基本方針を掲げているが、設楽町だけではできない方針もあるので、東三河地域と一体となって取り組んでいきたい。

【基本方針】

方針一　東三河地域のシンボルとなる空間の創出

方針二　設楽ダムの周辺環境に適した集い・交流・憩いの場の創出

方針三　設楽町で働く場が生まれ、地域内外の誰でも参画できる協働の場の創出

方針四　森と水に関連したダム湖周辺の環境保全と地域活性化の融合

設楽ダム建設の進行に伴い、設楽ダムの水源地域整備計画に基づき、町独自の事業として、水源地域整備事業も並行して進めている。ハード面で言うと、設楽町役場本庁舎の整備、保育園施設の新設、新たな町営住宅の建設、町内三か所目の道の駅として新設された「道の駅したら」（奥三河郷土館も移転に伴い併設）、田口公共下水道施設及び簡易水道施設の整備等を行った。特に、令和三年五月に開業した「道の駅したら」は、コロナ禍でのオープンであったが、新たな観光名所として注目を集めており、地域の活性化に繋がっていくだろうと期待をしている。また、設楽ダムの建設段階から、地域の振興につなげる取組みとして、町内飲食店有志らと話し合い、「したらダムカレー」を考案した。ダムの堤高一二九メートルにちなみ、令和元年一二月九日から設楽町内の飲食店七店舗で販売している。このメニューは、店舗ごとに工夫を凝らしたオリジナルのダムカレーとなっており、設楽町の名物の一つになっている。今後も、地域住民の方々や国・県と協力し、ダム湖周辺及び地域整備を一体として整備し、未来を見据えた計画の実現に向け、地域振興の推進を促進する。

さて、ダムが完成すると、水流の落差により、巨大なエネルギーを内包することとなる。平成二一年、設楽町はダムの建設に同意したが、折しも町では、「地域新エネルギービジョン」の策定作業を進めており、「ダムの水を利用した水力発電の検討」を盛り込もうとしていた。そこで、建設同意に先立ち、放流水を活用した水力発電の実現に向け、国土交通省設楽ダム工事事務所に支援を要請したところ、「あらゆる方策で支援する」との力強い回答が得られた。その後、ダム本体工事の着工が間近に迫ってきたことから、令和元年に改めて国土交通省及び愛知県に協力を要請。令和二～三年度には事業の採算性確認や最適な発電規模等について検討した。令和四年に設楽ダムの完成が八年延伸となったことから、現在は、民間電力事業者、国土交通省、愛知県と意見交換しながら、合理的、効果的な運営方法等を検討し、発電事業の実現を目指しているところである。発電所建設費用の調達、発電所運転時の技術者確保などを始め、まだまだ多くの課題が山積しているが、令和一六年度のダム完成に合わせ、何とか実現に漕ぎ着けたいと考えている。

山には山の恵みがあり、その恵みを自分たちの力で、どのように活かしていくか。先人に学び、先人と同様に気概を持って、将来のため地域づくりに励むことが、今を生きる我々の務めであると認識している。

四　終わりに

設楽町は過疎地域の一つであり、高齢化率が五〇%以上と人口減少が加速している地域である。この人口減少を少しでも食い止めるため、「したらワークス協同組合」による雇用の創出や関係人口の創出等の移住定住対策と、設楽ダムを活用した他に類を見ない地域振興を推進する。また、行政、地域住民、団体・企業等が一体となって、次世代に向けた持続可能なまちづくりを目指す必要がある。設楽町が「まちに活気・まちに愛着・まちに自信〝豊かな自然と魅力的な人に恵まれ、活気に満ちたまち〟を目指して」、取り組んでいきたい。

コラム

道の駅したら

「道の駅したら」は、二〇二一年、設楽町内三か所目の道の駅として誕生した。設楽ダムの水源地域整備計画のもとに、前横山光明町長の発案で計画されたもので、名称は町内小中学生及び高校生からの投票結果をもとにしている。伊那街道(国道二五七号線)と豊川に挟まれた風光明媚な土地にある。テナントエリア一階の「清嶺市場」には地元産の野菜・山菜・米等の旬の農産物やジビエ等の特産物が並ぶ。「清嶺食堂」では町内名産の絹姫サーモン定食やスパイシートマトカレー等が楽しめる。同二階では名酒蓬莱泉「空(くう)」で著名な関谷醸造の日本酒造りが体験できる。駅内には、設楽町奥三河郷土館や旧豊橋鉄道田口線の木造車両も設置されている。問い合わせは、設楽町観光協会(電話〇五三六―六二―一〇〇〇)まで。(設楽町役場職員有志)

コラム

段戸裏谷原生林「きららの森」

段戸裏谷原生林は、愛知県内最大級の太平洋型ブナ林で、木漏れ日や地表の雲母がキラキラと反射することから「きららの森」とも呼ばれる。樹齢二〇〇年以上のブナ・ミズナラ等の広葉樹（及び一部針葉樹）の天然林は、大正初期には考証林として七〇〇haが保護され、戦後には環境省により一部が自然度の最も高い特定植物群落として指定された。春は町の花のシンボルのホンシャクナゲやマンサクの花とブナが息吹き、夏は活発な野鳥が飛び交い、秋は色鮮やかな紅葉が満喫でき、冬は樹氷により一面が銀世界となる。近くには「段戸湖」があり春から秋まで釣りが楽しめる。問い合わせは、設楽町観光協会（電話〇五三六―六二―一〇〇〇）まで。

（設楽町役場職員有志）

【1―11】

東栄町における移住定住施策の現状と課題

東栄町長　村上　孝治

「二八四〇」この数字の意味するものは何か。これは、令和五年四月一日現在の東栄町の人口（住民基本台帳登録者数）である。

かつてこの町は流通物資の一大中継地点として、林業を中心とした各種産業が栄えており、一万五〇〇〇人以上の人々がこの地に暮らしていた。しかし、交通の事情や産業構造の変化などにより、主産業である林業は低迷し、昭和三〇年代からは急速な人口流出が続き、人口は一気に減少の一途をたどることになった。

昭和三〇年には一万四〇〇〇人余の人が住んでいた本町も、現在では先ほど冒頭にあげた数字二八四〇人となり、約七〇年の間に五分の一の人口になったことになる。

この間、工場の誘致、町営住宅の整備等の施策も次々と打ってきたが、その波を食い止めることはできず平成の時代を迎えることになった。

人口構成も生産年齢人口と年少人口割合が一気に減少した一方、高齢者人口の割合が増え、昭和五五年には年少人口を、そして平成一七年にはとうとう生産年齢人口を高齢者人口が上回るという状況となった。

これは、東栄町につなぎとめるための職がなくなり、職を求めて東栄町から出ていったことが大きな要因であり、若い人の減少と世帯当たりの人数が減少することで、地域の担い手が少なくなり、今までできていたことが次第にできなくなるということにつながり、地域運営にも大きなダメージとなった。

こうした中で東栄町では、平成二七年度に「まち・ひと・しごと総合戦略」を策定した。副題は、「東栄〝住人(すみびと)〟増やそう戦略」である。

同時に策定した東栄町人口ビジョンでは、二〇四〇年に二一〇〇人以上の人口を確保するために次の三つの施策を推進することとした。

① 子育て世代、若者を中心とした生産年齢人口の流入と定住の促進

② 若い世代の就労・雇用の創出、結婚・子育ての支援

③ 高齢者が積極的に社会参加し、自立した生活と若い世代の支援ができる環境の整備

である。

また東栄町では、それ以前からもさまざまな移住定住施策に取り組んできた。

その一つ目は、平成二四年度から始めた「定住促進空き家活用事業」である。空き家となった家を町が持ち主より借り受け、リフォームをしたのち移住者に一〇年間貸し出すというもので、総務省の同事業の補助金を活用して実施した。

初年度には三地区三軒の空き家を対象として実施したが、町外から多くの応募をいただき、地元の区長さん方の協力を得て、選考した結果、三家族に移住していただいた。

家賃の設定については、改修費用から国の補助金と過疎債の地方交付税算入分等の財源を差し引き、家主への借家料等を加味したうえで算定し、入居者にとってもリーズナブルなうえ、町にとっても一〇年間の貸し出しで実質負担ゼロとなる設定とした。特に、中学生以下のお子さんがおられる家庭に対しては、家賃を二割減額するということも大変好評だった。

その後、町単独事業を含めて平成二九年度までの五年間で一三世帯、五二名の方が移住された。

二つ目が、空き家バンク事業である。

以前からも空き家台帳を整備して空き家の持ち主と移住者の橋渡し的な役割を担ってきたが、平成二八年度からは再度「空き家バンク」として再整備し、町のホームページなどの媒体で紹介することによりバンクへの登録者も次第に増え、令和四年度末には一一七軒の空き家が登録されるに至った。

そしてこのバンクを利用して貸主と借主、売主と買主とのマッチングにより、昨年度までの七年間で九五件を成約することができた。

また、町には不動産業を営む方がいなくなり成約後の当事者間の契約等において不都合を生じてきたが、令和三年度に、新たに不動産業を営む方が開業し、町の空き家バンクと連携することで、成約件数も増えるとともに問題解決にもつながった。

しかし、この事業を実施するにあたってはいくつかの課題もあった。

空き家としての存在が長ければ長いほど建物の老朽化が進み、成約後即入居という訳にはいかないからである。特に風呂、トイレ、キッチンといった水回りが必要な個所はそのことが顕著であり、また前に住んでいた方の家具や荷物等の片付けなど、入居にあたっての大きな障害となっていた。

そうしたことを解決する目的で、空き家バンク事業の本格的開始と同時に「空き家活用支援事業」もスタートした。

この制度は、空き家に入居するにあたり必要なリフォームや片付けに対して、最大で五〇万円の補助をするもので、制度を始めた平成二八年度から令和四年度までの七年間に六三件利用していただき、移住促進への大きな糧となった。

そのほかにも、四〇歳未満のIターン・Uターン者への「若者定住奨励金制度」や、移住される方の通勤に係る費用を三年間補助する「移住者通勤支援制度」などで、この地に暮らしたいという方を支援している。

三つ目は、移住ソムリエ制度である。

東栄町に限らず田舎へ移住しようと考えている方は多くおり、町のホームページで調べたり、その地域で行われるイベント等に参加したり、さらには気になる町があれば実際に町役場等を訪れ詳しい話を聞いたりして移住について検討されると思う。

しかし、縁もゆかりもない土地へ移住するにあたっては、町役場の職員の話を聞いただけではなかなか決断を下すのは難しいと思う。

「自然をはじめとする環境は気に入ったけれど、移住してみてその土地の人と馴染めるだろうか、仲良くやっていけるだろうか」「その土地に住むにあたってはどんな決まり事があるのだろうか」そうした不安を少しでも解決し、安心して東栄町に移住していただくために設けた制度である。

東栄町への移住を検討している方が、移住や町の暮らしなどについて気軽に話ができる人を「移住ソムリエ」として認定するものである。

移住ソムリエには現在一二三の個人・団体が登録されており、その内訳は過去に移住してこられた方をはじめ、ずっと東栄町で暮らしている方、一旦は都会に出たけれど生まれ育った故郷である東栄町に戻った方、あるいはこの地域のまちづくりに取り組んでいる団体など多岐にわたっており、それぞれの立場から有意義なアドバイスを受けられる。

「移住者が移住者を呼ぶ」と言われるが、まさに実際にこの制度を通じて移住を決められたという方もおられる。

ソムリエに認定されるにはどうしたらいいかということであるが、難しい条件はない。

- 東栄町が好き
- 東栄町の暮らし、移住の話ができる
- 東栄町に暮らしている

この三点をクリアできれば誰でもなれる制度で、私もソムリエの一人である。

また近年では、東栄町に移住（町民となること）していなくても、週末などにはこの地域と何らかの関係性を持ち、さまざまな活動をしておられる方も多く見受けられる。

こうした方々は、町民ではないので町からの恩恵等を受けられるものではないが、町の活力向上の一躍を担ってくれている。

こうした方々を関係人口と呼ぶそうだがその活動は多岐にわたっており、そうした活動を通して結果的に移住された方もいる。

移住ソムリエと町とが連携し、この制度が有機的に機能することで、東栄町への入口の機会が増え、何の不安もなく多くの方に移住してもらえることを願っている。

四つ目は、地域おこし協力隊制度である。

地域おこし協力隊とは、都市地域から人口減少や高齢化等の進行が著しい地域に移住して、地域ブランドや地場産品の開発・販売・ＰＲ等の地域おこし協力や、農林水産業への従事、住民支援などの地域協力活動を行いながら、その地域への定住・定着を図るというものである。

総務省が平成二一年に創設した制度で、協力隊の人件費及び活動費については、特別交付税で財源措置されている。

本町でこの制度により協力隊を任用した最初は平成二五年度のことで、当初の協力隊は二名の女性でスタートした。

この二名の隊員は、人と人・町と田舎・資源と知恵をつなげ東栄町の方々の中に火を燈し一緒に街を元気にしたいという思いから、東栄町の協力隊を「燈栄隊（とうえいたい）」とネーミングし、平成二四年度から活動している東栄山菜王国とともに活動をスタートした。

その後この二名が東栄町に住み活動する中で、様々な人と関わりを持ちながら、地域の課題を発見するとともに、自らがこの地で生きていくための独自のテーマをもって活動を進め、それぞれ二年あるいは三年の任期を経て町に定住した。

この二人については、本書で本人が寄稿（【二―3―5】金城氏・【二―3―6】大岡氏）しているので詳細はそちらを読んでいただくとして、二人のそれぞれのその後の活躍も含めて、「地域おこし協力隊」という名前が東栄町において認知される大きなきっかけとなったといっても、過言ではない。

前述の例を含めて、東栄町が抱える課題解決のために現在まで、一一名の隊員（内一名はＵターン）が卒業し、九名が東栄町に残ってさまざまな活動を続けている。

人数は決して多いとは言えないが、この東栄町に愛着を持っていただき、地域の人とつながりながら活動ができていることは、その地域への定住・定着を図るという、地域おこし協力隊制度がめざす趣旨と合致しており、大変意義深いものであると思う。

現在、本町あるいは奥三河における観光のテーマの一つである「ビューティーツーリズム」も、こうした活動の中から生まれ、成長していったものである。

そして現在も体験交流を通した施設運営、自転車を活かした観光振興、遊休農地を活用した農業振興の分野において、四名の隊員が活動している。

さらには、すべての隊員が民間事業所に所属し活動していることは、官主導で始めたこの事業が、スタート時点とは大きな変化を見せていることも成果であると考える。

依然として町の人口は減少を続けているが、こうした取り組みを通じて少しずつではあるが効果が出てきている。

一番顕著なのは人口の社会増減である。そもそも昭和三〇年代から急速に過疎化が進んだ原因は、職を求めて町外へ人が流出したことにあったが、平成二四年度以降、社会増減がゼロ以上のプラス（増）に転じた年が四回あり、令和四年度も転入が転出を十名上回った。転出が大きく上回る年もあるが、今までにはなかった現象と言える。

また、移住された方々は、様々な形で生活の糧を得ている。

依然として町内には働く場が少ない中で、その一翼を担う人、町内に居住しながら町外に職を求める人、第三者承継する人、そして新たな業を作り出していく人などさまざまな形があり、少しずつではあるが、この地に根を下ろしつつあり、さらに広がりを見せている。

町外の方からは「東栄町は元気があるね」と言われることがあるが、まだまだ決してにぎやかな町になっているとは言えるような状態ではない。

高齢化率も五〇％を超え、出生者数も令和四年は六名と、令和になってからも年平均で一一名ほどである。

一方、ここ一〇年来の移住定住施策の成果として、小学生の児童数は減少してはいるが、全体の減少率に比べれば低い数値となっている状況を鑑みれば、子どもを含めた家族が田舎を求めて移住してきているというケースが増えてきているということが言えると思う。

こうした数字を見ても、Ｉターン・Ｕターンに限らず、こうした人たちを増やしていく施策が必要であり、移住してきた人たちだけでなく、東栄町に住み続けていただいている人たちが、安心して子育てができる環境づくりに知恵を絞っていく必要性も痛感している。

第六次東栄町総合計画では、「豊かな自然環境、古から伝承される歴史や伝統文化、住民の温かく素朴な人柄、これらが本町の特徴です。これら地域の財産を生かし、住民同士が互いに助け合いながら、過疎地での暮らしを営んでおります。こうしたまちを住みやすいと感じ、今後も住み続けたい、訪れたいと思えるまちとしていくため、町民みんなが力をあわせ、本町の特徴を最大限に生かして、みんなが幸せを実感できるまちづくりを育んでいきます。」とする基本理念のもとに、「暮らし続けられるまちを未来につなぐこと」をまちづくりの目標にしている。

新たな住民となった人たち、以前からこの土地に住んでいる人たちが、お互いのことを理解しあったうえで、まちづくりの目標に向けて、前のめりに進んでいくことが重要であり、課題解決に結び付いていくものと考えている。

過疎高齢化が進む中で、本町の財政力は決して強くはない。

自主財源は全歳入の二〇％余りで、ほとんどを依存財源に頼っているのが現状である。

一方で町民の健康福祉を推し進めるための医療・保健・介護・福祉施策、この町で安全安心に暮らせるための防災・防犯対策や交通環境の整備、暮らしを支える道路整備や上下水道整備・公共交通や情報通信基盤の整備などの生活インフラ対策、町の文化歴史を大切にしながら未来を担う子どもたちを地域全体で育む教育の推進、その他環境対策、地域内の経済対策等々、取り組んでいかなくてはならないことは山積しており、待ったなしの状況であることも現実である。

この一〇年間の中でも、保育園・小学校・子育て支援センター及び放課後児童クラブの整備、新診療所及び保健福祉センターの整備、簡易水道施設の整備などのハード事業に取り組んできたのもそうしたことの一環である。

移住者をはじめとするすべての町民が暮らしやすい環境を整えることで、前述した移住定住施策とその他の施策が有機的に結びつくものであるといえる。

こんな時だからこそ、また厳しい財政運営だからこそ、すべての町民が一致団結するとともに、それぞれが知恵を絞って「暮らし続けられるまちの実現」に向けて邁進していく必要があると思う。

コラム

五平餅一〇〇年フードに思うこと

令和四（二〇二二）年三月、東栄町の五平餅が設楽町・豊田市とともに文化庁の「一〇〇年フード」に選ばれた。

一〇〇年フードは、多様な食文化の継承・振興への機運を醸成するため、地域で世代を超えて受け継がれてきた食文化を継承していくことをめざす目的で、令和三（二〇二一）年度から始められたもので、この地域では、初年度に豊根村の「お平」が選ばれている。

「五平餅」。この食べ物はこの地方のソウルフード（最近の言い方であるが…）と思っていたが、形やたれの種類など違う点があるものの、長野県や岐阜県でも広く食べられている広域にまたがる郷土料理のようである。

当地では、大切なお客様が訪れたときや花祭などのお祭りなどの時などの特別な時に食卓に出てくるもので、炭火が揺らぐ焼き台の風景を調味料としながら、おもてなしに用いられてきた。

この地方では、うるち米のご飯をつぶして練り、杉の木の白い部分を割った平たい串に両手で挟むように付けて、小判型にして焙ったものに味噌ベースのたれをつけてもう一度焙るのが定番である。

現在でも一部の地域では、山仕事に関わる人が山の講（山に関連する職業の人たちのお祭り）に五平餅を祭るなど、行事を通して伝承されている場合もあるが、郷土料理として一般の家庭でみられることはあまりなくなったような気がする。

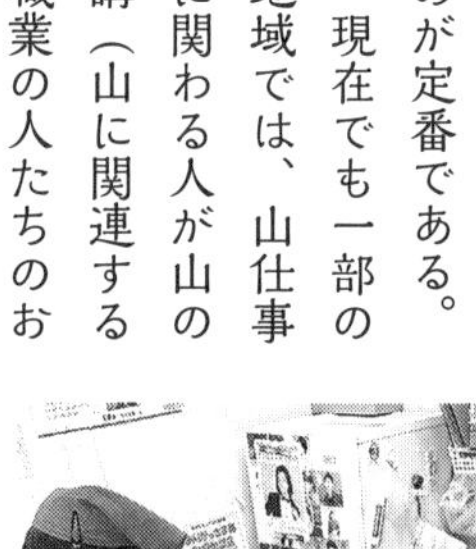

五平餅は、その形やたれの作り方ひとつをとっても、その地域や各家庭の中で独自に伝承されてきたものであり、一〇〇年フードに選ばれたこの機に、こうした文化を再確認できたらなと思う。

（東栄町役場職員有志）

コラム

つなぐべき花祭

北設楽郡の冬を象徴する、「てーほへ、てほへ」の掛け声が聞かれなくなって三年の月日が経過した。

令和二（二〇二〇）年二月に日本国内で初めて新型コロナウイルス感染症の患者が確認されてから、世の中は一挙に自粛モードとなり、いろいろな行事・催事などがやむなく中止という事態に見舞われた。

鎌倉・室町時代から約七百年の時を超えてこの地に受け継がれてきた花祭もそのご多分に漏れず、町内一〇か所で開催される予定の祭事はいずれも中止となった。

その時の、「来年こそはできるだろう」との関係者の思いもむなしく、令和三（二〇二一）年、さらに翌年もコロナ禍は続き、祭りの形を変えて一部を非公開等で開催するなどしたが、以前のようなにぎやかな祭りの風景を復活することは、まだできていない。

花祭の開催が中止になるのは、戦後現在のような集会所等で祭事が行われるようになってからは、昭和六三（一九八八）年から六四（一九八九）年にかけての昭和天皇のご病気悪化に伴って数か所で中止になって以来のことと記憶している。

この三年間、従来のような形での祭りはできなかったが、今後の保存伝承に向けて、舞を伝承することや祭りの運営など、さまざまな課題も浮き彫りになった気がする。

今までの日常生活の中で当たり前のようにやってきた行事や催事等が一旦止まってしまうと、それを再開するには大きなパワーが必要だなということも今改めて感じている。

祭りは伝承を行うことで地域に住む人たちの結びつきを強め、生活の根幹となって、脈々と受け継がれてきたものであり、次の世代へと受け継いでいく義務があると思っている。

自分の住んでいる地域がこれからも生き残っていくためにも今が正念場である。

（東栄町役場職員有志）

【1－12】

豊根村の課題と展望「人口減少」

豊根村村長　伊藤　浩亘

一　人口減少の状況

日本の総人口は二〇〇八年以降、減少局面に入っており、二〇四〇年代には八〇〇〇万人台まで減少すると推計されている。

そうした中、豊根村の人口は戦後の五〇〇〇人台をピークに減少を続け、令和四（二〇二二）年七月には一〇〇〇人を下回ってしまった。減少の要因としては、①戦後の食糧難対策として、分村による村外への開拓移住や、佐久間ダム、新豊根ダムの建設により集落が水没し、集落ごと村外へ集団移転するなど、政策的に移転が進められた事による人口の流出と、②戦後の高度成長期における都市部への就職や、農林業などの主要産業の衰退による離村があると考えられる。

近年では、少子高齢化が顕著であり、令和二（二〇二〇）年の国勢調査における若年者（一五～二九歳）比率は五・八％、高齢者（六五～歳）比率は五二・四％となっている。

人口減のうち社会減の動向をみると、戦後直後は、食糧難対策としての分村、ダム建設による集落移転など、一時的で半ば強制的な人口減少であったのに対し、昭和四〇年代の高度経済成長期以降における人口減少は、林業不振や産業構造の変化に伴う、都市部との賃金格差によるものである。この傾向は現在まで続いており、地域経済に消費低迷等の悪循環を招き、地域が雇用力を失い、人口減少に拍車をかけてきた。

佐久間ダム（1956年完成）

新豊根ダム（1978年完成）

最近の傾向はこうした経済的要因もさることながら、都市生活の利便性や、医療、教育、文化など生活格差を解消するための転出などが主な理由となっている。

自然減の動向については、高齢者人口比率の高まりにともない、増加する方向にあるが、二〇二五年に高齢化率五五％とピークを迎えた以降は、高齢化率が減少に転じ、人口の絶対数は著しく減少すると予想される。

こうした人口規模の縮小は、経済活動や生活基盤の維持をはじめとして、村民生活に様々な悪影響が生じると推測され、将来の担い手となる若年者人口も、今の一〇％から二〇四〇年には七％まで減少すると予測されており、地域の担い手不足は顕著となってくる。

そんな状況が続けば、地域経済や地域社会の存続自体が危ぶまれる事態となる。

二　人口減少の影響

人口減少は村政全般から住民生活の維持に関わる大きな問題であり、その影響は計り知れない。村政で言えば、人口減少による住民税や地方交付税の減収に影響し、一般財源の減少は、村政の硬直化につながる。また公共施設や道路・水道などインフラの老朽化への対応等が難しくなるため、行政サービスの低下が懸念される。現役世代が減少すると、若い担い手が不足し、農林業、建設業は言うまでもなく、役場職員や、福祉関係の事業所職員の不足も深刻となり運営に支障をきたす恐れも出ている。また、村民の転出は不在地主増加の要因でもあり、農地や山林は手を入れられることなく荒れ放題となり、鳥獣害の増加により農作物、苗の被害は甚大で、耕作意欲の減退による更なる不作付け地の増加を招いている。一方、転出は同時に空き家の増加の要因でもあり、雑草に埋もれた廃屋は野生動物のすみかとなり、集落景観、生活環境を悪化させる要因ともなり、極端な場合は倒壊の危険がある特定空き家にもなり得る。

人口減少を集落の目線で見ると、行事や祭りの規模縮小、冠婚葬祭の簡素化とともに、集落共同作業の人足が減少し草刈り等の活動が困難になりつつある。役員のなり手は不足し、一人で多くの役を兼務せざるを得ない状況も出ている。

住民生活に及ぼす影響も大きく、利用者が減少することによる公共交通の便数の減少や、医療機関が縮小したり、運転免許証の自主返納により移動手段が少なくなったり、道路や水道などのライフラインの維持が難しくなったり、商店の減少により買い物難民が増加したり、園児数・児童数・生徒数の減少により、教育の質の低下も懸念される。また、地域の若者で構成される消防団員数の減少は地域の防災力を低下させるなど、住民生活への不安にも影響している。

社会の高齢化は医療、福祉の成果であり、健康で長生きできることは希望であり、幸福であるが、高齢者と高齢者を支援する年代の人口構成のバランスが崩れると、独居高齢者の見守りができなくなり、災害時要配慮者の避難を支援ができなくなる恐れがある。

これらは、全国的に人口減少が進む中で、一過性の現象ではなく、将来にわたって不可逆的に続く課題であり、この動きを一町村の努力で食い止めることは困難である。

三　人口減少に対する対応

この深刻な状況を村民と共有し、一日も早く、的確な施策を集中的、かつ持続的に展開すれば、人口減少の速度を緩やかにすることが可能である。

対応としては大きく二つの方向性が考えられる。ひとつは、国の長期ビジョンが指摘するように、低い出生率（国一・三九、豊根村一・五一）を引き上げるための対策（自然増）。もうひとつは、転出の抑制、転入者の増加による社会減の抑制、さらには社会増につながる積極的な戦略を発展的、持続的に行うための対策（社会増）。この二つの対策を同時並行的かつ相乗的に進めることが重要であり、そのための基本的視点として次の四つが考えられる。

①　地域の雇用を創出する。（しごと）

村内には、選択できる仕事の種類が少ないことから、雇用の場が限定的ではあるが、村の持つ農林水産業や観光などの産業の振興を図る中において、茶臼山高原をはじめとする豊富な観光資源や、チョウザメなどの淡水魚養殖など、地域資源を最大限に活かすとともに、新しいビジネスを創出していくことも必要である。若い世代の田舎志向を受け入れながら、稼ぐ力を身につけ、「自然が仕事になる村」をめざすことで、地域を担う人材の定住を確保していく。

また、既存事業体の中には十分な雇用の確保や後継者の確保ができないケースも発生しているため、事業継承に向けての支援や後継者育成も重要である。小規模事業体が多いことから、複数の仕事を組み合わせて収入を得るなど、新しい形態での雇用づくりも必要である。

② 若者の定住を促す。（ひと）

これからの村を担う人材を確保するため、都市部へ流出した若者層Uターンの促進と、山村での暮らしに価値を求めて移住するIターンを推進し、「温かい心でU・Iターン者を迎え入れる」ことが必要である。U・Iターン者を受け入れるためにも「しごと」「住まい」「相談・サポート」などを整えていくとともに、都市部では味わえない魅力的な暮らしをアピールすることも大切である。また、村では地域おこし協力隊終了後の定着率が低いと言われているので、終了後のサポート体制の強化が重要である。

③ 子育てや、高齢者を支える、現役世代をしっかり支援する。（ひと）

現役世代の若者が安心して暮らしていける対策を講じることで、安心して子育てができ、ひいては高齢者を助ける地域づくりにつながる。そのためには現役世代に切れ目のない支援を行い、豊根村での安定した暮らしを実現する。特に子育て支援として実施している、保育園の保育料・通園費・給食費の無償化、小中学校の通学費・給食費の無償化、乳児から高校卒業までの医療費の無償化などを、今後も継続する。そして、村の子供たちには、地域の文化や行事、そして村内の仕事やそのやりがいなどを伝え、一人でも多くの子供たちに村へ「帰ってきたい」と思えるよう、村の魅力を伝えることが必要である。

④ 道路や住宅など生活基盤の維持改善を図る。（くらし）

山間地の豊根村では、生活においても、経済活動においても、道路が最重要基盤であり、三遠南信自動車道（東栄インターチェンジ）やリニア新幹線へのアクセス道路である国道一五一号の整備と、国道一五一号の支線である主要地方道阿南東栄線、県道茶臼山線の改良を継続的に実施し、安全で快適な道路を確保することが重要である。

併せて、民間サービスのない豊根村においては、医療、住宅、教育、情報通信、公共交通などの生活基盤を公的に確保し、安心して暮らすことのできる環境作りを進める必要がある。

医療は、現状の豊根村診療所、富山巡回診療、民間の歯科診療所ともに、機能を低下させることなく維持し、またかかりつけ医として、地域に密着した医療を提供する。二次救急、三次救急については、他地域の医療機関に頼っているが、村内に配備されている救急車一台と、二箇所のヘリポートを有効に活用して、迅速な救急搬送に努め、都市部との地理的ハンディをなくす。

住宅は、生活の基本であり、世帯用公営住宅に加えて、近年需要が高まっている単身用公営住宅を整備し、若者の生活場所を低料金で提供する。また、住生活基本計画に基づき、コロナ禍において表面化した働き方や暮らしの多様化に合わせ、情報基盤の充実やワークスペースの確保などニーズに合わせた整備が求められている。

教育も現状の小学校一校、中学校一校体制を維持するとともに、ＩＣＴ教育を活用した多様な教育の確保を推進し、高校生に対しては、通学補助、宿泊費補助を支援しながら、郡内唯一の県立田口高校の魅力化に向けて連携を図っていく。そして、大学生に対しては、豊根村の独自奨学金制度により支援し、卒業後の豊根村へのＵターンを促す。

情報通信網は、テレワーク、ＳＯＨＯ共に不可欠なライフラインであり、通勤が無くなることで地理的ハンディが解消され、豊根村の自宅に居ながらにして、都市部の本社に居るのと同じ環境で仕事ができる。現状の通信網（一〇〇Ｍｂｐｓ）では通信速度が遅いため、高速化（一Ｇｂｐｓ、一〇Ｇｂｐｓ）に向けた課題解決に取り組むとともに、高度化する情報通信網整備の維持管理については、公設公営で運営している北設楽郡三町村において、現在民営化検討会を立ち上げ、協議中である。

公共交通機関は民間撤退後、村営でバス路線を維持しているが、利用者が減少しているため、デマンド化や福祉有償運送の充実を図り、運転免許証を返納した高齢者や子どもたちの移動手段を確保する。また、交通空白地有償運送として「がんばらマイカー」事業により足となる交通手段の確保を図っているが、ドライバーの高齢化や制度のあり方など、課題解決に向けて取り組んでいく必要がある。

五　終わりに

全国すべての都道府県で、日本人の人口が減少し、少子化対策が急務となっている昨今において、今後は、大多数の自治体で人口の維持が難しくなってくると思われ、特に山間過疎地域にある本村では、如何にして人口減少の進行を抑えるかが最大の課題となっている。そんな中において、首都圏への若者の人口流出は依然として増加傾向にあり、コロナ禍によりテレワークや在宅勤務・ワーケーション、あるいは二地域居住・地方移住への関心が高まるなど、ライフスタイルは大きく変化している。この流れをチャンスと捉えながら、課題の解決に向けて取り組んでいく必要がある。

平成二八（二〇一六）年八月、豊根村は「小さく持続する村戦略」を策定したが、今後、何の取組みも実施しない場合、村の人口は二〇六〇年に、今の半分以下の四〇〇人まで減少すると推計されている。人口減少対策を着実に実施し、国の出生率目標二・〇七（二〇四〇年）を達成するとともに、毎年三家族（計九人）の転入目標を達成することで、二〇六〇年の豊根村人口を九〇〇人程度に維持できる。その人口規模を維持することで、今の暮らしや文化を守ることができ、高齢化率は二五％、若年者比率一八％のバランス良い人口構成となり、小中学校における複式学級は解消し、平成二七（二〇一五）年当時の生産年齢人口が確保されると推測される。

国全体が人口減少局面に入っており、豊根村の人口が減少することはやむを得ないとも言えるが、村内で生活している人が、豊かに暮らし続けることができる対策を行う一方で、引き続き創意と工夫をしながら、「くらし」「ひと」「しごと」の好循環を目指す。そのためには少なくとも九〇〇人の人口を維持し、バランスの良い人口構成を実現して、ひとつの自治体として、長く持続させる必要がある。そのためにも、令和五（二〇二三）年三月に見直しを行った「第六次総合計画（後期計画）」に基づき、地域の特性を活かした「しごと」をつくり、豊根村らしい働き方を可能にさせ、U・Iターン者を迎え入れるなど、地域で暮らす「ひと」の増加を目指す。そして、みんなが幸せな「くらし」ができる地域として、「豊かに根ざす村」の実現を目指し、「安心して暮らせる村」、「希望が持てる村」、「持続する村」を三本の柱に据えて「小さな村だからこそできる、密度の高い村づくり」を推進していく。

愛知県内で最も人口が少ない、愛知のてっぺん豊根村へのご支援・ご協力をお願いします。

コラム

豊根村「ロイヤルキャビア」誕生

「チョウザメが、村の人口を超えましたので、食べに来てください。」というポスターで注目を集めた、愛知のてっぺんに位置する豊根村は、人口一〇〇〇人ほどの小さな村である。

二〇一二年からスタートした豊根村のチョウザメ養殖は、熊谷仁志氏と有志で立ち上げた「豊根フィッシュファーマーズ」が、豊根発のキャビアづくりを目指し、試行錯誤の日々を重ねてきた。チョウザメがメスかオスか判別できるようになるまでに三年、メスのチョウザメからキャビアが採れるようになるまでには一〇年かかった。この間、国や県の補助金を活用し、養殖・加工施設のハード整備、養殖技術の改善や高度化など大学との連携を図り、豊富な水資源を活用した淡水魚養殖を推進してきた。また、養殖参画者を拡大するため、村外から新たな移住者も加わりアマゴの養殖にも取り組んでいる。また、村内では飲食店や旅館でチョウザメの魚肉を利用した料理の提供、キャビアのウロコから作ったストラップやピアスなど加工品販売など地域への波及効果も現れてきた。

二〇二二年春、天竜川の源流の豊富な「かけ流しの水」を使い、最良の水環境で稚魚から大切に育てられたチョウザメから、念願のとよねキャビア「ロイヤルキャビア」が誕生した。黒く光る宝石のような一粒一粒には、豊根の自然の恵みと村の人々の熱い想いが込められている。メスから取り出したばかりのキャビアを生のまま瓶に詰め、豊根の自然の美味しさをそのままに急速冷凍した。「ロイヤルキャビア」は、「ロイヤルフィッシュ（チョウザメ）」の切り身とセットにして、豊根村のふるさと納税の返礼品として提供しており、寄附金額五万円（現在は五万三千円）と比較的高額であるにも関わらず、令和四（二〇二二）年度には一七八件八九〇万円の寄附があり、村のふるさと納税の寄附金額も前年度の二・三倍になった。令和五（二〇二三）年度からは新たにお手頃サイズのキャビア（寄附金額三万三千円）も仲間入りした。

この機会にぜひ豊根村の「ロイヤルキャビア」を味わってみてほしい。

（豊根村役場職員有志）

【一－13】

光明を求めるか、美しく滅ぶか　緑豊かな高原・作手を守る、今がチャンス　市内、近隣の方々、汗を流しませんか

心ある作手の居住者
共同執筆：新城ふるさと応援大使　森　安男

一　作手地域の概要

新城市の作手地域は、平均標高五五〇ｍの高原地域で、周囲を竜頭山、巴山、本宮山など六〇〇ｍ～七〇〇ｍ級の山々に囲まれている。

また、豊川水系と矢作川水系の水源地域で、春の新緑、夏の清流、秋の紅葉、冬の白銀と四季折々の姿を全身で満喫できる地域である。

二　作手地域の課題を探る

作手地域には、地域のまちづくりに関する方針や目標、具体的な施策などをまとめた〝作手地域まちづくり計画〟があり、これは、地域の目指すべき方向性を探るために、アンケートやワークショップを行い、作成された計画である。その中には地域における課題も検討されているので、まずはこれを見てみよう。

（一）全体的課題

作手地域を未来に引き継いでいくためには、定住人口の維持・増加と交流人口の拡大及び、現在作手地域に住んでいる人たち、他の地域に住んでいる人たちの定住・ＩＪＵターン（移・住）を促進し、作手地域に対する「ふるさと」意識の形成が必要である。「ふるさと」意識を形成するためには、作手地域の現状や魅力などを知ることで「こころをよせる」きっかけを作り、何かの形で作手地域に「かかわる」ことが必要である。

（二）自然・農業・林業

農業について、水田の維持、獣害対策など農業を継続する仕組みづくりを促進し、高原ならではの気候や豊かな土壌など、作手地域の良さを生かした農産物のＰＲ・販売、特産品開発などにより農業の維持・活性化を図り進めるためには、担い手の確保・育成をしていくことが望まれる。

林業について、山に学ぶ、山の手入れ、獣害対策など、山を守る仕組みづくりについても考えていかなければなら

ない。

（三）自然・歴史・文化

自然と歴史文化・自然を守り、知ってもらい、作手地域に来てもらうためには、自然の活用、あるいは地域の祭りなどの文化、城跡、神社、お寺などの歴史資源を未来に受け継いでいくことが必要である。

（四）共育・住民交流

子どもも大人も学び育つ環境…作手の地域特性や小規模学校ならではの特色を生かした教育のほか、子どもが気軽に遊べる環境づくりと大人も学べる環境づくりが必要である。

また、住民交流…作手地域には色々な技芸を持った名人・達人がいるため、その発掘や活用、さらには子どもからお年寄りまで参加できる新たな交流イベントを行ったり中高生の地域活動への参加や交流の機会を増やしたりすることも課題である。

（五）安心安全

防災対策として防災意識の向上や避難訓練など、住民自らの意識づくりをはじめ、防犯、交通安全などの観点から、子どもを見守る環境づくりを進め安心して子どもを預けられる環境づくりが求められている。

高齢者の生きがい、見守り、高齢者福祉も大切である。日ごろの近所付き合いから、近隣住民がお年寄りの状況を把握し、一人暮らしのお年寄りの見守りや、一時的な受け入れ体制づくり、暮らしの中での移動や買い物など、お年寄りの生活サポートも必要である。

道路・交通環境…国道三〇一号など、他地域へのアクセス道路の改善により、作手地域内の道路を安全に通行できるよう、防犯灯や横断歩道などを整備することや、子どもやお年寄りなどの足として公共交通機関を充実させなければならない。

そこで、計画策定における〝地域の課題〟をまとめると、今後も持続可能な地域となるためには、

一つ目として、定住人口の維持・増加と交流人口の拡大に取り組み、地域に対する「ふるさと」意識の形成と何かの形で作手地域に「かかわる」こと。

二つ目として、作手地域の良さを生かした農産物のPR・販売、特産品開発などにより農業の活性化を図り、農業担い手の確保・育成をしていくこと。

三つ目として、自然・歴史・文化などの地域資源の活用

及び未来へ受け継いでいくこと。

四つ目として、地域の特性や小規模学校ならではの特色を生かした教育を充実し、子どもが気軽に遊べる環境づくりと大人も学べる環境づくりが必要なこと。また、多様な人材の活用や地域活動への参加促進及び交流の機会を増やすこと。

五つ目として、安心安全な生活を送るためには防災意識の向上が欠かせない。防犯、交通安全などの観点から、子どもを見守る環境づくりを進め安心して子どもを預けられる環境づくりが必要であり、忘れてはいけないのは、お年寄りの生活をサポートしていくこと。

三　新城市作手地域の課題解決を図るうえでの弊害（人口減少・過疎化）

新城市は、二〇〇五年一〇月一日に新城市、鳳来町、作手村の新設合併によって誕生した自治体であり、合併当時のデータによると、地域内総人口は三二六三人。合併から一八年余りが経過した二〇二三年四月一日現在の地域内総人口は、二一二九人となり、合併当時と比べ一一三四人が減少している。要因としては、少子高齢化の進行により、出生率が死亡数を下回り、転入者が転出者を大きく下回ることにより、毎年約六〇名程度が減少し右肩下がりを続けていることにあると考えられる。

また、出生率においては、新城市の出生率と他の都市とを比較すると、厚生労働省が公表している統計情報では、二〇二一年の合計特殊出生率は一・三三で、愛知県内では最低で全国的にも低い水準にあり、一般的に少なくとも出生率二以上を目指し、実現しない限り人口減少は不可避であると言われている。つまり、出生率が二以上あれば、人口減少を防ぐことができるということではあるが、これは限りなく不可能なことに思える。

このような状況を鑑みると、可能性のほとんどない人口増加にすがるのではなく、人口が減少することを前提に地域のあり方を考える以外に道はないのではないか。つまり、人口減少の事実を認め人口減少は避けがたい事実であることを受け止めたうえで、課題解決策を考えることが必要不可欠である。

さらに、少子高齢化による人口構造の変化も大きな課題のひとつとして受け止めなければならない。具体的には、高齢化が急速に進んでいる作手地域において、二〇二三年四月一日現在の地域内総人口の約四六・七％（高齢化率）が六五歳以上となっており、年齢構成別でいうと、年少人口（一五歳未満）が六・九％、生産年齢人口（一五歳〜六四歳）が四六・四％、前期高齢者人口（六五歳〜七四歳）が一八・六％、後期高齢者人口（七五歳以上）が二八・二％となっている。今後ますます生産年齢人口（労働人口）が減少し、地域経済に悪影響を及ぼすことを受け止めなければならない現実がそこにある。

人口が減少する中で、現実的ではない人口増加や経済成長にすがるのではなく〝地域の活性化〟〝少子化対策〟〝高齢者対策〟などの課題解決にどう向き合っていくか、この〝美しい作手地域〟を今後どうやって作っていけばよいのか。また、美しく滅びゆくことを選択していくのか、これこそが喫緊の課題（問題）であると考える。

四　作手地域の課題解決を考える上での光明はあるか

国は、「まちづくりにおいて、〝消費〟を目的としたまちづくりから、〝生産〟や〝伝承〟に軸を置いた街づくりに転換することが求められています。地域の特性を生かした地産地消の取り組みや、伝統文化の継承などが、地域の活性化につながるとされています。また、地域住民が主体となってまちづくりを進めることで、地域の課題解決や、地域住民の自立支援にもつながるとされています。」と言い、国や地方自治体は、地域住民が主体となってまちづくり、地域の活性化を進め、それに支援をすれば課題解決につながると考えているようである。しかし、人口減少による過疎化などにより、活力を失いかけている地域（集落など）にそれだけの体力が残っているのだろうか。既に立ち上がるだけの活力を失いつつある地域（集落など）に自立を求める国や地方自治体との間には大きな溝が生じていることを感じその思いは年々強くなっている。

それでは、まったく打つ手はないのか。〝光明〟はないのかと考えたところ、農林水産省の資料（新たな農村コミュニティづくりの進め方）に以下のことが記載されていた。

〝共同活動がほとんど停止してしまったような集落〟

「共同活動がほとんど停止してしまったような集落については、集落機能の維持が困難になっているとされています。草刈りや農作業などの共同作業ができなくなったり、水源管理などの生活機能が維持できなくなったり、冠婚葬祭などの支え合い活動ができなくなったりすることがあるそうです。

集落の小規模化・高齢化が進展し、集落住民の共同活動がほとんど停止してしまったような集落が主たる構成集落として想定されるような地域では、確かに、広域の地縁組織（近隣の住民との間で相互扶助などを通じて形成されるコミュニティ）を設立し、新たな農村コミュニティを形成することはかなり難しいかもしれません。地域づくりに対する意欲、体力がなくなっている可能性が高いからです。しかし、従前に比べれば活動の質・規模等の低下傾向が認められる場合であっても、一定の集落活動をまだ実践している集落を構成メンバーとする場合は、新たな農村コミュニティの形成と活動継続の可能性はあると思われます。その方法は「エネルギー補給」です。すなわち、地域づくりのための人的支援をすることです。〝支援者〟と言う場合、通常、たとえば、行政担当者、学識経験者などが想起されますが、あくまでも彼らは当該地域にとっては「外部の人」です。組織づくり支援に、その後の新たなコミュニティにおける活動もする、すなわち長期にわたって当該地域と付き合うということを前提にすれば、支援者としてより望ましいのは、当該地域の〝縁故者〟（血縁関係や結婚関係など、何らかのつながりがある人のことを指します。縁故者には、親族や配偶者、恋人、友人、同僚などが含まれます。）だと思います。例えば、結婚を機に親元を離れ、役場や市役所のある「町場」に居住している子弟がいるはずです。車で三〇分前後というように比較的近距離に居住する子弟など「近隣居住縁故者」が地域づくりに参加できるかどうか検討してみてください。」とある。

確かに、体が弱った時に栄養補給をするように、地域において体力が低下している集落は栄養補給することで何かが変わるかもしれない、それが支援者であって地域にゆかりのある人であれば地域側としても受け入れやすいのではないか。そうなればよいと考えている人もいるのではないかと思われる。

最後に、この地域における過疎化による人口減少により様々な課題が山積し、日を追うごとにその数は増加している。今こそ既存の概念に捕らわれず、地域をサポートしてくれる人材の確保、ネットワークづくりが肝要ではないか。私はここに一つの光明があると考える。作手地域にゆかりのある方は一緒に汗を流してみるのはいかがだろうか。よろしくお願いいたします。

以上は、「心ある作手の居住者」に書いていただいた。私は、作手の昔を知り作手地域にゆかりのある元居住者の一人として、地域をサポートするために既存の概念に捕らわれずネットワークづくりに邁進し、山積した課題を将来に向かって意欲的に改善していくというスタンスで、全力を傾けたいと思う。

（ふるさと応援隊　森　安男）

コラム

「三河物語」と大久保彦左衛門

「三河」と聞けばすぐ「三河物語」を思い出し、その著者である大久保忠教こと大久保彦左衛門（一五六〇年～一六三九年）が念頭に浮ぶであろう。三河出身の彦左衛門は「彦左」と親しまれ、将軍家康へのご意見番として江戸庶民の英雄となり、同じく三河出身だとの説もある若き魚屋「一心太助」の法被姿の活躍と共に、江戸講談のヒーローとなった。

私が彦左の存在を知ったのは、幼き頃講談で「我彦左鳶ケ巣山の初陣において」と語ったということを聞いた時である。長篠の戦いの端緒となった酒井忠次の鳶ケ巣山砦の奇襲があったのは一五七五年で彦左一五歳の頃だから、あり得ない話ではないが、三河物語によれば、長篠の戦いに参加したのは、彦左の兄の忠世・忠佐の二人だけとのことである。

「三河物語」は三巻に分かれ、①徳川家の先祖と大久保家一族、②若き日の家康、③江戸開府と家康の死、からなるが、③に長篠の戦いや鳥居強右衛門の話が詳しく書かれている。戦国武士の生き残りの彦左は、頑固なまでに武士の意地を貫き、その型破りの言動と生き様は、やがて史実を離れ、講談界のヒーロー「天下のご意見番」を誕生させることになる（百瀬明治著『怪傑！大久保彦左衛門―天下の御意見番の真実』（集英社新書・二〇〇〇年）。

「三河物語」の原文は当時の旗本が子孫に残すためとして独自の徳川史観に基づいた独特の文体で書かれており読みにくいが、逆に言えばそれだけに物語としては完成しており面白い。大久保彦左衛門著、小林賢章訳『現代語訳　三河物語』（ちくま学芸文庫・二〇一八年）は読みやすく、一挙に読破できる。家康の一面を知る格好の書物であることは間違いない。

（新城ふるさと応援隊　梶村　太市）

第二章　それぞれの奥三河（今昔の今）

四谷千枚田

【二—1—1】

新城市若者議会の意義
～世代のリレーに向けて～

名古屋大学経済学部　峯田　恵太
新城市若者議会メンター市民　新城市若者議会連盟代表

愛知県東部に位置する山間地域、新城市には「若者のまち」という側面もある。二〇一五年に始まった新城市若者議会の取り組みは、若者の社会参画モデルとして注目を集めてきた。二〇二二年には、高校の必修科目として新たに設置された「公共」の教科書（東京書籍「公共」令和四年度発行）にも、地域活性化に取り組む若者たちの事例として取り上げられた。

若者議会は、間もなく第一〇期という節目を迎える。この一〇年近くの間、新城市のように若者の意見を表明し、社会に反映させるための施策に取り組む自治体は増えており、国内において若者の社会参画はますます活発になっている。二〇二三年四月にはこども基本法が施行され、国や地方自治体はこども施策を策定・実施する責務を課されるようになった。このような社会の変化の中、かつては先駆的な取り組みと評価されてきた新城市若者議会も、さらなる発展に向けて歩んでいく必要がある。

ここでは、若者議会を経験した私の視点から、若者議会の経緯、概略、与えてきた影響、現在抱える課題、そしてこれからの展望について述べていく。少子化と市外への流出に伴う若年人口減少の一途を辿る新城市において、若者議会が「若者が活躍できるまち」を実現することの意義について、執筆を通して模索していきたい。

一　若者議会ができるまで

新城市若者議会は、海外の取り組みに触発されて作られた。

ことの発端は二〇一二年七月、イギリスのニューカッスル・アポン・タイン市にて開催された第八回ニューキャッスルアライアンス会議である。ニューキャッスルアライアンス会議とは「新しい城（Ｎｅｗｃａｓｔｌｅ）」という名の付く世界各国の都市が同盟を組み、二年毎に集まり、国際交流や話し合いを行う国際会議のことである。

第八回会議には、ユースの部として日本の新城市からも大学生と社会人を含め四人の若者が参加することとなった。彼らは、世界各国から参加した同世代の若者が自分たちのまちについて真剣に考え、意見を述べる姿に衝撃を受けたと同時に、自らのまちについて十分に知らず、満足に話すこともできないことに対して悔しい思いをした。

帰国した後、他国の若者と自分たちの違いについて考えた。参加国のいくつかには、若者が自らのまちのために活動する組織や取り組みがあることに気づく。それらの事例を参考にして、二〇一二年一〇月、若者が自らの手でまちづくりに関わるべく「新城ユースの会」を結成。第一回市民まちづくり集会の運営に携わるなど、若者自らが主体となって活動してきた。このことが市長へ影響を与えることとなる。

二〇一三年一一月、当時市長選挙に立候補していた穂積亮次前市長は第三期マニフェストとして若者政策を掲げた。かねてより、「今の日本の社会は若者に温かい社会ではない」という課題意識を持っていた前市長は、まちづくり集会で活躍するユースの会に若者のパワーを感じ、若者の意思を政策に反映させる仕組みを作ることを決意した。当選後、若者政策を実行。二〇一四年に「若者政策の推進方策等について」を設置し、市内の若者に対して若者政策ワーキングについて諮問した。若者政策ワーキングは、この諮問に対して「若者条例」と「若者議会条例」の制定を提案。こうして、翌二〇一五年四月に新城市若者議会が誕生した。

二　若者議会とは

新城市若者議会は先に述べた二つの条例に基づき設置された市長の附属機関であり、任命された委員たちが若者の目線から市に必要な政策を考え、市長に提案する。政策のために確保されている予算は一〇〇〇万円である。

条例に基づいて若者議会が設置されたのは全国初と言われている。そのようにした背景には、市長が変わっても若者が市のまちづくりに関わる仕組みが残るようにしたいという思いがある。

●若者議会の組織構成

若者議会を構成するのは、市内委員、市外委員、委員を支えるメンター、そして運営を行う市役所の事務局である。

政策を作る主体となるのは、市内外合わせて二五人の委員であり、委員の年齢要件は、おおむね一六歳から二九歳までと定めている。下限について、中学生を含めない一六歳からとしたのは、設立当時に既に中学生議会（現「つながる地域と若者の輪」）が存在していたからである。上限については、あらゆる被選挙権が得られる年齢が三〇歳以上であることから、それまでの年齢層の意見をカバーできるように二九歳までとした。委員の任期は一年間であるが、再任は可能となっている。

市内委員の定員は二〇名であり、応募要件は「市内に在住、在学または在勤する者」と定めている。在住者のみならず、在学、在勤者も含めているのは、多様な立場から市に関わっている人々の意見を取り入れるためである。

前記の要件を満たさない者でも定員五名までなら委員として活動することができる市外委員の制度もある。市外委員の存在によって、外から見た新城市の魅力や課題について知ることができる。また、この制度は関係人口の創出にも寄与している。関係人口とは、地域外に拠点を持ちながらも、その地域に多様な形で継続的に関わる人々の事を指す。定住人口の減少が進む地方において、彼らは新しい地域の担い手として期待されている。これまで、市内委員を務めている友達や会社の同僚に誘われて市外から参加するケースや、大学で地方創生や若者の社会参画などについて研究していた者が若者議会に興味を持ち参加するケース、進学や就職をきっかけに市から離れた若者が参加するケースなどがあった。

●年間スケジュール

若者議会の一年の流れは図の通りである。前年度末より、委員の募集が行われ、定員以上の応募があった場合には選考委員による書類選考にて選ばれる。選ばれた委員は四月の準備会にて、顔合わせや市の現状についてのインプットを行い、五月上旬には議場にて委員の所信表明と議長、副議長の選出が行われ、本格的な政策検討がスタートする。毎年、委員の興味のあるテーマから三つほどが選出され、そのテーマに関する政策について検討する委員会が設置される。各委員会に配属された委員は一一月の市長答申に向けて政策を練り上げていき、答申にて可決され、予算がつけられた政策は、三月までの具体的な実施方法の検討を経て、次年度より市の事業として実行される。

図　若者議会の年間スケジュール

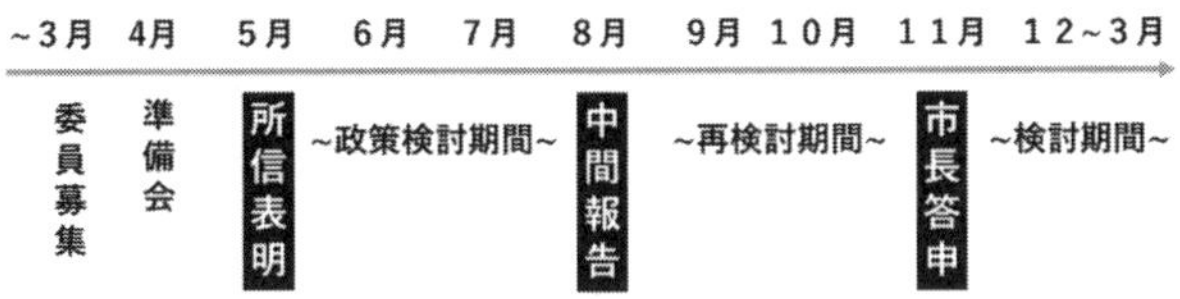

～3月	4月	5月	6月	7月	8月	9月	10月	11月	12～3月
委員募集	準備会	所信表明	～政策検討期間～		中間報告	～再検討期間～		市長答申	～検討期間～

三　若者議会が与えてきた影響

ここからは、若者議会がこれまで提言してきた政策をはじめ、市や参加者にもたらしてきた影響について述べていく。

まず政策について、第一期から第八期までの八年間にかけて若者議会は三〇以上もの事業を提言してきた。政策の分野は、観光、移住・定住、雇用・産業、公共交通、福祉・健康、教育・子育て、防災、国際交流、公共施設など多岐にわたる。以下は過去の事例である。

●図書館リノベーション事業

図書館をより利用しやすい空間にするために、三カ年計画で提案された事業である。新城図書館の二階にある郷土資料室は利用者数が少なく、一方で一階の閲覧席は自主学習目的の学生が独占するという課題があった。これを解決するために二階エリアを改修し、学習スペースを新たに設けることで利用率の増加に寄与した。

●しんしろ魅力創出事業

新城市の観光スポットや魅力を市内外の多くの人に知ってもらうために打ち出された本事業では、Instagram等を使ったフォトコンテストを開催。「#しんしろフォトコン」で投稿された写真の中からSNS映えするようなものを厳選し、地図とともにそれらを掲載したポケットサイズの観光マップを作成したところ、観光客に好評であったことから、二〇二一年度には第二弾が作られた。

●若者防災意識向上事業（若者防災の会「襷」）

若者議会をきっかけに新しく若者団体が生まれたケースもある。若者防災の会「襷」がその一例である。第一期の提案で誕生したこの組織は、災害が起きた際に活躍できる若者を増やすべく活動している。毎年九月に消防署で開催される「しんしろ消防防災フェスタ」では、高校生がバトル形式で炊き出しのやり方を学ぶ「B－1（Bousai–1）グランプリ」を開催した他、若者をはじめとした市民の防災意識向上のために取り組んでいる。

以上の例のようなこれまで提言されてきた事業の数々は、市に様々な影響をもたらしてきた。

他方で、若者議会がもたらした副次的な効果として、委員の成長と変化が挙げられる。議論を積み重ねて一つの事業を生み出し、それを多くの人の前で発表する経験によって、主体的にまちづくりに取り組む姿勢が身につき、年度末に一年の活動を振り返る場では、多くの委員が自己成長を感じたと述べている。また、若者議会での経験がその後の進路に影響を与えることもあり、活動を通して、地方創生に関心を持ち、より経験を積むため大学に進学する者もいれば、行政に携わるために市役所に就職する者もいる。若者議会をきっかけにまちづくりに興味を持つのか、もともとまちづくりに興味があり若者議会に参加するのかは人によるところではあるが、いずれにせよ、若者議会での経験が進路やキャリアを形成する上での大きな支えになっていることは間違いない。このことから、若者議会はシティズンシップ教育としての側面もあるといえる。

以上をまとめると、若者議会はまちと参加者の双方に影響を与えている。

四　若者議会が抱える課題

第一期から今日まで、試行錯誤を繰り返して現在の形を確立してきた若者議会であるが、さらなる発展に向けて克服するべき課題は依然として存在する。ここでは、主に三つの課題について取り上げる。

●政策のチェック・評価

一〇〇〇万円の市の税金を使う以上はより質の高い政策を実現し、市のために成果を残す必要がある。ではそもそも、何をもって質の高い政策が実現したといえるのだろうか。現状、提言された政策を評価するシステムが十分に確保されていないことは若者議会の抱える課題の一つである。この課題を克服することによるメリットは三つある。第一に、事業を評価することで、その効果を認識することができ、継続の是非の判断材料となる。第二に、評価した内容を次期以降の委員に伝えることで、反省点をその後の政策立案に活かすことができる。特に、観光や教育など、度々取り上げられるテーマは過去の事例が活かされやすい。第三に、「政策が評価される」という前提があることは、政策を作る委員やそれを実行する行政職員が本気になって取り組むためのインセンティブになる。

●委員の年齢の偏り

若者議会の構成メンバーは高校生が多くなる傾向にある。第一期から第九期までの全ての参加者の中で、高校生は全体の約七割を占めている。この背景には、新城市には大学が無いことや就職先が限られていることが考えられる。同じ若者といえども一六歳から二九歳の間には一回り以上の差があり、高校生、大学生、社会人というそれぞれのライフステージに応じて感じる課題や実現したいことは異なってくる。しかし、高校生が多数派を占める状況では、高校生視点での政策に偏重してしまう恐れがあり、マイノリティである大学生や社会人の意見も拾い上げる工夫が必要となる。

●若者議会の認知度

多様な若者の意見が市に反映されるようにするためには、より多くの人が若者議会に関心を持ち、活動に参加してもらうことが望ましい。しかし、現状は年によって市内委員の定員二〇名を下回ることもある。二〇二三年度の第九期は市内委員一五名と過去最低であった。この背景には、若者議会の活動内容に対する認知度があまりないという課題がある。二〇二二年度に有教館高校の生徒に行われた若者議会に関するアンケートでは、「若者議会についてどのくらいご存知ですか?」という質問に対して、「活動内容は少し知っている／活動内容も含めてよく知っている」と回答した生徒は全体の約一〇%に留まり、それ以外の生徒は、全く知らないか名前を知っている程度の認知度であった。また、同アンケートの「若者議会に今後参加してみたいと思いますか?」という質問に「いいえ」と答えた生徒に理由を尋ねたところ、最も多い回答が「若者議会についてよく知らないから」であった。

これらのことから、活動についての認知度の低さが参加者の少なさの原因になっているといえる。若者議会の基本活動が市役所での会議であるため、市民と接する機会がそもそも少なく、このことが活動実態の不透明さの原因になっていると考えられる。地域のイベントや市内の学校に出向き、接点を増やすことが認知度の向上、延いては参加者の増加に繋がるのではないだろうか。

五　これからの展望

●全国と繋がる新城市若者議会

二〇二二年一一月六日、京都市中央青少年活動センターで行われた「わかもののまちサミット」に、私は全体会を進行するファシリテーターとして参加した。そこで出会ったのは、新城市と同じように地元のまちづくりに取り組む同世代の若者たちであった。サミットで登壇していた「ユースカウンシル京都」と「Up to You!（尼崎ユースカウンシル事業）」は、新城市若者議会とは組織の形態や運営は異なるが、ユースカウンシル（＝若者議会、若者会議）という同じ枠組みに含まれる。場所は違えども、まちを良くしたいという同じ志を持って活動している仲間と出会えたことに、私は感極まった。サミットを通して意気投合した私たちは、全国のユースカウンシルが繋がる場を作ることを決意した。

サミット後もそれぞれが持つ伝手を使い、日本各地の自治体にあるユースカウンシルに呼びかけ、繋がりを広げていった。はじめは新城、京都、尼崎の三団体だけであったのが、二〇二三年六月現在では一〇近くもの団体がSNSのグループに集まった。

グループでは、一、二か月に一回程度のペースでオンラインでの交流会が開かれ、互いに事例紹介をしたり、各々が活動を通して抱える課題について相談し合ったりしている。

いずれは、スウェーデンの「全国若者協議会」のような各地域で活動する若者団体を取りまとめる全国組織を目指しており、現在、設立のための準備を進めている。

●若者議会連盟の取り組み〜さらなる発展に向けて〜

全国各地で若者議会のような取り組みが立ち上がっていく中で、かつて先駆的な取り組みと評価された新城市若者議会も過去の栄光で終わらないように、また、日々新しく変化し続ける若者の社会参画の在り方に取り残されないように、次のステージへ向かわなければならない。今ある定型化された流れを繰り返すだけでは、活動は形骸化し、存在意義を見失ってしまうのではないかという危機感さえある。過疎化が進み、若者の人口も減っていく新城市で、それでも若者が活躍できるまちを実現するために、さらなる一手を打たなければならない。そんな思いを形にするべく、私は新城市若者議会連盟として動き出した。

若者議会連盟とは、若者議会の卒業生や関係者の繋がりを維持する目的で作られたOB・OGによる組織である。もともとは視察の対応や、若者議会準備会の運営をメインに活動していたが、コロナ禍等によって活動が停滞していたところ、二〇二三年三月、私が代表を引き継ぎ、さらに発展的な取り組みのために再始動した。同年四月にはこれからの方向性について話し合う、オンライン交流会を開催。

会には第一期から第八期までの若者議会関係者二〇名以上が参加し、それぞれが感じる若者議会の良いところや課題、それらを踏まえて今後、連盟でどのような取り組みをしていく必要があるか、連盟をどんな組織にしたいのか話し合った。話し合いの結果やOB・OGへのアンケートの回答を基に、活動の軸となる理念を打ち出し、これから行われる理念に関する意見交換会を経て、最終的な方針が決定される。若者議会出身者や新城市の若者を応援したいと思う市内外の人や団体等とのネットワークを構築し、若者に学びや経験の機会を提供すること、若者が実現したいことに対してサポートを受けられる体制を整えること、現役委員に政策のアドバイスをしたり、政策のチェック・評価をしたりすることで質の高い政策提案を果たすことを画策している。

六　最後に

衰退が進む新城市、延いては日本の地方において、いかにして持続的に発展する地域社会を実現するかは、喫緊のテーマである。日本が人口減少の一途を辿りはじめてから十余年。これからは限られた人材で社会を担うために、個々の持つ力を最大限に引き出すことが大切になる。若者議会は、市のこれからを担う若者に様々な学びや経験の機会を与え、そのことが彼らの力を引き出すための投資となる。そして、若者議会を経て成長した者たちは、新城で、あるいは新城から飛び出して多様な領域で活躍し、そこで得たものを市へ還元し、次の世代の若者へ投資する。そんな投資の循環こそが市民憲章で謳われている「世代のリレー」であり、まちの持続的な発展に寄与するのではないだろうか。そして、それを実現することこそが若者議会の意義であると私は思う。

私はこのまちに生まれて、これまでたくさんの出会いに恵まれてきた。私にたくさんの学びと経験を与えてくれた方々へ恩返しするためにも、このまちの発展にこれからも貢献していきたい。

【参考】

内閣官房こども家庭庁設立準備室「こども基本法説明資料」
https://www.cas.go.jp/jp/houan/220622/77setsumei.pdf

松下啓一、穂積亮次「自治体若者政策・愛知県新城市の挑戦　どのように若者を集め、その力を引き出したのか」萌書房、二〇一七年
新城市「若者議会に関するアンケートの結果」https://www.city.shinshiro.lg.jp/shisei/machidukuri/wakamono-gikai/wakamonoenquete.files/shousaiban.pdf

【二-1-2】

〝自治を育む〟土壌ここにあり

愛知県豊明市議会議員　ふじえ真理子

■「若者議会」との出合い

私が所属する豊明市議会では毎年、常任委員会単位で行政視察を実施している。コロナ禍が少し落ち着いてきた令和四年秋、当時総務委員会の一員だった私は、視察先の希望に「新城市の若者議会」を提案、実現した。

若者議会の名を知ったのは、それよりも前。全国各地から地方議員が集う研修会での話題、また新城市在住の友人からの誘いで参加した前・新城市長穂積氏の講演を拝聴する機会を得たこともあり、私は注目していた。

■危機感の根底にあるものは

民主主義国家の日本。主権は国民（市民）にあるが、市政・県政・国政を問わず、選挙の投票率低下が止まらない。自分たちの代表を選び、自分たちの意見を市政に反映させ

るための「選挙」に、有権者の半数以上が投票に行っていない現状。特に若い世代の投票率が低迷していることについて「そんなものだよ」と諦めに近いような風潮に、私は危機感を抱いている。全国の地方議会から注目を集めている新城市の取り組みの一つ「若者議会」を、自分が住むまちの実態を軸にして、外部の目から眺めてみたい。

■ココがすごい！　外からみた「若者議会」

令和四年一一月二日。先に述べたように私は、若者議会を中心とした若者施策について学ぶため、当時の総務委員会の委員六人と市民生活部長、議会事務局職員の計八人でマイクロバスに乗って新城市役所を訪れた。

若者議会の成り立ちや仕組みなどの詳細は、メンター市民で若者議会OBの峯田氏が述べているのでここでは触れない。

「子どもや若者の声を聴く」というと、豊明市では例えば、市の一〇年間の総合計画を策定する時に「中学生や若い世代の声を聴いた」と言うが、あくまで単発に終わっている。常設で継続的に若者の声を聴く仕組みは、豊明市にはまだない。

私はこれまで「市民が主役の市政をめざして」、多様な場面での市民参画を進めたく、議会で質問や提案をしてきた。現在の豊明市の場合、六三ある各附属機関を構成する年齢層をみると、二〇代は全体の〇・七％、三〇代でも四・三％に過ぎず、若者の声が市政に届いているとは到底言えない。

■視察を通して強く感じたこと

①前・新城市長穂積氏の時代に自治基本条例を制定し、その趣旨に沿って若者が意見を述べる場を確保し、一過性で終わらせない仕組みを作り上げていること、②首長の公約「市民自治のまちづくり」のバックボーンがあり、若者総合施策が位置づけられていること、③大人が考える若者視点ではなく、若者当事者がまちの課題を知り解決策を探ること、④これらは自分事として生活に密着した政策づくりの一翼を担っていること、⑤一〇〇〇万円の「予算提案権」があることなどである。

■体験が生み出す「自信」

会議を積み重ね、市当局側との調整もしながら練り上げた事業を市長へ答申。最終的には次年度当初予算に市長が市議会へ上程する流れとなっている。

このプロセスに参画した若者たちが、その後の市政や市議会に関心を持たないわけがない。更には、これまで出された答申はほぼ実現（実施）されているという。対話を重ねた上で自分たちの意見が形となり、可視化されていく体験は、若者にとって手応え以上に自信になると思う。私たち大人よりもこれからの時代を長く生きる子どもや若者、つまり自治を担う次世代を育てることにつながる。これは、ふるさと〝新城愛〟が醸成される機会にもなっているのではないだろうか。

■新たな価値観を創造するエネルギー

若者議会ＯＢ・ＯＧの中には、後に市議会議員や市職員として働いている人もいると聞いた。進学や就職で市外に出た後も、ふるさとに関わりたい、新城を盛り上げたいと、社会人になって培った国内外のネットワークを活かし、関係人口を増やすことでふるさとに還元できる仕組みを…と語る若者の目は輝いていた。

見せかけではなく若者を本気で応援するまちの魅力。新たな価値観を自ら創造していく時代は、若者議会での体験が人を繋ぐ力となり、自治意識を高める大きな一助になっているように思える。自分より少し年上の身近な若者たちが、ロールモデルを示せていることも、まちの財産だ。マンネリ化せず、時代を創ろうというエネルギーが若者から感じられるまち。これまで市として進められてきた市民自治推進の施策を今後、新城市民の皆さんがどのように前進させ、深化させていくのか…これまで培ってこられた「自治力」と「想い」が、問われているのかもしれない。

これからも新城のまちから目が離せない。

【二－2－1】

愛知県立新城有教館高等学校の沿革と課題

愛知県立新城有教館高等学校長　牧野　美和

平成三一年四月一日、愛知県立新城有教館高等学校が開校した。一〇八年の歴史ある農業科・商業科・家庭科の専門教科を主に学ぶ新城高校と、新城高校から普通科が分離独立した四九年の歴史をもつ新城東高校の統合であり、愛知県下、九番目の総合学科の誕生であった。開校を迎えるまでの歩みは次のとおりである。

平成二八年一〇月一三日、愛知県は「県立高等学校教育推進基本計画」及び「県立高等学校教育推進実施計画（第一期）」に基づき、新城高校と新城東高校の統合を発表した。生徒数の増加に伴い、昭和四七年四月一日に新城高校から普通科が分離独立したが、少子化の影響を受けての学校統合となった。独立当時に新しい学校の開校に多大な尽力をし、グラウンドの石拾い等も行い学校を整備した生徒・教職員をはじめ、新城高校・新城東高校の同窓生、勤務経験のある教職員、地域の人々にとって全く予測不能で衝撃的な事実であった。

両校の統合発表以降、この四月から愛知県教育委員会学習教育部長から新城東高等学校長として着任した竹下裕隆校長、平松幸伸新城高等学校長のリーダーシップの下、両校の代表者によりプロジェクトチームが結成され、新しい学校づくりに邁進した。平成二九年四月からは、県立渥美農業高等学校から転任の長坂英司新城東高等学校長と豊橋工業（令和三年四月より豊橋工科に名称変更）高等学校教頭から栄進の竹下昌宏新城高等学校長に引き継がれている。検討会議と、さらに各部に分けた検討委員会を開催し、これからの次代を生き抜く子どもたちの未来を考えた学校づくりの協議を重ねた。

平成三〇年二月、愛知県二月定例議会において、校名を「愛知県立新城有教館高等学校」とすることが認められた。

校名の由来についてであるが、「有教館」とは、新城地域の政治、経済、教育の中心となる人材を輩出した新城藩の藩校（郷学）の名前であり、論語（衛霊公）「子曰、有教無類」（子曰く、教えありて類なし）からの引用である。「有教館」とせず、「新城有教館」としたことは、郷土愛があり、新城で教育を行う学校であることを強調しているかのように感じられる。

同年五月三〇日、制服が決定した。「清楚」「落ち着き」をキーワードにしたデザインである。紺色を貴重とした詰め襟の学生服ではなく、テーラードカラーのジャケットとした。ひだスカートと組み合わせるジャケットは、丸みをおびた衿（ヘチマカラー）に白のライン入りである。豊川の水にちなみ、水色と白のストライプの入ったネクタイとリボン。ひだスカートの裾上には裾に平行したラインをあしらっている。自転車通学や防寒のため、スラックスとスカートは希望により選択できるようにされている。また、上着は白のカーディガンを着用できる。衿周りや袖口は汚れやすいこともあり、濃紺のライン入りにしてデザイン性への工夫も入れてある。開校以来、着用している本校の生徒の姿を見て、市内外で「品がある。」「いいなあ。」と言う声を聞いている。また、修学旅行時には、神戸の街ですれ違うと立ち止まり、振り返って「今の制服いいね。」とつぶやいて通り過ぎて行く人もあった。制服が主張しすぎず、着用する者に落ち着きを感じさせるデザインである。

同年八月三一日、体育服決定。学年色を襟元に入れ、活動しやすいよう配慮した。

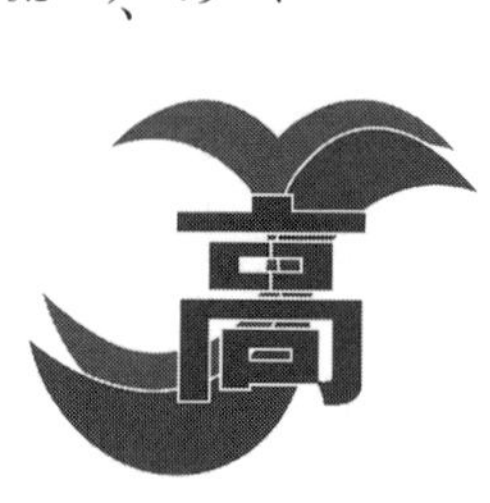

同年九月四日、校章が決定した。「高」の背景に、アルファベット「Ｓ」と「Ｙ」をデザイン化してある。「Ｓ」は、新城の頭文字であり、学校の南側に東三河を潤す豊川が流れていることから、このイメージを表現するため、青色にした。「Ｙ」は、有教館の頭文字である。鳳来寺山に生息したという伝説をもつ鳳凰が飛翔する形を赤色で表している。赤は燃え盛る情熱に例えられる炎の火であり、太陽の日でもある。青は水を象徴している。そして、高校の「高」の文字は緑とし、樹木の色で表現している。緑豊かな大地の下、のびのびと育ち、教養を深め、立派な人格者として世界に飛翔するイメージを表している。

同年一〇月三〇日、校訓、教育目標、校歌が決定した。

校訓は、新城高等女学校から新城高校へ引き継がれた「誠敬愛」、新城農蚕学校から「質実剛健」の精神を引き継ぐ、新城東高校の「自考自律」となった。校訓「誠敬愛」「質実剛健」から「自考自律」へと受け継がれていく背景に、その時代に必要とされる資質・能力を目指した教育活動を着実に実践して、次代を生き抜く子どもたちを育成するという教育への熱意を感じることができる。

教育目標は、新城高校と新城東高校の教育目標を統合しつつ、総合学科として生まれ変わる新しい時代に必要な教育目標を掲げた。次のとおりである。

一　命を尊び、地域（ふるさと）の自然と伝統を大切にし、社会の発展に貢献する生徒を育てる。

二　社会と連携・協働しながら、主体性と協調性をもって、果敢に未来を切り拓く生徒を育てる。

平成三一年三月二九日、新城高校本館棟改修工事が完了した。

平成三一年四月一日、新城高校・新城東高校の募集停止。新城有教館高校を開校した。県下初の二系（文理系と専門系）をもつ総合学科の誕生であった。文理系三クラス（一二〇名）専門系（一二〇名）が入学した。初代校長は長坂英司校長（新城東第一四代校長兼任）。

ここで特筆すべき事項は、一回生は新城東高校の校地で新城東高校の二・三年生と一年間学校生活を共にしたという点である。学校統合において入学する生徒は、校地となる学校で高校生活をスタートするのが一般的である。施設設備の改修工事があったにせよ、一回生が新城高校と新城東高校での生活を体験することで、後輩へ両校の精神を受け継いでいくことの大切さを味わうことができたのである。

学校統合は、母校愛をもつ卒業生にとって相当傷心となる受け入れ難い事実であり、言葉にしたくない現実である。開校後、両校の同窓会総会に出席すると、学校統合の辛さ、心の痛みが鮮明に感じとれる。個々のご意見を全て受け入れることは難しいことであるが、学校を閉じ、新しい学校づくりに携わった人々が、目の前の子どもたちの日頃の学校生活を疎かにせず、加えての学校統合の役割を担い、まずは校地を新城東に置き、新城校地へ転じたことや、新城高校と新城東高校の両校への配慮を一時も忘れず、校章・校訓・教育目標・校歌などさまざまなことを協議し決定してきた配慮があったことを感じ取ることができる。新しい学校づくりに邁進した教職員に敬意と謝意を表するしだいである。

新城有教館高校一回生は、新城東高校の二・三年生と一年間新城東校地で学校生活を送った。式典の際には新城東高校校歌を斉唱した。二年目は新城高校の校地に移り、一・二回生は新城高校三年生と共に、新城高校校歌を斉唱した。元号が平成から令和となり、この年度である令和二年二月末から、国内で新型コロナウイルスの猛威により感染拡大防止措置がとられた。学校生活に制限がかかり、行事等の自粛により校歌は斉唱せず清聴であった。

新城東高校校歌「われら」は、新城高校の国語教員であるアララギ派歌人の鈴木太吉先生の作詞である。これまでの経緯と歴史的流れを踏まえ、新城東高校校歌を第一校歌とし、新城高校校歌を第二校歌としたが、新城高校から分離独立した際に、自然豊かな新城の情景と未来を拓く若者への期待が込められ、新城高校の伝統を引き継いでいることから、新城東高校校歌を新城有教館高校校歌「われら」とすることが令和三年度に決定している。

令和二年一月三一日、教室棟・産業振興第一棟改修工事が完了した。

令和二年四月一日、新城有教館高校が新城東高校地から新城高校地へ移転。新城高校竹下昌宏第二〇代校長が新城有教館高校第二代校長を兼任。

同年七月一七日、総合学科棟新築工事が完了した。プレゼンテーションルームとトレーニングルームが併設されており、学校行事、学年集会、中学生を対象としたオープンスクール、PTA研修、部活動など幅広く活用できる施設である。

令和三年四月一日、新城高校、新城東高校を閉校。新城東高校作手校舎は新城有教館高校作手校舎となり、新たなスタートを切った。

同年四月六日、入学式。入学式直後から新型コロナウイルス感染拡大防止のため全県で休校措置(五月末日まで)。

同年一一月四日、新城有教館高校生徒が三学年揃い、新城文化会館大ホールにて開校記念式典挙行。生徒と共に創り上げた式典であり、式典の運営・進行、来賓誘導、コサージュ作成(専門系・園芸デザイン系列草花専攻二・三年一四名)は在校生徒が担当した。オープニングアトラクションでは、本校と作手校舎の生徒による長篠陣太鼓演奏の勇ましい披露があった。コロナ禍であり、会場となるホールは人数制限があったため、来賓の式典出席者は、愛知県知事、愛知県議会副議長、愛知県議会議員、愛知県教育委員会教育長、新城市副市長をはじめ、新城市教育長、愛知県公立高等学校長会副会長、愛知県立高等学校長会東三河地区理事、同総合学科部会長、同農業

総合学科棟　プレゼンテーションルーム
ICT活用学習対応　2分割利用可　最大240名収容
トレーニングルーム併設

部会長、同商業部会長代理、初代新城有教館高等学校長の一二名に限定せざるを得ない状況であった。愛知県、愛知県議会、愛知県教育委員会、新城市からの祝辞には、前身の新城高校と新城東高校の歴史と伝統を受け継いだ、かつての藩校の名を背負って新たな学校として開校した奥三河の中心校であり、地域の将来を担う有為な人材育成を期待することばをいただいた。

この温かい祝辞を受け、本校と作手校舎の生徒代表のそれぞれが、培われてきたものを引き継ぎつつ、さらに新たな伝統を創っていく志をもっていることと、故郷を愛し社会の担い手としてそれぞれのステージで活躍できる社会人になりたいと考えており、それを実現することこそが、新しい学校の歴史を開き、一番初めに足跡を刻んだ私たちの使命であることを爽やかに力強く語る挨拶を行っている。

式典後には、吹奏楽部公演、生徒会企画「開校記念ＭＯＶＩＥ」、打ち上げ花火を行った。

私が本校に着任したのは令和四年四月である。校長を拝命したのは平成三一年四月。新城有教館高校の開校と同時期である。この年度末から、世界を震撼させる新型コロナウイルスに翻弄されている。明治以降、日本の学校制度が始まって以来、学校が全国一斉に臨時休校をしたことはなかった。新型コロナウイルス感染症のパンデミックという未曽有の厄災の中で厳しい制約を受けながら過ごし、予測されなかった経験をすることとなった。これまで当たり前に行ってきた学校行事や授業の形を変えて行い、学びを止めない創意工夫を考える中で、総合学科へ改編することの労苦は相当であったと予測できる。

令和四年度の着任から地域の声に耳を傾けつつ、校内においては将来構想委員会を立ち上げ、本校の現状と課題を挙げ、協議している。普通科・専門学科ではない総合学科の学びの認知不足は顕著であるとともに、生徒募集において、県内では東三河から西三河方面へ、知多、尾西北から名古屋方面への流出傾向もあり、全職員体制で、学校の魅力配信に努めている。また、産学官の連携体制をもつ強みを生かし、学びの検証を行い、生徒の安全安心を第一にその時々の課題に果敢に挑戦し柔軟に対応する姿勢を心がけている。これはコロナ禍で得た技でもある。

【三－2－2】

「一人ひとりを大切に」～田口高校のモットー～

愛知県立豊橋東高等学校長（前愛知県立田口高等学校長）
鈴木　敏夫

令和三年四月に愛知県立田口高等学校（以後、田口高校）に校長として赴任した。四月七日の始業式、初めての全校生徒との対面だった。田口高校の生徒はどんな感じだろうか、と期待と不安を抱きながら体育館に足を踏み入れた。一年生から三年生まで全員が凛とした姿勢で着席している姿に感動したことを、今でも鮮明に覚えている。田口高校は生徒こそ少ないが、少人数ならではの家庭的な雰囲気の中、生徒一人ひとりが主役となって活動している。地域とのつながりも強く、地域になくてはならない学校であると思う。

この度、ふるさと応援大使の伊藤様から「田口高校の課題と展望」について原稿の執筆依頼があったが、この四月から異動により田口高校を離れている。伊藤様からは、田口高校の前校長としてとのお話ではあったが、田口高校の前校長というよりは、奥三河に住む一人として、田口高校の現状等について思いつくままに書かせていただいた。であるので、この内容は、あくまでも私個人の私見である点、記憶違いの部分も存在する可能性があること等をご了解いただいた上でお読みいただければ幸いである。

【田口高校の設立】

田口高校は、愛知県北東部、奥三河の北設楽郡設楽町にあり、昭和一六年に愛知県田口農林学校として創設されて以来、今年で創立八二周年を数える伝統ある学校である。設立については、明治三〇年ごろに遡る。当時の人々が、郷土、北設楽郡の発展のためには学校の設立が不可欠であるとし、その設立に係る財源確保のため、御領林の払い下げを受け、北設楽郡有林として造林事業を計画、設立資金を捻出して開校した歴

田口高等学校　全景

史がある。その郡有林は現在、高校の鴨山演習林として、田口高校の生徒だけでなく、地元中学校の生徒にも学びや交流の場として活用され、今なお大切に守り続けられている。このように、田口高校は、地域の熱い思いから誕生した学校であり、地域にとって欠くことのできない学校となっている。

【田口高校の概要】

田口高校は普通科と林業科を併設する本県唯一の全日制高等学校であり、令和五年度現在、全校で七六名の生徒が通う県内で最も生徒数の少ない学校である。地域との結び付きも強く、少人数教育を中心に、きめ細やかな指導と自然豊かな環境での教育が行われている。卒業生は一万人を超え、地域を支えるとともに県内外で広く活躍している。また、寮（清和寮）を設置しており、北設楽郡のみならず、豊橋市や豊川市等の遠方からの通学生が寮生活をしながら通学している。生徒の多くは北設楽郡の二町一村（設楽町、東栄町、豊根村）から通学しており、全体に占める割合は、普通科生徒が約八五％、林業科生徒が約五五％（全校では約六五％）である。近年、北設楽郡地域の中学生人口の減少に伴い、全校生徒数も減少しており、生徒確保が喫緊の課題となっている。生徒の進路先は国公立大学、私立大学、短期大学、専門学校等への進学、公務員や一般企業等への就職と多岐にわたっている。そうした多様な生徒の進路希望に対して、先生方は「一人ひとりを大切に」をモットーに、きめ細やかな、学習指導、進路指導、生徒指導等を行っている。

【林業科の取組み】

田口高校は県内唯一の林業科を設置する高校である。林業の担い手育成をはじめとした林業教育を行っている。鴨山演習林（東栄町）での実習をはじめ、先端技術を利用したスマート林業等にも取り組んでいる。全国の農業高校が加盟する日本学校農業クラブ連盟の各種競技会（部活動とは異なり、日頃の授業等における成果を競い合う、教育課程にも位置付けられている活動）においても、少人数教育の長所をいかして他の学校に引けを取らない実績を収めて

演習林　実習風景

いる。令和四年度の全国大会において、農業鑑定競技会（分野森林）で「優秀」（上位三分の一）を受賞した。林業科出身生徒の進路先としては、県職員（林業職）、地域の森林組合、木材プレカット会社等に就職し活躍している。

【連携型中高一貫教育の取組み】

田口高校は愛知県内の公立学校では初めての中高一貫校として、平成一六年度より、地元北設楽郡内の三中学（設楽町立設楽中学校・設楽町立津具中学校・豊根村立豊根中学校）との連携型中高一貫教育をスタートした。また、平成二六年度からは、新たに東栄町立東栄中学校も加わり、現在、北設楽郡二町一村の四中学との間で、授業交流、部活動交流をはじめさまざまな交流、活動が行われている。中高一貫教育の開始当初の目標である「中高の六年間の継続的な教育活動により、生徒一人一人の個性や確かな学力を伸ばす教育の実現」「中高連携による効果的な特別活動や生徒会活動等を進めることにより、社会性豊かな生徒を育成する」「地域に密着した教育活動を通し、郷土を愛し、郷土の発展に貢献しようとする態度を育成するとともに、生徒の個性を伸長し個を生かす進路指導を実現する」という理念は、中高一貫教育開始から二〇年の節目を迎えた今日でも、田口高校と郡内の四中学校においては当たり前の教育活動として脈々と受け継がれている。

中高一貫交流授業の様子

また、入学者選抜制度においても、連携型中高一貫教育校にかかる入学者選抜が平成一九年二月から実施されている。近年は新入生の約六五％が連携中学校出身の生徒であり、とても落ち着いた雰囲気で学校生活を送っている。

このように、連携型中高一貫教育では、様々な交流をもととして、中学校と高校の先生方が、〝地域の生徒は地域で育てる〟との理念のもと、生徒一人ひとりについて様々な情報を共有し、進路の目標を掌握したうえで、個々の進路実現に向けて支援をしている。

【学校運営協議会の設置（コミュニティ・スクール）】

令和三年度から、地域との更なる連携を推進するために、田口高校に学校運営協議会が設置された。県立高校としては県内初となるコミュニティ・スクールである。コミュニティ・スクールとは、保護者や地域住民の方々の意見を学校運営に反映させ、地域とともにある学校づくりを実現するための仕組みである。地域でどのような子どもたちを育てるのか、地域における田口高校の在り方という共通のビジョンを共有し、地域の人びとが一緒になって田口高校のことを考える仕組みであり、地域が田口高校の大応援団となり、田口高校を支えていくという取り組みである。

【県立豊橋特別支援学校山嶺教室の併設】

現在、田口高校の校舎（教室棟第三棟）に豊橋特別支援学校の山嶺教室が併設されている。北設楽郡内から都市部の特別支援学校に通学することが難しいことから、主に北設楽郡内の生徒を対象として平成二六年度に設立された。設立の目的は、「住み慣れた地域の特別支援学校に通い自立と社会参加を目指す」「長時間の通学時間を解消する」「地域の高等学校と特別支援学校の生徒相互による自然な交流によるノーマライゼーション理念の実現を目指す」である。現在は、体育大会や文化祭等、田口高校の生徒と山嶺教室の生徒との交流活動も実施されている。こうした交流は、豊かな人間性の形成に非常に役立っていると思う。

特別支援教育のニーズは年々高まっており、今後、更なる連携が必要になってくると思う。また、山嶺教室の存在は北設楽郡にとっても欠くことのできないものであり、地域と山嶺教室との関わりが重要になってくると思う。

【地区（北設楽郡地域）の現状】

田口高校は、創立八二周年を迎える歴史と伝統を誇る学校であり、昭和四〇年代には全校生徒七〇〇名を超えた時代もあったが、近年は一〇〇名を切り、田口高校の存続についてさまざまな不安の声も聞こえるようになっている。この地域の人口減少、過疎化の進展により、年々、子どもの数も減少し、田口高校への進学者も減少してきている。また、かつては北設楽郡四中学の出身者の多くが田口高校に進学していたが、近年、その割合も減少し、半数以上が新城市だけではなく、豊橋市、豊川市の公立高校や私立高校に進学するようになってきている。

地元自治体も、田口高校の存在は地域にとって不可欠であり、田口高校の進学者増加のため、さまざまな施策を講じていただいているが、高校生の地域外への流出は食い止め切れていないのが現状である。一〇年前頃までは五割ほどであった北設楽郡四中学校から田口高校への進学者の割合は徐々に減少し続け、現在は三割程度となっている。最近では、新城市内だけでなく、五割近くの生徒が、豊川市以南の高校へ進学しているのが現状である。中には、東三河外の高校へ進学している生徒も少なくない。近年の北設楽郡四中学校の田口高校への進学状況や小中学生の在籍児童生徒数から考えると、地元からの田口高校への進学者の数が増加することは難しい状況であると考えざるを得ない。

【最後に】

田口高校には、小規模の高校ではあるが、小さいからこそ、教職員と生徒の一人ひとりが身近な存在となり、互いの思いを理解したうえで高校生活を送ることができるというかけがえのない「長所」がある。現在、地元である設楽町からもご支援を受け、資格取得に対する補助や町村との協働による課題解決学習等、本校の魅力を伸ばす試みをしていただいている。地元に生きる子どもたちのため、地域の発展のために必要不可欠の学校であると考える。

現在、地元から本校への進学者は減少しているものの、本校へ進学している生徒の中には、北設楽郡内の自宅から本校まで一時間程度をかけて通学している生徒もいる。入寮し、寮生活をしながら学校生活を送っている生徒もいる。この地域に田口高校が存在していなければ、この地域に居住している生徒が、高等教育を受けるためには多大な時間的、金銭的な負担を負うこととなることも事実である。そのことからも、田口高校がこの地域に存在する意義は非常に大きいと思う。しかしながら、この地域の児童生徒数の増加は望めない状況であるため、現状のままでは存続が難しくなってくるということも避けられない現状であると思う。

今後、田口高校がどのようにあるべきか、存続させるためにはどうすればいいのか。そして、どのようにして地域の子どもたちを地域で育てるのかを「県立高校だから県で」ではなく、地域全体の問題として考えることが大切であると思う。この地域の活性化のために田口高校は欠かせない存在である。今までの、地域が田口高校を支援するという考え方から、田口高校を利用して地域を活性化するという視点も必要ではないかと思う。人口減少や過疎化のスピードは加速度的に進んでいる。時間的な余裕はない。

〝県立〟田口高校ではあるが、設楽町立、豊根村立、東栄町立の田口高校として考える〝時〟であると思う。

【二―３―１】

「古民家暮らし」に憧れて新城市に移住！　経験したこと、感じたこと

新城市役所産業振興部産業政策課　中野　耕平

今回このような機会をいただき、私の経験や考えが役に立つかは分からないが、まずは簡単な自己紹介をしたいと思う。

民間企業から新城市役所に転職して今年で六年目。その二年前の二〇一六年に新城市に宅地四〇〇坪、築一六〇年の古民家を購入し、大工さんとともに古民家リノベーションがスタートした。

物件購入時に付いてきた竹藪から竹を切り出し、解体した蔵から出た土壁を再利用して、家の土壁をほぼ全て自分で作った。

多くの仲間や家族の支えなどもあってなんとか一年半かけて改修したが、今になって思うと大変ではあったが良い経験ができたと思う。

二〇一八年五月に引っ越し完了。現在、小学生と園児の子を持つ三児の父である。

転職前は営業を担当していたこともあり、数年に一度は引っ越しをしており、長男に関しては年長の途中で新城市のこども園に入園するまでに三度の転園を経験していた。学生時代を含めると五回程の引っ越しを繰り返していた私が、なぜ縁もゆかりもない新城市に移住し、また転職して市役所の職員になったのか。今回はそこまでの経緯と、私が感じている新城市の魅力について書こうと思う。

そもそも「田舎暮らし」に興味を持ち始めたのがいつなのか（今の暮らしが田舎暮らしと呼んで良いかどうかは別として）はっきり思い出せないが、今の妻と結婚前に白川郷やいくつかの古民家宿に泊まったことがきっかけの一つになったように思う。

若者がオシャレな古民家カフェで、なんとなく落ち着くなぁいいなぁという感想を抱くこともあると思う。私もそれと全く同じで、田舎でのんびりと宿やカフェを経営しているように見えるオーナーに対する単純な憧れだけだった。就職して間もないころ、将来への不安が漠然とある中で、いつか古民家カフェができたらいいいね、と半ば現実逃避のような夢を抱いていた。

中途半端な憧れを持ちつつも、結婚・子育てを経て仕事も徐々にやりがいと責任が出てくる中で、将来について深く考える機会もないまま月日が流れていった。

転機は大きく分けて二つある。一つは仕事の変化。順調だった仕事が別の職種となり、県外への転勤が命じられたのだ。

社内でも前例のない一般家庭への飛び込み営業。ルート営業で自分が何者であるかを認識された状態とは全く違う環境での営業は、今になって考えると貴重な経験となったが、当時の私にとっては大きな変化だった。

今までは客から必要とされている実感があったし、人の為になる仕事ができているのが一番のやりがいになっていた。

しかし飛び込み営業では不審者扱いが普通。一部の利益だけでなく、社会の役に立つ仕事がしたいと考えるきっかけになった。

もう一つの転機は子供の入学である。すでに三か所目の保育園で年中になっている長男に、小学生になってからも転校をさせたくなかった。

「将来の住む場所について考えていこう」。二九歳の時に妻とも話し合って動き始めた。その時点でタイムリミットは長男が小学校に入学するまでの約一年半。時間は限られていた。

条件としては三つ。①会社自体は好きだったので、続けることを想定して通える範囲内。②私と妻の実家がある蒲郡市と豊田市から行ける場所。③子育てするのに不便過ぎない場所。

そして私と妻が共通して憧れていた古民家物件である。最初に探したのは豊田市山間部の旧小原村や旧旭村。私の実家からは遠いが、小原の風景が好きだった。

数件内覧したが、あまり良い条件の家に巡り合うことはできなかった。買い物するにもかなり距離があり、学校からも遠い。冬に積雪が多そうなのも私にとってはマイナスポイントだった。

次に探したのは岡崎市の旧額田町エリア。ここなら両家からの距離も近く、都市部へのアクセスも良いため、最初は絶対ここから見つけようと考えていた。

毎週のように足を運び、不動産屋や区長、地区内で経営している飲食店などあらゆる方と話して物件を紹介してもらった。なぜだか地区の祭りにまで参加した。

でも全然決まらない。回っていると空き家はあるように見えるが、持ち主に売却意思がなかったり物件の状態が悪かったりで、決め手になる物件が出てこなかった。

物件探しはお見合いと一緒とよく言うが、本当にタイミングと手数が重要だなと実感する。

ただ、こうしていくつもの物件を見たことで、住める家と修復が難しい家の違いが何となく分かるようになったのが収穫だった。

範囲を広げて新城市まで探すようになる中で、ある工務店と知り合うこととなる。たまたま以前見て売却済みになっていた物件を、その工務店がリノベーションしている様子がブログに掲載されていた。

問い合わせたら工務店の大工さんが購入して住んでいるとのことで、見学させてもらえることになった。

のちにその大工さんの紹介で今の家を知ることとなり、古民家リフォームもお願いする中で現在でも親しくさせてもらっている。何がきっかけで次に繋がるか本当に分からないものである。

物件探しに何年も苦労する人が多い中、比較的早い段階で良い家に巡り合うことができたと思う。

このようにして古民家リノベーションが始まるわけだが、なぜ古民家での田舎暮らしをしようと決断したのか。私には実家の敷地内に家を建てる選択肢もあったにもかかわらずだ。

一番の理由は子供たちに「何か（私の場合は古民家暮らし）ができるお父さん」を見せたかったからだと思う。

私自身、正直なにも誇れるものがなかった。特別な取り柄もないし、何か頑張ってやってきたこともなかった。ただ何となく進学し、就職し、仕事をする日々。子供たちが成長する中で、私自身がこだわりを持った生き方をしなければ、言葉にも説得力がないような気がした。

こうして古民家リノベーションを始めてから七年ほどが経ったわけだが、子供たちに私の想いがちゃんと伝わっているかは分からない。とりあえず「お父さんは古民家が好き」というのは伝わっているようではあるが。休日も常に作業をしているのを見て、ダラダラ涼しい部屋でテレビを観ているわけじゃないだろってことは認識してくれているように思う。

また、ＤＩＹ・薪ストーブ・家庭菜園など、生活と趣味が一体となったような暮らしも私の考える理想のライフスタイルとして合うと感じていた。

田舎暮らしは近所付き合いが大変だ、とかよく言われると思う。確かに消防団や祭り、地域の草刈りなどはあるが、正直そこまで重荷に思ったことはない。断っておくが、私自身はお酒がほぼ飲めないし、全くお祭り男なわけでもない。

逆に移住者だからいいのか、ほどほどの距離間で地域の方ともお付き合いできているように思う。地域活動は自分が住む場所を維持するために必要だと思うし、参加するのは当然だと思ってやっている。必要以上のことは参加したい時だけ参加すればいいし、結局はその人の気持ち次第で煩わしいと思うか楽しいと思うか決まるように思う。

また、これは移住して思ったことだが、年配の男性が元気でカッコいい。

それはきっと、何歳になっても地域での役割がしっかりあることや、草刈りや地域の整備など、特に男性が活躍する場面が多いからではないかと思う。ちなみに私も家の外では薪割りや草刈りなど大活躍だが、家の中では妻に全く敵わない。

少し前はイクメンなどと言われて、男性が家事育児に参加することが注目されたが、最近ではその言葉が古くなるほど当たり前のことになってきたように思う。

それは良い傾向であると私も思うが、逆に言うと男性が家庭内で必要な場面が減ってきたとも言えるのではないか。男女平等が当たり前な時代だからこそ、田舎暮らしは男性がカッコよくいられる場所ではないかと思う。

少し話が逸れてしまったが、私が市の職員として働く中で感じたことについても述べておきたい。

私は今の仕事の関係上、移住希望者や創業希望者と関わる機会があり、新城市を含めた田舎に移住したいと考えている人の多さに驚かされる。一方で、私が新城市に移住したころは近所の人に「なんでこんな所に来ただん」とよく言われており、そのギャップが大きく感じる。

利便性や周辺環境を考えても新城市は住みやすい町だと私は感じているが、昔からいる住民はそう思っていない。「何もない町」「近所付き合いが大変」そんな声がよく聞こえてくる。

私はいつも思うが、ドラッグストアとホームセンターがあれば全く生活には困らない。欲しいものはネットですぐ買えるし、ショッピングモールに毎週行きたいわけでもないから、豊橋も名古屋も浜松もすぐ行ける新城市は私からすると「何でもある町」である。

また、ずっと一戸建てにしか住んでいない方は分からないかもしれないが、子供とアパートで暮らすことがどれだけ近隣住民に気を遣うことか。今の家に来て、子供たちがどれだけ騒いでも全くストレスがなくなった。

どこを基準に考えるかにもよるかもしれないが、恐らく新城市に興味を持ってくれている人たちは、必要以上の利便性は求めていないのではないかと思う。

市として、なるべく具体的にどのような方に移住して欲しいか。どのような方が新城市を選んでくれるのかをイメージして私も業務に取り組まなければいけない。

高校や習い事の選択肢が少ない、大学についても通える範囲が限られるなど、専門的な教育面で言うと不利な面があるのは仕方ない。私としても子供たちが市外の高校に入学した場合、高校によってはかなりの通学時間だよなと考えたこともある。

そのあたりを重要視して新城市から転居される方がいるのは当然のことだと思う。ただ、私としては言っても三年間の話だし、そのために一生住む家の場所を決めてしまって良いものかと思い、移住を決断した。

冒頭でも少し書いたが、そもそも新城市は広いので場所によっては田舎暮らしとは言えない。私が住む場所も駅から徒歩五分の駅チカ物件であるし、一部地域を除いてはそこまでの田舎らしさも正直感じていない。

なので、本当の田舎暮らしを目指す方は北設楽郡や長野県に流れる傾向があるように思う。危機意識の違いによる行政の本気度の差もあるのかもしれないが。

私が田舎暮らしに憧れていた時は、田舎暮らしというのは特別な能力がある人でないとできないと思っていた。移住者の紹介を見てもフリーランスや作家さん、職人さんなど手に職をつけたような方ばかり登場する。

その点で新城市の特徴として、製造業やサービス業など多くの優良企業があり、若い人材を求めていることが挙げられる。

新城地区のみでなく、作手地区や鳳来地区にも多くの企業があるため、山間部に住みながらのサラリーマン生活も充分に可能である。

市の移住ポータルサイトのタイトルに「すぐ田舎、すぐ都会」とあるが、正にこれかなと思う。気軽に便利な「なんちゃって田舎暮らし」ができるのが新城市の魅力であり、全員がハードな田舎暮らしを求めているわけではない中で、しっかりした企業に勤めながら安心して生活ができる町としてPRができれば近隣との差別化は充分図れるのではないかと思う。

最後になりますが、この度このような機会をいただいたことに感謝を申し上げます。

今ここでこのように幸せな日々を送れているのは、新城市の皆さんのおかげであり、同僚や家族のおかげです。

市の職員として採用いただけたことへの感謝も忘れず、この新城市の魅力が一人でも多くの方に伝わるよう、これからも発信していきたいと思います。

【二-3-2】

私の感じるIターンUターン問題の課題

元地域おこし協力隊
戸上　直哉・麻美

はじめに

私たちは、アウトドアスポーツをきっかけに設楽町が大好きな町の一つとなり、夫婦でIターン移住した。

私たちの大好きな町、設楽町のことを沢山の方々に知って欲しいと思い、宿・飲食店を運営し、アウトドアスポーツイベントを開催している。

どのような経緯で設楽町に移住したのか、定住してどのような活動をしているのかを紹介しつつ、設楽町への〝IターンUターン問題の課題〟について触れていく。

設楽町への移住のきっかけについて

私たちが設楽町に移住したのは二〇一九年春であった。

前職ではまちづくりを行う仕事に携わっていたため、東京→大阪→北九州→岡崎と各地を転々とする仕事が多かったが、会社員を辞めることを決意し、岡崎市から設楽町に移住した。

出身が千葉県である私たちには無縁とも思える設楽町に移住したきっかけは、アウトドアスポーツ、オリエンテーリングであった。

オリエンテーリングとは、地図と方位磁石を片手に、山林や街中などのフィールドを駆け、チェックポイントを巡る速さを競うアウトドアスポーツである。

私たちは、大学生の頃にオリエンテーリングを始め、毎週のように無我夢中で全国各地に赴き、時には海外にも足を運んでオリエンテーリング国際競技大会にも参加した。

大学を卒業してからは、競技者としてだけでなく、運営者としてオリエンテーリングイベントの開催に携わるようになった。

ちょうどその頃、会社員という枠組みにはまらず、責任が伴う挑戦者として事業を行いたいと思い始めた。

まずは、大学生の頃から無我夢中だったオリエンテーリングに関わる事業をやろうと決意した。

岡崎に転勤してからは活動できる地域を探すようになり、設楽町がオリエンテーリングに適したフィールドに恵まれた地域でありつつも未開拓であることに気づいた私たちは、設楽町役場にアウトドアスポーツ、オリエンテーリングを活用し地域活性化に役立てることができないかと提案を行った。

私たちの対応をしてくださった役場の企画ダム対策課・移住定住推進室の方々はとても親身で、設楽町での暮らしのイメージが具体化できたこともあり、移住することを決めた。

移住後は、地域おこし協力隊として、オリエンテーリングを活用した設楽町の魅力発信活動を行った。

設楽町はとても温かい方が多く、沢山の方々のサポートがあったからこそ、私たちは今もここで暮らし続けられている。

私たちの活動について

地域おこし協力隊の任期が終わってからも、設楽町に定住し、事業に取り組んでいる。

オリエンテーリングイベントは、より地域の魅力を知ってもらえるよう町の特産品を堪能できる交流会を行う等工夫を行い、年々参加者も増えている。

また、移住した当初は考えていなかったが、築一三〇年の空き古民家を改修し「古民家宿&バル てらわき」という設楽町の魅力を体感できる宿と飲食店も始めた。

町内で活動していく中で沢山の食材や魅力を発見し、その魅力を、設楽町を知らない方にも伝える手段として、自然に囲まれゆったりとした滞在ができる一棟貸切の宿の事業を行っている。

地域食材を生かしたバルでは設楽町特産の段戸山高原牛や絹姫サーモン、ルネッサンストマトなどの高原野菜を使った石窯料理や、地元酒造「関谷醸造」の日本酒や、それらを用いたカクテルなどの飲み物を提供している。

他にもいくつかの事業を行っているが、設楽町やその地域の魅力を知る機会をつくることを目的の一つとしている。

私たちの大好きな町の魅力を感じてもらうことが、設楽町と関わりたいと思うようになる第一歩であると考えているからである。

加えて、今後は設楽町に愛着を持つ若者が活躍して働ける場の創出を行っていきたいと考えている。

Iターン Uターン問題の課題について

設楽町へのIターンUターン問題の課題はないとはいえないが、多くの過疎地域で抱える課題と大差はないと考える。

地域に魅力を感じ住みたいと思えば、多少の障壁は乗り越えられると思われる。

加えて、解決が難しい点を補うことに労力を割くよりも、魅力的な点を伸ばし、ターゲットへ伝えることが過疎地域での暮らしの未来へつながると考えている。

さいごに

私たちは設楽町のことを知り、興味を持ち移住し、さらに魅力を感じ定住している。

設楽町や奥三河はとても素晴らしい地域である。

過疎地域へIターンUターンし暮らしていく上で直面する課題は挙げればきりがないが、定住することは不可能ではない。

私たちは〝あらゆる場所で仕事をつくり、あらゆる場所で暮らす未来をつくる〟をミッションに掲げ自ら挑戦し、実証していきたい。

【二―3―3】

カフェ＆Ｂａｒを運営する私の感じるＩターン・Ｕターンの課題と対応策について

一般社団法人未日来（みらいび）　空　かおり

一　はじめに

広島県呉市見晴。海辺の町で育った私が、日本の中心にある山里・設楽町と出会ったのは二〇二〇年である。

ダム建設における中山間地域振興の仕事をしている土木屋女子（通称：ドボジョ）。これが私の本職である。このドボジョ（私）が、今は設楽町津具に一般社団法人未日来を立ち上げ、「カフェ＆Ｂａｒみらいび」を運営している。「カフェ＆Ｂａｒみらいび」のコンセプトは「みんなの家。カフェに来るお客様が、おかえり・ただいまと言い合える。そんな場づくりをしていきたい」と週末営業を行っている。

二　かつては、Ｉターン・Ｕターンへの不安がいっぱい

私のドボジョ仕事の対象エリアは全国。北は北海道から南は沖縄県、宮古島まで、お呼びがかかれば全国を飛び回る旅芸人。特に中山間地域（以下「地域」という）はドボジョ仕事のフィールド。あらゆる地域の方々とワチャワチャと地域振興・まちづくりについて話し合い、活動を進めていく。

娘が小さい時は、地域の方とのまちづくりワークショップには親子で参加し、地域でのイベント運営にも関わっていた。そしていつも地域の方から、「空ちゃん、このまま移住しなよ。いいじゃん、Ｉターン。子供は田舎の大自然の中で育てた方が絶対良いよ！」と有難いお言葉を頂く。しかしいつも心の中で「Ｉターンか……」と想いを巡らせていた。

その当時Ｉターン・Ｕターンを選ばなかった理由は「本当に田舎で生活ができるのか」ということ。

「子供を養える生活費は田舎で稼げるのか、子供が病気になったらどうする？　子供の学校は？　田舎には利便性は期待できない。そして自発的に動かなくては地域のコミュニティにも入れない」などなど、不安がいっぱい。

実は、私は幼少期に父親の転勤で小さな田舎呉市見晴か

ら大都会東京都杉並区に五年間住み、そして家族で呉市見晴Uターンという経験があった。そんな生活を体感していたので、よりIターン・Uターンに対してハードルが高くなっていたのかもしれない。

三　Iターン・Uターンを不安がるドボジョ。設楽と東京の二拠点生活を開始

事の始まりは、ドボジョ仕事で出会った同じ世代の設楽町役場某職員との会話だった。

ドボジョ仕事で、真面目に設楽町の課題とあるべき論を説明する私に、「設楽ってさ。色々な課題はあるんだけど、住んでいて楽しんだよね～。例えばさ、美味しいケーキとか設楽で売ってなければ、手作りすればいいじゃん」とキラキラした笑顔で語る某職員。

「あれ？　れ？　なんか、今までと違う。なんか楽しそう。この設楽には何があるんだろう、データには見えない、何かがあるのかな？」そんな気持ちになったこと今でも覚えている。

この出会いをきっかけに「設楽をもっと知りたい、そしてゆっくり設楽で過ごしてみたい」と、設楽町津具の空き家を借り、二拠点生活を開始した。二拠点生活を始めてまもなく新型コロナウイルス感染症が蔓延。テレワークが日常となり、東京よりも設楽で過ごす時間が増えていった。

設楽での生活では、太陽の暖かさや風や雨の音、山々の色合い、そして庭に残るウサギやシカの足跡に、満天の星空など、街では気づかないことを感じた。そして何より、キラキラした笑顔で語る役場某職員が、仲の良い同級生、親戚のように接してくれたこと、そして設楽にいると実家にいるような安心感を感じ、二拠点生活そして設楽での生活に彩りを与えてくれた。

四　二拠点生活から、設楽町津具でカフェ＆Ｂａｒのママへ

二拠点生活が二年目を迎えようとした時、借りている家のトタンが錆びだらけのボロボロな倉庫を眺めていて「この倉庫、カフェにしたら人が遊びに来てくれるのかな」と閃いてしまった。そう思ったら後先考えずに倉庫のリノベーションに取り掛かっていた。一人ではリノベーションは出来ないので、知り合いに声をかけ、リノベーションを手伝って貰うと、知り合いの知り合いが手伝ってくれて、ど

んどん人が増え、最終的には延べ一〇〇人くらいの人が手伝ってくれたのではないだろうか。

手伝いに来ると、皆、我が家に泊まり、夜は焚火をして星空を見て、なぜか人生を語りだし、涙する。翌日は庭で朝食・昼食を「いただきます！」と皆で一緒に食べる。

そんな体験をした皆さんが、必ず言うことがある。「この設楽の家って、実家みたいだよね。なんかさ、皆で一緒にいると家族みたい。また帰ってくるね！」と。

地域って、田舎って心理的安全性をより感じられる場所なのかも。Iターン・Uターンをしたい、関係人口になる動機って、そんなところなのかもと、今更ながら気づいてしまった。

後先考えずリノベーションをしたカフェのコンセプトは、「心理的安全性を感じられて、且つ地域でワクワクすることをチャレンジできる場」にしようと、そう決めて「カフェ＆Ｂａｒみらいび」をオープンした。

五　終わりに

昔の私が感じたようにIターン・Uターンへのハードルは高い。しかしカフェ＆Ｂａｒ運営を通じて感じているのは「心理的安全性」を感じられる空間が地域にあり、お帰りと言ってくれる人がいれば、人はその空間に心地よさを感じ、また訪れる。

カフェ＆Ｂａｒには色々な目的を持ってお客様が訪れる。移住された方、設楽にある実家（空き家）の管理のために来る方、設楽の自然に魅せられて定期的に訪れる方。そんな方々に「おかえり、いつでも待っているよ」と言える「心理的安全性」空間を提供すること。それが私のできるIターン・Uターン施策だと考えている。

リノベーション後（左）、前（右）

【二－3－4】

私の感じるIターン Uターン問題の課題

したらワークス協同組合事務局長　清水　貴裕

五月初旬、設楽町内各地で田植えが始まると、どこからともなく蛙の大合唱が聞こえてくる。木々の緑は一層深まり、生きとし生けるものたちの本格的な生命活動がスタートする。ここでは当たり前の光景だが、都会では決して体感することのできない生きた自然の営みである。

設楽町にウェブデザインのオフィスや事務局を構えるようになってから、田舎暮らしに関心のある方からの問い合わせが少しずつ増えている。年齢や地域も様々で、最近は二拠点生活に関する相談が増えてきている。可能であれば実際に現地へお越しいただき、蛙とホトトギスの鳴き声の共演を楽しんでもらいたい。ただし、問い合わせの段階で本格的に行動に移そうと考えている方はほとんどいない。まずは情報を集めながら人との繋がりをゆるく作っていきたいと考えている方が大半である。こちらも焦らず、じっくりと関係人口作りを意識し対応することが大切である。

私が故郷の京都を離れ新城へ移住したのは今から二五年前。二七歳にして初めての就職がいわゆるIターン就職となった。人生とはわからないものである。それまでまったく縁もゆかりもなかった土地に移り住み、やがて家族ができ、脱サラして起業したあげく、骨を埋める覚悟まで決めたのだから。

地元公立高校の教員を目指して教員養成系の大学に入学したが、時代は就職氷河期の渦中にあり、卒業しても教員として採用される見込みは限りなくゼロに等しかった。全国的に学校教員の採用予定数が若干名（実質一名程度）しかなく、そのわずかな数の椅子を巡って就職難にあえぐ大勢の受験者が殺到していたのである。

大学院に進学し二年間の猶予を得たが、修了してもその状況はほとんど変わらず、結局二六歳で就職浪人生活を送ることになった。大学院まで行かせてくれた親にこれ以上迷惑を掛けるわけにはいかず、高校の非常勤講師を続けながら昼夜問わずアルバイトを掛け持ちした。フリーターという言葉が生まれたのがちょうどこの頃で、自分も含めて同世代の若者たちはフリーターとして働く人で溢れ返っていた。

就職浪人の身となって半年ほど経った頃、たまたま立ち寄った学内の就職支援コーナーで、壁に貼られていた全寮制高校の教員募集案内チラシに目が留まり、それには美しい木造校舎の写真が印刷され、大きく書かれた教育理念に心惹かれるものがあった。支援コーナーの職員に訪ねても詳細まではよくわからないという。直接先方に電話してもよいかと聞かれたのでぜひと答えた。その時の電話の相手は失念したが、実に丁寧でわかりやすく教えてくださったことは今でも覚えている。結果的にこの私立高校の寮職員として採用されることが決まり、新城へ移住することとなった。もし採用されていなければ、遠い昔の思い出話で終わっていたであろう。いや、忘却の彼方に消え去られていたかもしれない。Ｉターン就職は縁もゆかりもなかった場所を、縁とゆかりに満ちた場所へと変えてしまう魔法のようなものなのだろう。二〇代最後の三年間をここで体験できたことは大きかった。まるで社会の縮図をそのまま詰め込んだような環境であったが、人間として成長させてくれたことは間違いなかった。

私立高校を退職した後も実家には戻らず、豊橋市、東栄町、豊川市と勤務先を変えながら、ライン製造、ＣＡＤ設計、営業、経理、人事、パッケージデザイン、ウェブデザインなどバラエティに富んだ仕事を経験させていただいた。後になってその経験が自信となり、ついに起業への後押しとなった。一念発起して立ち上げたベンチャー企業も多くの方々の支えをいただきながら今年で設立一九年目を迎えた。豊橋に拠点を置いていた頃、東三河の篤農家と共に豊橋百儂人という団体を立ち上げ、二〇二三年には設立一四周年を迎えるが、設立当初から事務局長として関わらせていただいた。活動一〇周年の節目で後進にバトンタッチしたが、現在もなお東三河を代表する農業者集団として積極的な活動を展開中であり頼もしい限りである。

二〇一八年一一月に豊川用水通水五〇周年記念イベントを開催した。それがきっかけで水源地保全の大切さをこれまで以上に意識するようになり、翌年、豊橋市から設楽町へオフィスを移転する決断をした。設楽町には豊川、矢作川、天竜川の三つの大きな河川の水源地が集積している。いずれの河川もそれぞれの地域になくてはならない命の水である。

二〇二二年五月から、設楽町で「源流フェス」という音楽イベントを始めたが、水源地の大切さをより多くの方々と共有したいという思いが原点にある。豊川源流域にある旧豊邦小学校（廃校）を会場に、上流域、下流域の住人同士の交流をテーマとし、将来的には町内各地の水源地の保全活動に繋げていきたいと考えている。

二〇二二年一〇月に組合設立の許可が下りた後、法人登記をし、翌年の一月に愛知県から設定を受けスタートした、「したらワークス協同組合」の取り組みはこれまでの活動の集大成と捉えている。設楽町内の五事業所の代表者が発起人となり、町をはじめ多くの方々からサポートしていただきながら、愛知県初の特定地域づくり事業協同組合として活動を開始した。まだ組織として産声を上げたばかりであるが、すでに二名のマルチワーカーが町内の各事業所で活躍している。数年後、彼らがこの地域を支える原動力となるように期待しつつ、しっかりとサポートしていきたい。近い将来、この地域が新たなイノベーションを生み出す発信基地となるように、一つ一つ地道に課題をクリアしながら取り組んでいきたい。

【二－3－5】

「地域の入口」ゲストハウスを始めて

ゲストハウスｄａｎｏｎ　代表　**金城　愛**

私が奥三河にご縁をいただいて一〇年という月日が経った。

現在は東栄町の中心部で「奥三河に暮らすように遊ぶ」をコンセプトに、築一六〇年の古民家で地域の暮らしを体験できるゲストハウス、宿泊施設を経営している。

私の出身は沖縄県の那覇市。初めてこの奥三河にご縁ができたのは、二〇一二年の愛知県の緊急雇用の事業で、四か月間山里に暮らしながら地域の暮らしを発信するという仕事だった。

緊急雇用の事業の中で東栄町の担当になり、初めての田舎暮らしがスタートした。

奥三河に出逢うまで田舎暮らしをしたことはなく、消費社会の中で生きてきた私は東栄町の暮らしや人に触れ、日々感銘を受けていた。

不便が故の暮らしの知恵や工夫、地域の方々が大切に守ってきた鎌倉室町時代から続く花祭、名人と呼ばれる人がたくさんいて、自分たちの暮らしは自分たちで守り続けていく地域の人、シンプルな暮らしの中でも充分楽しんでいける。私は東栄町で「足るを知る」という事を体感した。

緊急雇用の事業が終了したあとは地域おこし協力隊として、一町民となり二年間活動をした。協力隊としての二年間は人口減少や人手不足、若者が少ないことや空き家の増加など東栄町の課題を肌で感じる時間となった。課題が山積みの中でもたくましく暮らす地域の方々と一緒に何かできることはないか、縁も所縁もない他所からIターンで移住してきたからこそできることはないか、外側と内側を繋ぐきっかけを作れないかという思いに至り、空き家になっていた古民家をお借りして、私が好きになったこの町の「暮らし」を体感できるような宿泊施設を始めてみようと動き出した。

当時、「東栄町でゲストハウスをやってみたい」と公言した時は地域の方に「ゲストハウスってなんじゃ？」と何度も聞かれたのを覚えている。

「なんだかよくわからないけど、金城さんが残って何か始めたいというなら手伝うよ」と地域の方々がいろいろなカタチで伴走してくれた。立派なお布団や食器類、座布団や調理器具などをいただいたり、草刈を手伝ってくれたり、障子の張替えや壁の漆喰塗りなど。

「がんばって」ではなく「一緒にがんばろう」と言ってもらえたことがどんなに嬉しかったか。気持ちはあっても無知な私の背中を押してくれたのは地域の方々だった。たくさんの方と共に動き、支えてもらい、二〇一四年四月から「体験型ゲストハウスｄａｎｏｎ」がスタートした。最初の二年間は奥三河雇用創造事業という厚生労働省の事業の中で、農家民泊の担当として活動をした。

奥三河雇用創造事業の終了後は個人事業主として起業し、コロナ前は年間約六〇〇泊、県内県外問わずたくさんの方に足を運んでいただいた。宿のスタイルとしては、四季折々の地域の食材に触れてもらえるように食事は共同調理、宿泊のゲストや地域の方とみんなで食卓を囲む。宿泊のゲストが宿に泊まるだけで帰ってしまわないように、宿泊予約の際や滞在中には暮らしの体験の提案やとうえい温泉、地域の飲食店などを紹介。ファンになってくれた方は、リピートする度に地域の方との繋がりが増えることや地域を知ることを楽しんでいる様子である。

その中から移住に繋がっていく方々が少しずつ増えていき、ゲストハウスは地域の入り口のような役割をしているのかなと感じた。

ゲストハウスｄａｎｏｎが始まって四年経った頃、一泊や二泊という滞在ではなく、もう一歩暮らしに近い滞在ができないかと、別の物件をお借りして一か月単位から中長期滞在ができるシェアハウス事業も立ち上げた。暮らしてみないとわからない温度感や地域の方との関わり、様々なライフスタイルを短期間でも体験できるような、観光でもなく移住でもないその間。ゲストハウスに宿泊するだけではなく、もう一歩暮らしに寄った滞在のスタイルを目指した。シェアハウスの利用者は田舎暮らしに興味のある方や地域おこし協力隊、大学生など。滞在後は移住するという選択だけではなく、「移住」という選択以外の地域との多様な関わり代をつくる場所に育っていった。

シェアハウスを始めたころ、地域のことや宿のことをもっと外部に出向いて宣伝していきたいなとキッチンカーを購入した。現在はゲストハウス・シェアハウス・キッチンカーの三本柱で事業を展開している。田舎暮らしや起業も初めての私をここまで育ててくれたのは、地域の方々のおかげでしかない。

例えば、誰とも繋がりのない田舎という小さなコミュニティの中に単純に空き家だけを探して移住していたら、今のような結果にはなっていなかったような気がする。私の思うＩターンＵターンの課題は行政・地域・ＩターンＵターンそれぞれに役割のようなものをもっと明確にし、新しいボールのようなものが飛んできた時に横のパス回しを上手にしていくことが大事なのではないかなと思う。その関係性は多様で移住することが全てではなく、似合う人が似合う場所で似合う人との繋がりを作っていけたらいいのかなと。

移住者や地元の方が移住の窓口となり、年々、新たなＩターンＵターンや地域との多様な関わり方をする方が少しずつ増えてきたなと感じる。人口減少や過疎を止めることは難しいのではないかと感じるが、課題があるから関わり代ができる。地域に住む私たちができることはまだまだたくさんあり、小さな挑戦と失敗をたくさん積み重ねていくことが大事なのではないだろうか。

奥三河は絵本の「スイミー」のような地域だなと感じている。ひとつひとつの光は小さくても、それを持ち寄れば大きな流れを作れるような。

地域の日常の中にこそこの地域の力強さや奥深さ、未来へのヒントがたくさん散りばめられているのかと思う。地域での暮らしに誇りを持ち、この地域で暮らし続けるために、それぞれの役割を認識しながら、コミュニティが小さいが故の温度感を大切にしつつ、小さくても強い持続可能な地域を目指していけたらいいのではないかと思う。

【二－3－6】

地域おこし協力隊としての歩みとビューティーツーリズムの確立

株式会社もと　代表取締役　大岡　千紘

宝の山との出会い

私は、東栄町に二〇一三年の四月、地域おこし協力隊としてやって来た。そもそも地域おこし協力隊を志したのは、大学時代に島根県の郷土芸能、石見神楽を通して小さな温泉街を盛り上げるプロジェクトに参加したことがきっかけである。プロジェクトを経験し、祭りと地域振興に関心を持つようになった私は、大学卒業後は地域おこし協力隊になろうと決め、祭りを見るついでに移住先の地域を探していた。いくつかの候補地から東栄町を選んだのは、東栄町の「花祭」がきっかけである。夜通し舞い続ける花祭の面白さに魅了され、さらに東栄町役場職員から熱心に協力隊へ誘われたことが決め手となった。この役場職員の熱心な姿勢は移住する側としては非常に好印象で、東栄町に移住者が増えている理由の一つだと考える。また、名古屋や浜松といった大都市にも程近く、暮らすにも商いをするにも好立地であると感じたことも大きい。

私が東栄町へ移住した当初は、「なんでこんな何もないところに来たの?」とよく聞かれた。そんな状況を打破する何かがあるはずだと必死に活動するものの、最初の一年は空回りするばかり。そのうち、何のスキルもアイデアもなく勢いで来てしまったことを後悔し、もう辞めようと思っていた協力隊二年目の夏、私にとって転機となる出会いがあった。

それは、東栄町でセリサイトという鉱物の採掘・精製業を営む三信鉱工株式会社の三崎順一社長との出会いである。セリサイトとは雲母の細かな結晶で、透明感のある柔らかな光沢があることから「絹雲母」とも呼ばれている。東栄町のセリサイトは純度が高く、化粧品の原料としては最高品質。世界中の化粧品に採用されており、東栄町が世界トップシェアを誇る。

町の行く末を案じていた三崎社長は、自社のセリサイトを使って自分で化粧品を手作りする「手作りコスメ体験」をきっかけに、東栄町の認知度向上、移住促進、また、東栄町には世界に誇る資源があるということを町民にも認識してほしい、という想いを持っていた。三崎社長のアイデアはまさに、私の探していた〝何か〟であった。すぐに事業化に向けて動き、試行錯誤を重ね約一年後の二〇一五年六月に「手作りコスメ体験ｎａｏｒｉ」を立ち上げた。

移住当初は、自分ならではの地域おこしを！と息巻いていたが、すでに想いやアイデアを持っている人は地域の中にもいて、それを形にすることが大切であると気づくきっかけでもあった。

町とともに歩みつづける

ｎａｏｒｉが軌道に乗ってくると、新たな課題が浮かび上がる。それは東栄町の観光情報がないことである。当時、東栄町には観光協会など情報発信する拠点がなく、観光客が増えても地域にお金を落とす仕組みが十分にできていなかった。そこで観光協会を設立することになり、私は協力隊卒業後一年間役場の臨時職員として観光協会立ち上げを担当することになった。まだ実績すら出せていない若輩者に、やる気がありそうだからと大事な役を任せられる懐の深さが東栄町にはある。

そして、二〇一七年四月に「東栄町観光まちづくり協会（任意団体）」を設立。観光を軸に、まちの外と中、人と人を繋ぐ組織として立ち上がった。私は観光協会職員として働き、ｎａｏｒｉも協会事業となって活動が安定してきたことを受け、「ｎａｏｒｉ」と「ビューティーツーリズム」の商標登録を取得。東栄町の発展に貢献する事業に育てていきたいということで、東栄町として商標を取得することになった。これがきっかけで、ビューティーツーリズムは東栄町の観光の柱として確立され、第六次東栄町総合計画後期計画において「活力あるまちづくり」に組み込まれた。手探りで少しずつ形にしてきた事業が、町の方針を担うまでに成長したことは感慨深い。

二年間職員として活動した後、出産を機に協会を退職。後任職員の素晴らしい働きによって、二〇二三年に東栄町観光まちづくり協会は一般社団法人化され、さらに活動の幅が広がりつつある。しかし、まだまだ立ち上がったばかりの組織であり、発展途上であることを行政・地域住民にもご理解いただき、温かく活動を応援・協力いただくことを望む。

そして、私も新たな段階へと進みつつある。二〇二一年に三信鉱工株式会社と共に「株式会社もと」を設立。化粧品の開発に挑戦。ｎａｏｒｉのお客様からのご要望を受け、三年近くの歳月をかけ、二〇二三年にミネラルコスメブランド「ｍｏｔｏ」を立ち上げた。体験事業と販売事業を軸に、この東栄町で採れる素晴らしい資源であるセリサイトを、そして私が大好きな東栄町の魅力を伝える活動をこれからも続けていきたい。

そのような想いを持って活動を続けていると、その想いの源は何かということを聞かれる。はじめは、地域振興を生業にしたい、地域を盛り上げたいという想いであったが、今は少し違う。家族を持ち、ここで楽しく暮らしていくと決めたことで、このまちを未来へとつないでいくこと、まちとともに歩んでいくために、私は活動を続けていく。

【二−3−7】

都会の人との交流による美しい環境づくりから移住への活動

古戸ひじり会　会長　初澤　宣亮

◎古戸ひじり会とは

愛知県北東部の中山間地に位置する東栄町古戸地区では、過疎化や高齢化などにより地区の担い手が不足し、先祖代々受け継がれてきた豊かな自然や文化の伝承が困難になりつつある。そこで、森林や農地等の環境保全、伝統文化の継承、集落機能の維持・強化に向けて取り組むとともに、農産物の栽培、販売、区民交流、見守り活動など、地区の活性化に向けて取り組むこととして、平成二〇年四月に地区住民の有志で「古戸ひじり会」を設立した。

ひじり会では、過疎化、高齢化で耕作出来なくなった遊休農地での農作業、針葉樹の間伐やサクラ・モミジの植樹と、間伐材を使った散策路づくり、区民の交流の場づくりなどの活動に、都会の人と一緒になって取り組んできた。

平成二四年度までの五年間は、「古戸おいでん塾」を開催した。古戸地区への移住促進に向け都会の人を募集して、交流を通して「古戸を第二の故郷」にしてもらおうという目的で行った。五年間で二七回開催し、延べ六〇〇人以上の都市住民との交流が実現した。

平成二五年度からは、ただ単に都会の人と交流するだけではなく、都会の人の力を借りて古戸の環境を共に守り、育てていけるようにと、古戸おいでん塾の塾生を中心に「古戸応援隊」（二〇名程度）を組織して、ボランティアで耕作放棄地や道路・河川等の草刈り、植栽活動、交流イベントの運営などを古戸ひじり会メンバーと一緒になって活動している。

◎古戸散策マップづくりと散策路づくり・植栽活動

平成二三年度には、古戸の魅力を地区住民も含め多くの人に知ってもらい、日常的に古戸を楽しむことが出来るように散策マップづくりを行った。

マップづくりにあたっては地区住民をはじめおいでん塾生、愛知大学の学生などが参加し、古戸の魅力を掘り起こしながらマップを作製していった。

平成二四・二五年度には「ゆっくり、のんびり」と古戸散策を楽しんでもらうため、マップに記載されている名所旧跡に設置する案内看板を作製したほか、「ベンチ」、「あずまや」も作った。さらに散策しやすいように散策コースの整備を都会の人の協力を得て実施し、平成二五年一一月には一般参加者を募り総勢三三名で「秋の古戸をゆっくりめぐろう！」と題した散策ガイド付きイベントを開催して好評を得た。

また、山林の景観整備と木材資源の有効活用事業である「とうえい木の駅プロジェクト」にも参加した。先ほどの案内看板、ベンチ、あずまやなどはこの間伐材作業でとり出した木材を活用した。同時にサクラやモミジを毎年五〇本程度、地区内の河川沿いや道路沿いなどに植栽して、「新たな名所づくり」を実施している。

◎今後の課題

古戸ひじり会の一五年間継続の活動を通して、移住（地区内）四世帯をはじめ、遊休農地の解消、名所旧跡整備、散策路づくり、自然環境の整備等の成果を上げることができたが、高齢化、過疎化の中で自然環境や歴史・文化等を保存継承して行くことが困難になると予想される。

今後、応援隊、移住者、学生等外部の人材を新たな地区の担い手として、協力してもらえる環境整備などの取組みを進め、古戸への愛着と誇りを持つことのできる人（サポーター）を増やし、少しずつ協力してもらえる活動を増やしながら、住み心地の良い田舎を目指して取り組んでゆきたいと思う。

河津桜　鳳来地区

【二—4】

『まちづくりのための観光振興』実践に向けて —観光ボランティアガイド目線からの提唱—

奥三河ふるさとガイド　髙田　孝典

普通の市民がボランティアガイドに突如変身

全国いろいろな街を旅していて、なんとも言えない心地よさを覚えるのが、そのまちの人達からさり気なくもてなされているという実感である。

私の体験を一つ例に挙げよう。三重県松阪市探訪の旅のことである。本居宣長記念館を探してちょっと道に迷った時、偶然自転車に乗った四〇歳くらいの女性が通りかかった。私の呼び止めに快く応じてくれた彼女が、別れ際にしびれる一言を笑顔で語った。「松阪の街をごゆっくりとお楽しみください。」と……。

ああ、これこそが観光のまちづくりなんだ。旅館の女将ではない。ホテルのフロントでもない。お土産屋の主人でもなければ、レストランの店員でもなく、また観光協会の職員でもない。自転車の前籠に大根を入れて、買い物帰りの家路を行く極々普通の市民が、一期一会の旅人をさり気なくもてなす。それは、まぎれもなく一市民が自らの街松阪の〝光〟を〝観〟せるガイドに、突如変身した最高のパフォーマンスであった。きっと私だけではないはずだ。その瞬間に旅人はそのまちが「好き」になる。そして必ずもう一度訪れたいと心に刻む。そのリピートこそが、持続循環する観光振興の、最大の遠因に他ならない。

『まれびと』は『主（あるじ）』に会いにやって来る

〝まれびと〟とは客人のことで、折口信夫が民俗学上で述べた言葉である。山々から里に下りてくる八百万の神々を村人が心から迎え、夜を徹して楽しい饗宴をする奥三河を代表する民俗芸能、〝花祭〟のストーリーである。私はこれこそ、この山間に営々と暮らしてきた先人達の体内に、脈々と流れている〝もてなし〟の血だと心底感じている。私たちはその人となりを自然に受け継いでいるのだ。

端的に言って、新城市を始めとしてこの奥三河地域の誘客スタイルは、豊根村の一面を除けば大勢の観光客を一度に招き入れる、いわゆるマスの器でないことは誰もが認識している。それは当地の地理地形や諸施設の機能面、また観光資源の特異性からしても当然で間違いはない。然るにそれを逆に捉えれば、当地が目指すのは「奥三河大好き人間」との持続的交流の創出であることは明確である。これについては、心ある人たちが意欲的に仕掛けてはいるが、観光戦略として確立するまでには至っていないのが実態といえる。

私のような拙い一観光ガイドであっても、私に会いに来てくれる人たちが居る。彼らは何を期待して来るのか？ズバリ言えば、ここに住んでいる私しか話せないことを聴きたくて訪ねてくれるのである。そういうといかにも生意気に思われるだろうが、まったく大したことではない。やっていることは長篠・設楽原古戦場に立って、「戦いの場となったこの連吾川は、ずっと昔はひょいと飛び越せたんですよ。学校の帰り路、道草してよく遊んだものです。」というだけである。旅人はそんな何でもない私の体験談に目を輝かせて食いついてくるのである。我々の日常は彼らの非日常なのだ。著名な歴史家小和田哲男氏も平山優氏も、さすがに連吾川を飛び越した少年時代の経験はないだろう。地元に住んでいる語り部としての、私だけの持ちネタである。

奥三河は動植物、地質鉱物、トレッキング、各種アウトドアスポーツ、天体、ジビエ、歴史、文学、民俗芸能、農林業体験等々、盛りだくさんの観光素材が満載である。私は主に歴史、文学、民俗芸能をガイドしているが、常々強く肝に銘じていることは、歴史学者や民俗学研究家の受け売りをしないこと、ただそれだけを念頭に置いている。この情報化社会にとっぷりと浸かっている人達は、インターネットや様々な媒体で驚くべき知識を蓄えた上で訪れて来ている。だから、すでにネットや本に露出していることを、今更またここで聴きたくないのである。彼らが望むのは〝目の当たり〟である。

地域間の連携で観光地を線から面に

新城・北設楽のエリアには、私のように奥三河観光協議会から奥三河ふるさとガイドを拝命していたり、各地域でガイド団体を組織している方々、また独自に個人で勤しんでいる方が点在していて、人材は豊富且つガイドレベルは非常に高いと評価できる。あとは、それら個別に保有している知識や情報をお互いに共有するネットワーク化が促進されれば、奥三河全体の周遊が点と線から〝面〟に広がる理想的なシステムが確立される。このことは、ガイド同志のみならず、全ての観光スポット相互の連携が密になることに繋がる。当地の最たる弱みは、お客様が複数の近隣観光地を周遊しないことと、一か所の滞留時間の短さである。これは、過去我々ガイドが独自に実施した、長篠・設楽原古戦場を巡る来訪客の出発地と周遊先並びに滞在時間調べの結果からも如実である。長篠城址への来訪客分布は、東三河と浜松方面、尾張・西三河方面、それ以外の全国からがそれぞれ約三分の一ずつという調査結果であったが、周遊と滞在時間が長ければ長いほど、経済波及効果は増し、人的交流が活発化することは言を待たない。

最近、注目する一つの試みが実施されてきている。新城市内で活動するボランティアガイドグループ、史跡保存会、個人活動家等が「歴史のみえるまちネットワークの会」の名称で会を立ち上げ、現在八団体が隔月の例会を開催し、様々な情報交換の場を持ち始めた。今後、メンバーが更に奥三河全域に拡充していくことに、私自身も努力を惜しまない所存である。

市民が〝語り部〟を担うまちづくり

市民一人ひとりが誇りと自信を持って、自分の言葉でふるさとを語る街は、訪れた人を必ず満足させる。堅苦しい難しい話はいらない。おじいさん、おばあさんに聞いた昔話でよい。毎朝庭でさえずる小鳥たちの話や、裏の里山に咲く山野草のことでよい。地元の氏神様のお祭りの話でもよい。そのたわいもない話こそが、実は語る素材に十二分に耐え得ることを知ることから、語り部は生まれる。

その実現のためのビジョンを描いてみよう。一笑を買うかもしれないが、私の無邪気な遊び心からの発想である。このプロジェクトには行政、企業、事業所、学校、地域、もちろん我々ガイドの面々も参画する。〝ふるさと三六五話〟作戦とでも言ったらよいか。具体策としては、市の新採用職員、中堅職員の研修に率先して語り部育成研修のカリキュラムを導入、併せて企業、事業所にも同様の協力依頼をする。また、地域自治区の活動事業として取り込んでもらうことも、住民を巻き込む大きな要因になる。市民一人ひとりが、必ず何か一つ語れる街を目指すのが私の楽しい夢である。

新城市は平成二九年度から「街かど観光案内所」要綱を

設置し、アルファベットの〝i〟のマーク（iはインフォメーションの頭文字）を市内いくつかの店舗に掲げ、行政、観光協会、市民が協働して「観光のまち新城」を目指しているが、客観的に見て現在充分にその機能と役目を果たしているとは言い難い。市民が語り部を担うまちづくり実現の、人材発掘を見据えた企画としては大変好感が持てる。

問題はシステムを立ち上げた後の、各案内所とのコミュニケーションづくりが継続されていないことに尽きる。現在街かど案内所となっている店舗の皆さんに、定期的に情報と交流を提供する場の設定が急務である。座談でもワークショップでもよい。メンバー相互の交流が活発になれば、新たに案内所の開設を希望する店舗の拡大にも繋がってゆくことになりはしないか。もちろん、我々ボランティアガイドの面々も及ばずながら、ガイド技術や知識の提供に全面的な支援を惜しまない。

店先に、観光パンフレットを並べて置くだけでは、決して旅人は共感しない。そこに人間の営みが感じられて初めて琴線に触れる。どうだろう、偶然旅行客が立ち寄ったガソリンスタンドのお兄さんが、自慢げにふるさとを語る姿は実にかっこよく痛快だと自画自賛してよいではないか。

まず知ってもらい、そして来てもらう

津軽、秩父、日光、会津、武蔵、多摩、能登、飛騨、美濃、比叡、伊吹、播磨、伊勢、熊野、出雲、道後……、書き出せばまだまだたくさんあるが、全て頭に〝奥〟がつく地名である。では、これら全国津々浦々に点在する奥□□と、我々の奥三河と何の違いを主張できるのか、何をこだわりとして差別できるのか！　間違っても山紫水明の地奥三河、などという過去の安易な文句は全くの論外なことは申すまでもない。

奥三河の地を遠くの人に知ってもらい、そして来訪してもらうには、まず何より興味と関心を抱かせる〝掴み〟が欲しい。言葉の遊びのように見えるが、奥三河の魅力のエキスを凝縮したキャッチコピーを、それぞれの感性で考えてみたらよい。

①鬼が舞う、星が降る、大地が叫ぶ。
②芸能とパワースポットの十字路。
③天正三年五月二一日、日本の近世はここから始まった。
④「三」、「遠」、「信」、今、県境がたまらなく熱い。
⑤日本で一番便利な秘境、奥三河。

私の感性からは、こんなフレーズが湧いてきた。一度も奥三河を訪れたことのない人にビビッと感じてもらえるか。そして、食指を伸ばしてもらえるか。当然、もっと違った語感がひらめく人が居てよい。大切なのはふるさとの魅力をいつも発信しようと試みている気概のある住民がどれだけ潜在するかである。

長篠・設楽原古戦場の「見える化」推進

新城市が殊に遅れているのが、古戦場等の歴史的観光ポイントを俯瞰できる、いわゆる見える化の推進である。当然ながら観光客は、目の当たりにするロケーションによって旅のロマンにいざなわれる。長篠・設楽原古戦場で、私が山や森を指さして両軍の陣地等を語っても、視覚的になかなか要領を得ないのが痛い。あの鉄塔から左に目を移して行くと……とか、あの白い建物の右に見える森が……とか、実にガイド泣かせである。その場所にせめてのぼり旗が一本あったらと悔やまれる場面が再三である。また、この樹木さえなかったらたちまち視界が開け、信長や家康の見た景色が眼前に広がるのに……という展望不可地も多く目立つ。

これは関ヶ原の先進に学ぶとよい。私も何回かガイド勉学のために訪れているが、この見える化が随所で機能していて、いつも心地よく散策させてもらっている。関ヶ原に優るとも劣らない我が長篠・設楽原の景観保存状態を、誇りを持って世間に吹聴している一人として、だからこそ見える化には徹底してこだわるのである。

二〇一七年に東京スカイツリーで開催された観光キャンペーンで、新城市が実施した来場者アンケート結果によれば、長篠の戦いの知名度はすこぶる高く、約七〇％の人が知っていた。しかし、その長篠・設楽原の戦いがどこで行われたかの設問には、ほとんどの人が知らないと回答している。とどのつまり、それでは新城市には来てもらえないという明確な証拠である。

私たちは、まずとにかく当地を知ってもらう努力をしなければならない。前述したキャッチコピーの発信もその一手段であるが、長篠・設楽原に特化すれば、訪れていただいた方に、幹線道路（国道一五一号）沿いに、古戦場を象徴するモニュメント（戦国を連想する物見やぐらのような）が極めて効果的ではないだろうか。新東名高速自動車道路に続き、三南信自動車道路が全通すれば、縦軸横軸の交通体系が格段に飛躍する。例え他の目的で当地を自動車で通過するだけの人であっても、長篠・設楽原の戦いが、〝ここで〟行われたと視覚的に印象付けられるメリットは計り知れない。興味と関心があれば、こんどこそ必ず目的地として再来してくれるに違いない。長篠・設楽原古戦場は〝新城市〟にあるのだ。

飯田線文化の再生復活と活用

基幹道路の整備促進は、種々の利便性という面においては望むべきことであり喜ばしいことであるが、その一方で、JR飯田線の有効活用を決して蔑ろにすることはできない。言い換えれば鉄道を犠牲にし、踏み台にして車社会を助長する施策ばかりが優先されることは、奥三河全体の魅力の創出を台無しにする。過去からそして現代も飯田線が担っている役目と魅力を、文化遺産として継承する意味を込めて、どのように今に活かすのかを真剣に考えなくてはならない。

飯田線はこの地域にとって実に意義深い路線である。明治から昭和にかけて長い年月、その前身の豊川鉄道、鳳来寺鉄道、三信鉄道はいずれも奥三河から信州に抜ける大動脈としてなくてはならないものであった。そしてどの鉄道会社も、開設当初から地元の観光に活かすべく多大な経営努力を惜しまなかった。長篠古戦場をPRする戦略を打ち出した豊川鉄道と鳳来寺鉄道は、野田城、新城、茶臼山、鳥居、長篠（現大海）、長篠古城址（現長篠城）、鳳来寺口（現本長篠）等の駅名を並べ、まるで戦国列車のごとく古戦場を巡って走る。また湯谷駅（現湯谷温泉駅）、三河川合駅にはホテルやレストランを併設するほどの力の入れようで、いわば古戦場・温泉・鳳来寺は奥三河一推しの観光三点セットであった。

また、三河川合駅を起点として更に奥まった谷間をひた走る三信鉄道は、佐久間ダム建設に由来する名物「渡らずのS字鉄橋」や、敷設工事に関わったアイヌ測量隊の苦難の歴史を車窓にダブらせながら、静岡県境から長野県のいくつかの秘境駅をゆっくりと縫って行く。撮り鉄や乗り鉄にとってたまらない時空間である。

我々はこんな素晴らしい掛け替えのない歴史遺産、産業遺産の凝縮した先人たちの営みを、このまま葬ってしまって良いものか。良いわけがない。これは決して時代に逆行した発想ではない。あらためて言うが、奥三河観光の交通手段は、車と電車が両輪であることを強く肝に銘じることである。

飯田線活用アイデアの一考察

矛先を今に転じて、飯田線の活性化に些細で無邪気なアイデアを三つほど述べてみたい。

一つ目は、現在発売されているJRの乗車券で、名古屋と本長篠駅間の往復割引切符（日帰り限定・通常料金の約半額）があって、ビジネスからレジャーまで幅広く人気がある。私自身もよく利用して重宝している。それをズバリもう二駅、湯谷温泉駅まで延長してもらえたら、どんなにか観光に資するであろうか。名古屋から往復二〇〇〇円で湯谷温泉の日帰り入浴が楽しめる！　一方、すでに開設されている名古屋から高速道路を使った「山の湊号」が、Sバスとジョイントして湯谷温泉に乗り込む二本立ての湯谷ルートは魅力的である。

二つ目は、令和五年の大河ドラマ「どうする家康」を一過性の騒ぎに終わらせないための一考であるが、長篠城を武田軍から守り通した奥平信昌が、家康の娘亀姫を娶って新城の地に栄進した逸話に因んで、〝開運切符〟とでも名付けた『長篠城➡新城』を記念切符として発売したら面白いではないか。

三つ目は、車内放送での史跡案内である。特に鳥居駅と長篠城駅の間は、鳥居強右衛門が磔になった篠場野と長篠城の本丸が、いずれも数秒間ではあるが見渡せる景色が広がる。ここでピンポイントのアナウンスを車掌さんにしていただけないか。願わくば、ほんの少しだけ速度を落とし加減で……。

これらはすべてJR側への勝手な図々しい要望である。一個人の願いで実現するものではない。戯言と一笑されるだろう。でも行政、観光協会、市民が三位一体のスクラムを組んで、文化運動体として渦を巻いたならば実現できると確信する。

奥三河最大の弱み、二次交通の補完

飯田線を利用してこの地を訪れる観光客は、マイカー使用に比べ宿泊を前提の人が多いのはうなづける。受け入れ側としては、この客層を増やすことが利益向上につながるが、彼らは自家用車組と違って周辺の観光地巡りにはフットワークが重い。つまり、公共交通利用客は、奥三河全体が宿命として持っている弱みである二次交通手段に窮するのである。これを少しでも助ける手段がないか？　そこで思いつくのが「カーシェアリング」という方法である。つまり、ホテル・旅館が所有している車を、宿泊した旅行者に提供し、周辺の散策に役立ててもらおうという発想である。

この実現においては、旅行業法、道路運送法等々の法律を脱法しないか、また、万一の時の責任問題とか、保険料等の細かい決め事はあるにしても、難しいけれどあきらめてはならない。無論、既存のタクシーやレンタカー営業とむやみに競合するやり方ではなく、良好な関係を維持しつつ、その補完的立場に立てるような仕組みとしたい。

もう一つは、現在新城市が市民生活の足として運行しているSバスの観光への副次的活用である。市民が買い物や病院に出かけたりするための便に供しているのが主たる利用目的であるが、それを観光目的に一層積極的に拡大してゆく施策を期待したい。現在は唯一、道の駅もっくる新城と湯谷温泉を結ぶ路線が観光客用として運行されている。実際、湯谷温泉に宿泊したお客が阿寺の七瀧まで、Sバスの秋葉七瀧線を利用して喜ばれた話も伝わっている。

四季折々、飯田線の車窓に往復ゆったりと身をゆだねて、時刻(とき)が止まったように感ずる旅を心ゆくまで楽しんでいただき、こちらに滞在中は効率よく周辺を散策していただくという、二つの旅を味わっていただけたらと思う。奥三河観光の〝へそ〟は間違いなく湯谷温泉であり、周遊観光の拠点であることに異論はない。これからの湯谷温泉を考えたとき、周辺観光の二次交通手段の充実に更なる言及をすべきと痛感するのである。

究極の夢物語、国立民俗芸能博物館の建設

奥三河は、三遠南信の中部山岳エリアの一角を占め、日本民俗芸能の主流「神楽」「田楽」「風流(ふりゅう)」等、神事芸能を数多く伝承する宝庫である。また、三県境域は「芸能の十字路」とも称され、大正から昭和にかけていち早く柳田國男、折口信夫、渋沢敬三、また地元の早川孝太郎等々、多くの研究家が注目し足繁く踏み入れた。「日本の民俗芸能を語るならば、まず奥三河を見ろ。」とまで言われたほどのメッカである。

その後、社会構造の変化や価値観の多様化とともに、民俗芸能の保存伝承は幾度となく危機と試練が訪れたが、過

去において平成の初期頃に、「今に生きる芸能」として再生し、新しい文化として発信しようとする文化運動が展開された。その魁が伊那谷発信の「山国文化の祭典」であり、また奥三河からの「奥三河芸能祭」であった。この果敢な挑戦は、民俗芸能に潜在する豊潤なエキスを、現代の創造と再生に結び付けるべくメディアとして、内外から大きな評価を受けた実績を有する。

そこで、このような申し分ない立地と風土を兼ね備えたこの奥三河の地に、国立の民俗芸能博物館を建てたいというのが、私が四〇年近く抱き続けている壮大な夢である。

現在、千葉県佐倉市の国立歴史民俗博物館と、大阪府吹田市の国立民族学博物館が東西の二大博物館としてその便に供しているが、〝民俗芸能〟専門施設は存在しない。日本列島のど真ん中に「国立民俗芸能博物館」を誘致し、三大博物館とする構想は終生実現しない夢かもしれないが、一笑に付されても持ち続けたい。花祭をユネスコ文化遺産に登録しようとする動きは、今ひとつ頓挫の様相であるが、北遠や南信を巻き込んでの一連の構想として考えれば更に堅固となろう。

この夢の博物館には何を展示陳列したらよいか。間違いなく〝生きた芸能〟である。そもそも、無形民俗文化財としての民俗芸能は、伝承者（演者）の心意気を指定するのであるから、〝技の伝承〟にこだわりたい。そこでは、民俗芸能の伝承者のみならず、プロの舞踏家もアマチュアの演者も一般の人も、誰でも技を磨くことができる。その空間は、ユートピアの〝創造の館〟である。

終わりに

脈絡もなく、だらだらと私見を述べただけの拙稿を許されたい。私の夢と思い入れが空転していると感じられた記述も多々あったであろう。しかし本書出版の意図が、ふるさと新城・奥三河の今昔を、各界各層の方々が夢とロマン溢れる物語として紡ぎ出し、その糧を現代に再生創造することを主旨と解した上での、一介の観光ボランティアガイドの純朴な叫びである。

『人は一人では何もできない。でも、その一人がやり始めないことには、何もできない。』私はこの言葉を座右の銘としていつも心に刻んでいる。微力な私であるが、その一人になれる夢を追いかけて、これからも日々奥三河を歩き続けたい。

【二―5―1】

奥三河の観光のこれから

一般社団法人　奥三河観光協議会
事務局長　安彦　誠一

一　旅行会社勤務からふるさと奥三河の観光事業へ

地元愛知県立新城高等学校を卒業して、旅行会社、観光業界に身を置いて、半世紀を超えた。旅行会社時代には、主に奥三河地域の修学旅行を中心とした教育旅行や企業・各種団体の親睦旅行、研修旅行等の営業をしており、四〇歳半ばで、転勤を命じられた飛騨の高山支店では、観光の新たな方向性を学ぶことができた。それは、お客様を県外や海外に案内をすることだけではなく、飛騨高山へ誘客して、観光による経済効果を生み出し、地域貢献するという役割の大切さだった。このことが、後に「ふるさと新城・奥三河」への観光による地域振興、地域貢献につながっていくという大きな目標となった。

一九七〇年代から約四〇年間私を育ててくれた旅行業界では、「衣・食・住」とともに「旅」も重要な日本国民の生活の一部だと認識され、旅行会社全盛時代に身をおいてきた。その後は、中学生時代からの夢であった「ふるさとへの恩返し」を実践するため、新城・奥三河に戻り、新城市観光協会、奥三河観光協議会事務局長として、行政の方や地域の観光関連事業者の皆様に支えられ、今日を迎えている。

二　奥三河における旅行商品の変化

地元新城・奥三河におけるこの一三年間に、住民の観光の考え方や観光業界を取り巻く環境の大きな変化を目の当たりにした。物見遊山的な団体旅行の大幅な減少、生涯学習等目的をしっかり持った個人旅行の増大により、地元での観光資源の発掘や情報発信の重要性が求められる時代に代わって来た。このことは、私にとって、奥三河地域内での「着地型旅行商品（地域で創る多種多様なカテゴリーの個人向け旅行商品）」の発掘や造成、販売という新たな目標を持つ必要を実感させられた。

そんな折、二〇一九年三月に愛知県東三河総局新城設楽振興事務所の多大なサポートを得て、観光庁に愛知県として初めて「日本版ＤＭＯ（Destination Management Organization)」（地域の「稼ぐ力」を引き出すとともに地域への誇りと愛着を醸成する地域経営の視点に立った観光地域づくりを推進する舵取り役）に登録した。このことにより、奥三河四市町村共通のブランド「okumikawAwake／心の美と健康が目覚める、新しい旅の目的地。」を創り出すことができた。美と健康に結びつく体験（東栄町で発掘されるセリサイトを使ったファンデーション作りや、太鼓体験、トレイルラン、星空観察など）や地元野菜や川魚を使った食品など幅広い商品である。まだまだ十分認知されているとは言えないが、奥三河四市町村の連携が深まったことは、大きな成果といえる。

三　新型コロナウイルス感染症の流行と五類への移行後の課題

奥三河共通ブランドは順調にスタートを切ったが、二〇二〇年に始まった新型コロナウイルス感染症により、新たな課題を抱えることになった。国や愛知県のコロナウイルス感染症対策の県外移動の禁止により、名古屋、尾張、西三河、豊橋などの大都市圏から、自然豊かな奥三河への観光客の爆発的な来訪、いわゆる「オーバーツーリズム」現象が起きた。マスクやビニール袋に入った残飯の投げ捨て、危険な場所でのＢＢＱやキャンプの横行、飲食店への営業停止の要請なども報告され、また、地域の代表的な祭りや行事の中止、縮小なども地域産業に暗い影を落とした。何も助けられないもどかしさが三年続いたが、やっと今年になって、新型コロナウイルス感染症五類への移行に伴い、コロナ前に戻りつつある。

またここで新たな課題も見えてきた。久しぶりに復活した行事等の担い手不足であり、さらに高齢化の進む住民の行事への不参加の問題である。これを解決すべく、「奥三河ＤＭＯ」として、愛知県東三河総局新城設楽振興事務所の指導を受け、「ＤＭＯを核とした持続可能な奥三河創生事業」の柱となる関係人口づくりを新たな目標として、具体的な活動をスタートした。地域おこし協力隊として、奥三河に来られた方や移住・定住を希望されて、奥三河に腰を据えようとされている方とのコミュニケーションを大事にし、観光、地域振興に対する彼らの発言や行動に少しでも、寄り添えるよう努力していこうと肝に銘じている。また長い間、奥三河各地域で地元の行事、文化を守ろうと、現在も第一線で活動を続けておられる方々にも、引き続きご指導いただけるよう、お願いしていきたい。

これらの行動を軸にして、さらに、近隣の大都市圏へのプロモーションや地元事業者へのおもてなし向上のための講習会の実施、ＳＮＳを使った情報発信の研修会など、誘客から交流人口づくり、さらにその先にある「関係人口づくり」の明確な目標に向かって、邁進していきたい。

鳳来山東照宮

【二－５－２】

新城市の観光のこれから

新城市観光協会事務局長
小長井直樹

一　有為転変は世の習い

ふるさと—この言葉を想起する時、古き良き日本の原風景、懐かしい風景や人物を思い浮かべる。そこには「変わらないであるもの」という認識、あるいは「変わらないで欲しい」という願望がある気がする。しかし、よく考えてみれば、風景や人も変わらなかったものがあるだろうか。人の一生の中でも様々なものが変わっていく。ましてや、何百年、何千年というスパンで考えれば、変わらなかったものなどないとすら言える。有為転変は世の習いと、変化を憂う気持ちもあるが、大きな流れを考えると自然は変化を織り込み済みなのだろう。

ダーウィンは進化論において次のように言う。「強い者、賢い者が生き残るのではない。変化できる者が生き残るのだ。」そもそも、生き残ることが第一命題であるかという議論は置いておき、われわれはつい、強い者・賢い者になりたがる。しかしながら、変化できる者については、われわれは考えを巡らせているだろうか。

二　これまでの観光

昭和から平成初期あたりまで、当市に限らず、観光とは風景や歴史的なものを観ることが主であった。手段としては主に鉄道やバスを使い、団体で行動し、お土産を買い、いわゆる「旅行」を楽しんだ。そしてそれは受け入れられ、望まれた。団体旅行は観光の主であった。

当市もまた団体旅行は少なくなかった。景勝地に恵まれているからである。桜淵公園、鳳来寺山、阿寺の七滝、四谷の千枚田、乳岩峡。国や県の景勝地に選定されている場所も複数ある。また、歴史的事物についても戦国時代、長篠・設楽原の戦いがあった場所であるため、関連武将のゆかりの地や山城が多数ある。これら景勝地や歴史的事物を起点とし、市や地域を広く喧伝するためにイベントを中心に誘客を行ってきたのが当市の観光である。基盤として景勝地や歴史があり、それを周知するためにイベントを起爆剤として活用した。それには理由がある。年間を通して広く観光資源を喧伝していても、インパクトとしては薄くなり、なかなか特色が見えないからである。それよりも、一日～数週間のイベントの方が、多くの人が集まっており、賑やかに見え、何事かを行っているように見える。人が人を呼ぶ流れができる。

これまでイベントにより当地を知るきっかけとなったならば、それは戦略が成功したということである。しかしながら、そこで追うべき目標は「数量」、この場合は入込数となる。いつしか手段が目的となった。この時、直線的な視点に立った増大あるいはいわゆる〝前進〟か、根源的な意味から問い直し、変化していくべきかを選択をしなければならない岐路に立った。

桜淵公園　新城地区

三　これからの観光

現在はＶＵＣＡの時代と呼ばれる。ＶＵＣＡとはVolatility＝変動性、Uncertainty＝不確実性、Complexity＝複雑性、Ambiguity＝曖昧性の頭文字を取ったものである。ＡＩやＩＴなど科学技術の著しい発達により、予測不可能なほどのスピードでわれわれを取り巻く状況は常に変わり続けている。特に、新型コロナウイルス感染症による世界的パンデミックにより、変化はまた速度を速めたように感じられる。観光もまた然りである。当地に来て、求める価値観の多様化が進んだ。刻一刻と変化する状況についていくのがやっとである。直線的な坂の上に雲はない。あるのはクラウドのみである。この不確かで目まぐるしく変わる世界で、ともに生きていく者同士を横に繋ぐクラウドのようなツールのみがある。手元に道具のみがあり、どのような道を行き、どのような目的を設定するかは、それぞれに委ねられている。それが現在である。

そのような状況の中、当市の観光はどのようにしていくべきなのか。結論は、「充実感」に鍵があると思われる。つまりそれぞれが違う目的を持って当市を訪れる、あるいは関わる、それに対し各人の充実感をいかにサポートできるか、高められるか、が重要になる。それぞれ各人の違ったジャンル、違った視点、違った価値観で求められる充実感である。求めるものが各々異なる時代にあって、それぞれの心的充実度の向上を図る。もちろん、量的なものは不要というわけではない。求めなければならない。なぜならそれが地域に関連し、経済効果をもたらすのは明らかだからである。量だけでは進めない、量に拘り過ぎてはいけないということである。

変化の激しい時代、事業については、進めてみた結果うまくいかない場合も多くあるだろう。その場合、手法として多産多死が有効な手段になるだろう。失敗からも有意義な知見を得て、蓄積していかなければならない。また、柔軟性も求められる。運営しながら、細かい部分を修正していく。一度目安を定めた上で、事業を推進しながら最適化していく。つまり、走りながら考え修正していくことが求められるだろう。

また、これまでのように、行政や公共の力で観光振興を推進するのみでなく、ＤＭＯや協会や連盟などが、ビジネスの手法で事業性（収益性）を確保しながら、地域づくりを行っていく必要がある。なぜならば、これまでの「観光」と捉えられてきたものの枠組みの中だけでは収まらない「いかにその地域を創っていくか」に焦点を当てるべきだからである。例として、自転車や登山やランニングなどのこれまでスポーツとして主にカテゴライズされてきたものや、釣りやキャンプなどアクティビティも地域の持続可能性にとって重要な要素になっている。そこには必ず事業者や組織が地域とともに変化していく姿がある。また、実際に訪れる人のみならず、地域・事業・プロジェクトに関わる人々も重要なファクターとなっている。人口減少の中、SNS上であれ、DAO上であれ、交流する人々、関係する人々を含めた「繋がり」が創り出す影響は大きなものになってくるだろう。そのためのツールは技術の急速な発達とともに先行している。

四　何が幸せをもたらすか

　技術の進歩と相反して、これまでの数や量という物質的なものから、充実感や満足度といった精神的なものへとニーズは変わっているように思う。また、観光も大人数から少人数に、そして多種多様な「目的」が加わり、質的なものを追求する姿勢が見える。それはまた複雑で曖昧で厳しいものであるが、われわれは柔軟性を持って対応していかなければならない。しかし、変わらないものも同時にある。それは、詰まるところ幸せを求めるということではないかと思う。

　観光は「平和の産業」と言われる。確かに、有事の際に観光などとは言っていられないだろう。しかし、別の捉え方もある。それは、観光は、新しい体験や文化や価値観に触れることにより、自分自身の中に新しい何かを見つける機会になるということである。これまで経験したことのないこと、体験したことのない感覚、見た事のない角度から見ること、意識的・無意識的を問わず、われわれは非日常において新たな体験をする。それは、充実感にも繋がり、変化にも繋がる。日常でわれわれはどのようなことを考えているか。何に価値を置き、何に向かっているのか。観光は相対的にそれらを問い直すきっかけをくれる。問い直すこと、そこに留まらないことは幸せへの手がかりであるように思う。当市には質的・心的なニーズに応え得る素晴らしい自然をはじめとした環境、体験の可能性、未知の魅力がまだまだあると思っている。それらを発掘し、創り上げるのは個人ではなく、多くの「繋がり」である。

【二―6】

奥三河をこころの過疎にしない
～奥三河の誇りと希望～

一般社団法人奥三河ビジョンフォーラム
専務理事　田村　太一

一　奥三河ビジョンフォーラムとは？

（一）このままでは大変なことになる

奥三河ビジョンフォーラムが設立されたのは一九八五年、バブルと呼ばれた時代である。株や不動産が異常なまでに高騰し、日本が好景気に沸きたっていた頃である。そんな世間の騒がしさとは裏腹に、奥三河はすでに深刻な状況を迎えていた。少子高齢化、過疎化である。

当時の紙面座談会（東海日日新聞社主催）では、当会の設立の趣旨が以下のように述べられている。「奥三河は産業構造が弱く、全国平均を上回る高齢化の現状、さらに対策のない過疎問題を抱えている。地域間格差を少しでも是正できるように、人々に啓蒙し、提言できる団体にしていきたい」。

奥三河ビジョンフォーラムは、地域の将来に対する強烈な危機感から生まれた。

（二）奥三河をこころの過疎にしない

残念ながら、将来推計人口は最も予測可能な数値と言われる。そうであるならば、人が減ることは受け入れていくしかない。そんな折に、ある地域学会においてヨーロッパの関係者からこう言われた。「ヨーロッパでは、人口の少ない小さな町や村はあっても、そこに暮らす住民はみな、自分のまちに誇りを持っている」。

奥三河ビジョンフォーラムが目指す地域の姿は、まさにそこにあった。「人が減るからと言って、自らのまちに対する誇りや希望まで失ってはならない。奥三河をこころの過疎にしてはならない」。この言葉が、当会のミッションとなり、活動を推進するエネルギーとなった。

（三）組織概要

現在、正会員は六九名。国、県の各機関や大学にも参画していただき、産学官で構成されている。特に「観光」「森林」「エネルギー」「人材」の分野にて調査研究活動を行い、年五回ほどセミナーやシンポジウムを開催している。また、森林や生態系に関する団体の事務局を務め、自治体や民間企業から観光やエネルギー分野に関する委託事業を受けている。

近年は、今後のキーワードとして、「デジタル技術の活用」と「外国人材との協働」を掲げ、人口減少下における持続可能な地域づくりを模索している。

二　デジタル技術の活用

（一）中山間地の課題

全国の中山間地や離島において課題となっているのが、「医療」「教育」「雇用」の維持であろう。奥三河も、またそうである。そして、これらは移住を考える者にとっても重要なポイントである。だが、全国的な課題であるように、これらを「人」の力で解決するのはかなり難しい。そもそも、日本は人口減少社会に突入しているのである。マンパワーは圧倒的に足りない。

そこで、「デジタル技術の活用」である。これまで人が解決してきたことを、いかにデジタルで解決していくか、ここに奥三河の存続がかかっている。

（二）医療×デジタル

新城市と豊川市及び両経済界が連携して取り組む「東三河ドローン・リバー構想推進協議会」。当会や豊川ビジョンリサーチ（豊川市）が発起人となり、二〇二〇年八月に設立された。目指すのは、ドローンやエアモビリティに関する新産業の創出と地域課題の解決である。「物流」「作業省力化」「災害対応」「人材育成」の四つの研究会を設け、実証実験を重ねている。

その事例の一つに、医療物資の運搬がある。中山間地は自然災害が発生した際に、土砂等で道路が寸断され孤立集落が発生する危険がある。周辺部ほど高齢化が進行しており、医療物資の供給は命に係わる問題となる。そこで、ドローンの活用である。河川上空を自動飛行し、目的地まで医療物資が運搬できないかという取り組みだ。それに伴い、会員企業である豊川市の製造業者は運搬用ボックスや緊急離着陸用のドローンポートの新規開発を、都市部のドローンメーカーは物資輸送用の大型ドローンの開発を進めている。

また、二〇二〇年一〇月には、愛知県主催により、新城市北西部の指定避難場所へ医療物資とともに通信機器をドローンで運搬し、医療従事者のいない避難所と市民病院とをつなぎ、遠隔診療の実証実験を行った。こうした新たな可能性が周知されることにより、移住者や定住者の不安を和らげる一因となることを期待している。

（三）教育×デジタル

二〇二三年五月、「ＩＣＴ教育で奥三河に未来を」と題したセミナーを開催した。講師は、ＩＣＴ教育を推進する前豊根中学校校長の大谷知二氏と教育現場のＩＣＴ環境の整備に尽力する前豊根村中学校教諭の佐々木裕直氏、そして遠隔地から村の教育を支える四天王寺大学教育学部准教授の原田三朗氏。

二〇二〇年、コロナ禍により各教育機関はリモート授業を余儀なくされたが、豊根村は、それ以前の二〇一六年から全生徒にタブレットを配布してプログラミング学習等を始めており、ＩＣＴ教育の先進地として知られる。チャット機能を用いた双方向学習や生徒主導のオンライン文化祭の開催など、文部科学省の進める個別最適な学びを実践するとともにＩＣＴ人材の育成を図っている。

また、人口が一〇〇〇人を切る豊根村には学習塾がない。そのため、心配されるのは都市部との教育格差である。そこで村では、公共施設を開放して遠隔地にある大学とオンラインで結び、大学生による学習指導、「オンライン寺子屋」を開催している。この取り組みは、村の生徒にとって有益であるだけでなく、教師を目指す学生にとっても教育能力の向上につながっている。

「へき地こそオンライン教育を」と豊根村は唱える。デジタル技術は、何のために誰のためにあるのかを考えさせられる取り組みである。

（四）雇用×デジタル

雇用については誤解がある。「中山間地には働く場がない」と言われるが、正しくは「自分がやりたい仕事がない」である。いわゆるミスマッチの問題である。現に、奥三河の各事業者は人手不足に喘いでいる。これを解消するには、デジタル化を進めることで業界イメージを改善していくことが必要であろう。

二〇二二年九月、「奥三河のデジタル活用術」をテーマに、農林業分野におけるドローンの活用に関するセミナーを開催した。農業分野では地元企業である関谷醸造（設楽町）より、自社酒米用の圃場三八haの管理にドローンを導入して作業省力化を図っている事例を、林業分野では東三河ドローン・リバー構想推進協議会の作業省力化林業部会の事務局を務める森山環境科学研究所（名古屋市）から、樹木の本数調査や獣害対策におけるドローンの活用事例を紹介してもらった。農林業は高齢化、担い手不足が深刻化しているが、こうして新しい業界イメージを創り上げていくことで、新規入職者の獲得を図れるのではないだろうか。これは他の業界にもいえることであろう。

三　外国人との協働

（一）視点を変える

次に「外国人との協働」について考えてみる。国立社会保障・人口問題研究所によれば、二〇一八年推計では、奥三河において老年人口（六五歳以上）が生産年齢人口（一五歳以上六五歳未満）を上回るのは二〇三五年と予測され、二〇一三年推計より一〇年ほど早まることが明らかとなった。かなり深刻な状況である。（※1）

他方、近年の奥三河の在留外国人数に着目してみる。奥三河の中でも新城市においては、外国人数はコロナ禍で一時減少したものの、二〇二二年四月以降から再び増加に転じており、現在は過去最高の数値（一一六六人）となっている。（※2）

その内訳は、ブラジル人（四〇四人）が最多であり、この一年間で三三人増えている。次いで、ベトナム人（二七二人）、フィリピン人（一五一人）と両国合わせて四九人増えている。深刻な人手不足の中、各企業が技能実習生の受入を増やしていることが一因であるが、実習生ではないブラジル人が増えていることは注目すべき事象である（※3）。

（数値はいずれも二〇二三年六月一日現在）

（二）外国人材による地域の課題解決

二〇二二年一二月総会にて、「奥三河の多文化共生」をテーマにしたシンポジウムを開催した。パネリストに、新城市役所にて外国人相談窓口を務める日系ブラジル人の益子アドリアナ氏を招き、新城市内のブラジル人の増加の理由を尋ねた。

転入者の多くは豊川市や豊橋市など近郊からであり、その理由は「仕事がある」「住みやすい」「農業をするのに良い土壌がある」とのことであった。以前から横浜ゴムや三菱電機など新城市内の工場に通勤していたことや、市内で一軒家が手に入りやすいこと、そして、近くの畑でブラジル野菜を栽培できることが主な要因である。なお、ブラジル野菜は家庭用ではなく、近郊のブラジルレストランや外国食材を扱うスーパーマーケットへ卸すなど副業として本格的に取り組んでいる。

日本における在留ブラジル人数のトップ三は、いずれも新城市近郊の浜松市（九九三一人）、豊橋市（八七三一人）、豊田市（七〇七四人）（※4）であることから、増加する耕作放棄地を活用した外国人向け農産物の栽培に、地域の新たな可能性を感じる。

（数値はいずれも二〇二二年六月一日現在）

（三）外国人からも選ばれる地域に

二〇二三年四月、政府の有識者会議にて、現行の技能実習制度を見直し、「人材確保」に主眼を置く新制度の創設が発表された。修正案では、「外国人が日本の経済社会の担い手となっている」と指摘している。

他方、転籍要件が緩和されることから、外国人を安い労働力として扱う企業からは転出していくであろう。また、高度人材と呼ばれる外国人の獲得競争は世界規模で起こっており、アジア諸国が英語教育に力を入れていることから、語学力の高い人材は英語圏や英語が日常的に通じる国での就業を選択するであろう。「日本人がいないから外国人」という安易な発想では、もはや企業も地域も選ばれなくなる。逆に、外国人に選ばれる地域は、日本人にも選ばれる地域になる可能性は高い。

ある市内在住のブラジル人は、新城市を選んだ理由の一つに、先述のアドリアナ氏が市の相談窓口にいることを挙げている。学校や病院だけではなく、日常生活でのサポートを受けられることが、とても助かると述べている。ここに、外国人、日本人を問わず、今後の受入施策のカギがあると考える。

四　最後に

残念ながら、人口推計は裏切らない。奥三河ビジョンフォーラム設立から三八年。当時七万一五二〇人だった奥三河の人口は、現在五万三一四人（※5）。過疎化は確実に進んでいる。では、こころの過疎化も進んでしまっているであろうか。

二〇一九年、公益財団法人中部圏社会経済研究所（名古屋市）は、新たな調査研究として「中山間地域におけるまちづくり研究会」を組成した。その調査対象として、東栄町を中心とした奥三河地域が選ばれた。同研究所による地域力ストック指数の分析によれば、奥三河四市町村はいずれの項目も県内下位に位置し、持続不可能な自治体に分類される。にもかかわらず、東栄町は二〇一九年度に転入人口が転出人口を上回る社会増を達成したことから、その根源を解き明かすのが目的である。私も委員の一人として参画した。

詳細は、同研究所発行の「中山間における持続的地域振興~奥三河地域を事例として~」をご覧いただきたいが、特に印象的だったことをここに記しておく。奥三河に来た移住者へヒアリングを行った時のことだ。みなが、まちの魅力について「人とのつながり」に言及した。移住のきっかけとなった地域の人との出会いや何かと世話を焼いてくれる近所の人々との関係性、移住者と地元の人が交流できる場や移住を考えている人へのサポート体制。直接的なつながりばかりでない。「ある日、初めて会ったおばあちゃんから声をかけられた。あんた、よう頑張っとるね、と」。移住して数年、遠くから見守り続けてくれている人もいることを知り嬉しくなったと、ある移住者は語った。

最後に、長年、役場の担当者として移住者に寄り添われてきた職員の言葉を紹介する。「人がいないからといって、誰でも良いから来て欲しいわけではない。いまの、ありのままのまちを好きだと言ってくれる人に来て欲しい」。このまちに暮らし続ける者の矜持だ。

奥三河には誇りと希望がある。奥三河はこころの過疎にはなっていない。

※1：「日本の将来推計人口（平成二九年推計）」（国立社会保障・人口問題研究所）から引用
※2：外国人国籍別人口（新城市）から引用
※3：在留外国人統計「市区町村別　国籍・地域別　在留外国人」（総務省統計局）から引用
※4：新城市、設楽町、東栄町、豊根村の各人口ビジョンから引用
※5：新城市、設楽町、東栄町、豊根村の各ホームページから引用

【二−7】

奥三河の農業・地域・ＪＡについて

愛知東農業協同組合　代表理事組合長　海野　文貴

私たちのＪＡ愛知東は新城市・設楽町・東栄町・豊根村を管内とし「未来に残そう水と緑」を経営理念に掲げている。奥三河の豊かな森を有し、そこから流れ出る水は豊川・矢作川・男川・天竜川となり、全国屈指の東三河の農業地帯を支える。食と農を通じ組合員と地域貢献する組織としての役割を誠実に果たすことがＪＡの役割である。

少子高齢化と農業問題

ＪＡ愛知東管内の戸数は二万二〇〇〇戸。その六割弱が当ＪＡの組合員である。地域が抱える問題として少子高齢化がある。令和五（二〇二三）年の管内の新小学一年生は三三四名。それでは六年後の令和一一（二〇二九）年の新一年生はというと一五八名と半分以下になり、コロナ禍で結婚、出産が減少しているとはいえ少子化が急速に進んでいる。

日本の高齢者の割合は、五〇年後に人口の約四割に達すると言われているが、この地域はすでにそのレベルに迫っている。私たちは何をしたらいいのか。農業面からＪＡ的に考えてみたい。

風光明媚な奥三河を愛してやまないこの地域の人々。この美しい景観は、農家の人々が田んぼの畔草を早朝から汗して整えることで保たれている。しかし、少子高齢化が進めば、それすらも守れなくなるのである。農村の美しさも若い人を呼び込む資源である。

若者を呼び込むことは、持続可能な地域を考える上で重要である。持続可能な農業と地域社会を目指し、行政をはじめ多くの方のご協力によりこの一〇年間で約一〇〇人の若者（親元就農を含む）が都市部などからこの地へ就農していただいている。その新規就農者の離農率も全国トップレベルの低さと聞く。

農業で食べていけなくては就農者も集まらない。農家所得の向上が農業生産者を確保する源泉である。

農業の憲法ともいうべき「食料・農業・農村基本法」の

見直しの議論が、国政において進められている。ＪＡグループとしては、「国民理解のもとでの農産物の再生産可能価格の実現」を訴えている。世界から食料が当たり前に入る時代は終わり、食料安全保障上の観点からみて、法律上で国産の食べ物と農家所得を安定的に確保しよう、というものである。法律により所得が担保されることは大変高いハードルであるが、農家の悲願ともいうべき、文言を基本法に盛り込みたいものである。

中山間地域でオンリーワンを目指す

この中山間地域でどう農業で食べていくのか。平地が広がる都市近郊の農地と比べ、大型機械による効率的な大量生産、土地利用型農業にまともに挑んでも、圧倒的に作業効率が悪く不利である。

狭い土地で高収益をあげるにはどうするべきか。この地域の標高差を活用し地域の特性を活かした品目と栽培形態はなにがよいか。そこで考え出されたのが「オンリーワン戦略」である。

都市近郊の平場が冬春に収穫を終え品薄になるころから高地の出番。高原の涼しい気候、昼夜の温度差によっておいしくなった夏秋作トマトを近隣の都市に出荷する。新鮮さ環境負荷についても輸送距離の短いことは今後、重要な要素となるはずである。その他、周年作ホウレンソウ、イチゴ、菌床シイタケなどの施設園芸、ミネアサヒなど希少ブランド米を中心に販売強化に取り組んでおり、それと併せ、ＪＡの販売高の約半分を占めるのが畜産となっている。

畜産から出た「たい肥」を田畑に戻し、そこで採れた稲や飼料作物を家畜飼料に戻すことで循環型農業が成り立つ。牛は私たちが食べられない草やワラを牛乳やお肉に変えてくれる。また、管内の和牛育成技術は和牛全国大会でもその実力の高さが証明されている。

地域経済を回す

高度成長期に生まれた私の若い頃、食品・衣料・車関係をはじめ何を買うにも地元商店であった。しかし、今はどうだろうか。高速道路を使えば都市部への買い物もできるし、スマートフォンさえあれば、世界中の商品を買うことができる。これが更に進めば地元商店にまわるお金がなくなり、地域経済が成り立たない。

私たちＪＡは、農畜産物販売額五〇億円の外貨を都市部から獲得し、地元経済を回す意味で、商工会と一緒になって「地元農家応援の店」などを立ち上げ地域内でお互いを支え合う関係を築くようにしている。隣の豊川市に大型ショッピングモールが令和五（二〇二三）年の春オープンした。若者たちの笑顔、買い物の楽しさを感じ、とても華やかである。しかし、地域経済にとっては雇用も増え素晴らしいことに感じられるが、この地域がどう変わっているかは、一〇年後位になってみないと判らないと感じている。

唯一無二の農畜産物

ナイロン繊維の普及により、産業として成り立たなくなった「養蚕業」は、生産農家が愛知県下でわずかに二軒となってしまった。だが、それがゆえ情報発信力は格段に大きいものとなっている。一例として、三重県伊勢市の神宮に絹糸を奉献する事業がある。神宮に奉献される絹糸は、特に「三河赤引糸（みかわあかひきのいと）」と言われ、一三〇〇年の歴史がある。応仁の乱により一度途絶えたものの渥美半島の渡邉熊十氏が明治三四（一九〇一）年に再興し、令和五（二〇二三）年で一二三回を迎え、その後は一度も休むことなく神宮に奉献されている。このことにより、新城市の二軒の養蚕農家にはここ数年、桑の葉や蚕を見るため、全国から三〇代の若い女性を中心に見学者がシーズン中、後を絶たない。今年も六〇人ほどが訪れ、中にはシンガポールからという方もいる。その物の意味と価値が伝われば、人はわざわざ足を運んでくれるものである。管内にはこうした唯一無二の農畜産物、鳳来牛、特別なイチゴ、米など様々なものがあり可能性を秘めている。

農業と地域の潜在力

自然相手の農業で食べていくことは大変なことである。しかし、大地と生命に向き合う産業は心と体の健康にいいとされる。社会保障費が更に増加していく中で、農業は健康という面で国の財政にとっても重要であり、国への貢献につながるはずである。また、自分で野菜などを作ることで余った野菜をたとえばＪＡの産直に出荷し、自分で食べ物を生産する安心感とお小遣いを得るという経済収益。また、頻発する自然災害においても田んぼダム効果など、都市部への水害を和らげる効果がある。雪も少なく年間を通じて穏やかで、比較的なんでも生産できるこの奥三河の農業。世界的にみても日本の農産物はその品質の高さ、価格においても魅力的なはずである。若者に農業とこの地域の魅力と価値を知ってもらい、住んでいただく。こういった農業と地域の潜在力を更に引き出すことが大切であると考えている。農業を通じて、地域に貢献していくことが私たちの使命である。

阿寺の七滝　鳳来地区

【三－8】

奥三河の森林問題と対策

新城森林組合専務理事
林　七郎

最初にお断りしておく。諸説あることは承知の上、奥三河とは新城市・設楽町・東栄町・豊根村の東三河の北東部のことである。また、今回書き下ろしたものはあくまで私個人の思いであり、森林組合としてのものではないことを書き添えておく。

奥三河の森林面積は、八万五四四九ha（国有林除く）、森林率は八七・四％であり、新城市の一部を除いてほとんどが森林である。人工林は六万六〇九三haであり、ほとんどスギやヒノキである。また天然林面積は、一万八四五九haである。

山の高いところや岩場は広葉樹林（かなぎ山）、それ以外はスギやヒノキの人工林となっている（愛知県の森林・林業の主要指標による）。

地形的には、新城市の豊川沿いの標高二〇mから北東方向に徐々に標高が高くなり、豊根村の茶臼山（一四一六m）は愛知県の最高峰であり、長野県根羽村と接している。

気候は、春から夏にかけて雨が多く冬は乾燥する。年間降水量は二〇〇〇㎜から二五〇〇㎜、標高五〇〇m以上の高地も多く起伏に富んでいるため、北設地方では降雪も多く豊根村萩太郎山には「茶臼山高原スキー場」がある。

戦後、大量に植えられたスギやヒノキが伐採可能となり建築材などに利用できるようになってきたが、長期にわたる木材価格の低迷、労働力不足などにより伐採を見合わせる所有者も多く、成長量が伐採量を上回るため、山に入れば六〇年から八〇年あるいは一〇〇年も経ったような立派な木が生い茂っている。

私は、二〇代後半から鳳来町森林組合（合併後新城森林組合）にお世話になり、昭和・平成・令和と奥三河の森林・林業にどっぷりと浸かりながら四〇年ほど森林・林業に携わってきた。そんな縁もあり、奥三河の森林・林業について書いてみたい。

入社当初（一九八〇年代）はまだまだ木材価格もそこそこで森林所有者の経営意欲もあり、林道端には間伐材が大量に出ていたため、四トン車と六トン車で毎日市場へ搬入するのが主な仕事で、次から次へと間伐材が出てくるため仕事がなくなることはなかった。皆伐も頻繁に行われていたため、その後行われる地拵え、植林や下刈りは年間通じて行われる大事な作業であった。苗木の取り扱いも半端なく、四トン車に山盛り状態で何万本も運んだ覚えがある。

足場丸太の需要が徐々になくなり、間伐材も林道端でないと採算割れするようになってきたが、スギやヒノキの古い林分はまだ高値で取引されていた。

当時は二〇年生から四〇年生の木が多く、「間伐手遅れ林分」にならないよう県事務所も積極的に間伐講習会を各地で開催し、所有者も意欲があったので大勢の所有者が集まり活発な意見交換が行われ大盛況だったことを覚えている。

そのころから、森林に対する国の補助事業が拡大され、林道開設や植林のみだった補助金制度が、下刈りや間伐、あるいは枝打ちなども対象となり、植林されたものを何とか育てようという思いも感じながら、林業の景気が悪くなってきたことを若いながらもひしひしと感じていたものである。

スギやヒノキの山元立木価格は昭和五五年（一九八〇年）にスギ二万二七〇七円／㎥、ヒノキ四万二九四七円／㎥

だったものが徐々に下がりだし四〇年ほど経過した二〇二二年にはスギは五分の一、ヒノキは四分の一の価格となっている（林経新聞「日本不動産研究所」の「山元立木価格」及び「山林素地価格」調査・二〇二二年一〇月三〇日付け）。

これでは林業経営など不可能である。山から木を伐りだし市場で販売するだけで赤字となり、そのうえ伐跡に植林し下刈りするなど無理であろう。そもそも先代あるいは先々代がお金と人手をかけて育ててきたのは、将来必ず儲かるはずとの思いがあったはずだ。

木材価格の下落により、所有者の経営意欲や関心が薄れ、次世代への引継ぎができず、境界がわからない山が本当に多くなってきた。

さて、ここからが奥三河に限らず日本の林業に対する課題である。いろいろある中、私なりに検証してみたい。

一　木材価格は上がらないのだろうか？

スギやヒノキも、今や国際価格で取引される時代と聞いたことがある。当然需要と供給の関係で値段は決定されるのであるが、ヨーロッパ材や米材などと同様に幅広く流通している訳ではなく、輸出もしているが国内での流通がほとんどであろう。

今需要があるのは集成材や合板、それとバイオマス発電用のチップ材ばかりで、無垢材を使った在来木造住宅はほとんど建てられていない。

そもそも木材価格はどのように決まるのだろうか？　まず皆さんは木材市場を思い出すだろう。最も近いところでは新城市の「ホルツ三河」内にある愛知県森林組合連合会の市場で、市売り開催日を決め入札により木材の価格が決まる。

次に近年増えてきた大型製材工場がある。豊田市には西垣林業が、新城市には昭典木材が操業中である。愛知県森林組合連合会と大型製材との間で年間供給量を決め、木材価格を決める交渉を年に何回も行いその都度価格決定している。

市場で丸太を買う人はといえば、製材工場、工務店、他の木材市場、ブローカーと呼ばれる人達であろう。他の市場から買いに来るのは、その市場の出品材が少ないため補完の意味もあるだろうし、当然ブローカーも転売目的であるから、利益を出すため少しでも安く買おうとする。

売り手と買い手の立場で考えると、完全に買い手市場である。需要が少ないため相場を下回る価格で少しでも安く買いたいという買い手の都合に振り回されているのが現状である（買い手も少ないので、競争原理が働かない）。

現在、需要があるのは、大型製材向けとバイオマス発電用である。特にバイオマス発電用は国の補助金制度によりかなり需要が増えているため、供給が追い付かないぐらいだ。チップ材にして燃やす訳だが、再生可能エネルギーを使った火力発電である。

このように考えていくと、年輪の詰まった木などは必要ないわけで、木材価格が大きく上昇することは余程のことが無い限りあり得ないと思われる。

現状の価格決定システムだと山元（森林所有者）にしわ寄せがいくようになっているので、ここを変えない限り林業経営は成り立たないであろう。

また新たな流れとして、「Jクレジット」の売買が近年注目されている。これは、適切な森林管理により、二酸化炭素排出削減量や吸収量をクレジットとして認証し、登録されたクレジットを販売することで利益が見込め、国の補助金対象となるので検討する価値がある。ただし、森林経営計画の樹立や計画に沿った施業等を行い、外部機関の認証を得る必要がある。

次に広葉樹に目を向けてみたい。雑木（ざつぼく）などと呼ばれ、木ではないような扱いを受けてきたが、古いものは家具としての需要があるので思わぬ高値で売れたりする。ナラ、ケヤキ、ヤマザクラ、クリ、クス、トチや近頃はセンダンなども愛知県森林・林業技術センターで家具として商品化されている。もしも所有林にこのような木があれば遊び心をもって大事に育てることをお勧めしたい。二〇〇年経てば立派な大木に育っているだろうし、高額で取引されることを期待したい。

二　山の境界がわからない

一九八〇年代は木材価格も良かったので森林所有者にも経営意欲があり、山にもよく行きそれなりに管理ができていたので、境界がわからないという人は皆無であった。しかし、木材価格の下落と共に経営意欲は無くなり、境界不明林がどんどん増加していった。当時の所有者は亡くなるかあるいは高齢化して山に行けなくなったため、境界はもとより所有森林がどこにあるのかさえもわからず、相続だけが行われた。しかも、相続登記が行われなかったので所有者は先代のままであることが多い。

山の境界とは、どんなところだろうか？　よく管理されている山では、石塚（石をいくつか積み上げたもの）や境界杭が打ってあったり、立ち木に屋号などをペンキで書いたりしてある。

しかしこのような山は稀で、ほとんどは境界不明確で我々が見ても判断できない山ばかりである。

昔は、境界は互いに一間（一・八m）ずつ離して植林したと聞いたことがある。つまり三・六mも空いているので、すぐに境界だと分かったらしい。それがいつの間にかもう一列ずつ植えたので、広い空間がなくなり結局分からなくなってしまった。

山の境は、昔から「見通す」と言われるように、大岩を見通すとか松の大木を見通すなどの表現が使われていた。尾根筋、沢、歩道などが境として認識されていたが、稀に横境などがあると林相が違えば別だが、目印無しでは全くわからない。

また、スギやヒノキなどならまだしも、広葉樹の中に境がある場合はもうお手上げである。

こうなると、地籍測量を行わないと境界はわからないが、現地に行き判断できる人は皆無であろう。唯一法務局にある「公図」が頼りであるが、信頼性に欠けるようだ。

若い頃（一九八〇年代）、ゴルフ場を作るにあたり測量・調査を委託された時に、一〇〇人以上の所有者に立ち会っていただいたが、全員境界を把握していた。念のため公図も参考にしたが、公道から二～三〇mは正確であったものの、それ以上奥地になると距離・方向共に怪しくなっていた。

ほとんど山に行ったことのない人ばかりになってしまった今、境界を明確にする作業は難しい。

三　山を売りたい人続出

二年ほど前から、「山を売りたいが、買いたい人はいないか？」という電話が掛かってくるようになった。よく話を聞いてみると、山がどこにあるかわからないとか境界がわからないため息子に迷惑が掛かるのでこの際売ってしまいたいとのことである。売りたい人ばかりで買う人はいないと答えると、お金を付けてでも売りたいなどと仰る。

山は利益を生まない、税金を取られるだけの「負動産」となってしまった。これでは誰も持ちたくないだろうし、持っていても管理ができない。

逆に、積極的に山を買っている会社もある。これだけ安くタダ同然で買えるなら、今は買い時であろう。会社の経営方針に沿って買いまくればいい。

問題は自分の山がどこにあるかもわからない森林所有者である。偶然山が売れればいいが、まず売れないからあきらめて相続するのだが、相続登記をしない人が多いと聞いている。そのまま二代三代と未登記が続くと、相続人が分散し全員の所在が分からなくなり大変なことになる。

木はあるのに所有者が確認できず伐採できない、あるいは中国資本に買い占められたら、日本の森林・林業はどうなってしまうだろうか？　本当に心配である。

やはりここは自治体が無理してでも森林の寄付を受け付けるしかないだろう。固定資産税収入が減るし境界が不明なので管理はできないだろうが、それしか手段がないと思う。税収減少分は、国からの交付金で賄うなどの政策が必要である。今こそ、日本の森林・林業のため国が動くとき、抜本的な対策を行うときじゃないか。もはや補助金で何とかなる時代ではない。

一方国では、二〇二三年四月から「相続土地国庫帰属制度」が動き出したようだが、非常に使い勝手が悪く評判が悪いようである。

相続しても遠方にいるため利用できないとか、固定資産税が掛かるなどの理由により、国に引き取り料を支払って上納する制度である。ただし上納には条件があり、今所有者が困っている境界不明森林などは対象外となるし、審査手数料も面積に応じてかなりかかるようである。

四　単一な森林（単層林）の弊害

すべての人工林は、と言っていいくらい単一、例えばスギのみヒノキのみ、なお且つ同一林齢の森林ばかりである。これは、スギやヒノキは建築材として優秀で、育てやすく需要があるからという理由で植えたのに違いない。逆に広葉樹は雑木などと呼ばれ軽んじられてきた。

確かにスギやヒノキには需要もあり、育て方も確立されているから皆さんこぞって植林したおかげで、我々の住まいがあるし、昔は結婚資金や家を建てる資金なども木を売って賄ったようだ。

今でこそ広葉樹のコナラやケヤキ、あるいはヤマザクラなどを植える人も増えてきたが、当時は何の疑いもなくスギやヒノキを植林したものである。場合によっては、拡大造林の名のもとに、広葉樹林を皆伐しスギやヒノキを植林したことも少なからずあった。

単一一斉造林は、広葉樹林の減少とそこで生活していた動物のえさ場を奪ってしまったので、動物は奥山から里に下りて来るようになり農業被害も深刻になっている。

我が家でも四〇年生程の広葉樹林が奥山にかなりあり、それを拡大造林しスギやヒノキを植えたところ、数年後にイノシシが田んぼに現れるようになってしまったという苦い経験がある訳で、今でも後悔している。

また花粉症も季節的なものだが、都会に限らず田舎でもかなりの方がくしゃみ、鼻水、のどの痛みなどで苦しんでいる。春になるとスギの花粉が大量に発生し、風で花粉が飛散するところなど、テレビで観るだけでおかしくなってくるほどである。

先日も岸田総理が唐突に、今後一〇年間で全国のスギの二割を伐って、無花粉のスギに植え替え、花粉症を無くしていくと発表していたが、どうだろう。

国内にスギ人工林は約四四四万ha、その二割を伐採するので、八九万ha、これを一〇年間で伐採するので、一年に八万九〇〇〇ha伐採しなければならない。労働力はあるのか？　また、伐った木は原木市場に出荷されるが、需要が少ないところに大量の木が集まれば、木材価格は大暴落必至であろう。とても実現可能とは思えない。

そもそも製薬会社は、我々が何年もかけてスギやヒノキを植えたおかげで花粉症が増え、薬が売れる訳だから、毎年売り上げの一部を花粉症対策として国に寄付してもいいと思うのだが。

また、枝虫材が増えたのも、間伐や枝打ちなどの手入れができないことから、枯れ枝が増え「スギノアカネトラカミキリ」による被害が増加したものである。これも単層林の弱点であろう。しかし枝虫材といっても強度的に問題はないし、消費者も特に気にしてないので、市場で買う側が枝虫材というレッテルを張らずに普通材として買う努力をすべき時にきていると思う。

五　三Kから一Kへ

昔から林業は三K（きつい、汚い、危険）と言われ続けてきた。確かに一九八〇年代の林業を振り返ってみると、植林や下刈りなどの作業が圧倒的に多く、下刈りに至っては真夏の炎天下での作業であり、本当にきつかったと思う。

現在は、空調服なるものが開発され、内蔵されたファンで風を作りだすことで、作業環境が格段に進歩している。

次に「汚い」だが、誰が言い始めたか知らないが理解できない。都会のビジネスマンと比べれば、土の上での作業だから衣服は汚れるかもしれないが「汚い」とは違う。土のどこが汚いのか教えてほしい。

最後に「危険」についてだが、林業の令和三年度死傷年千人率を見てみると二四・七で全産業平均の九・一四倍である。令和三年度以前もほとんどの年で一〇倍以上となっているので、いかに林業が他の産業と比べて危険かが明白である。

労働者の高齢化も一因かもしれないが、森林内での作業は急傾斜地が多く足場が悪いため事故に繋がりやすく、ほとんど間伐作業なのでかかり木[*注]となる場合があり、その処理は本当に危険である。高性能林業機械が普及し一部の作業工程は機械化されたが、下刈りや伐木に関してはまだまだ人間がチェンソーなどを使っての作業のため、ヒューマンエラーが発生しやすく危険は無くならない。

また、マイクロソフト社のニュースで、全米で最も危険な仕事ランキングとしてアンケートをとったところ、一位は「木こり」、二位は「自家用機のパイロット」、三位が「屋根ふき職人」との結果だった。林業は危険と隣り合わせではあるが、図らずも日米の一位が「木こり」だったことからも、危険な仕事としてクローズアップされてしまった。

昔植えた木が太く長くなっているため、間伐ではどうしても「かかり木」となってしまうことから、その処理中の事故が多くなっている。国もガイドラインを作り、事故撲滅に必死だが、なかなかうまく機能していない。

また暖かくなると、オオスズメバチやマムシも出て来るので厄介である。以前はマムシの方が怖いと思っていたが、今はオオスズメバチが圧倒的に怖い。羽音といいサイズ感といい驚異的である。ハチ毒に対してのアレルギーがある人は、医者で検査を受け「エピペン」を常に携帯し、刺されたら早めに処置しないと死に至る場合があるので、要注意である。

このように考えると、三Kは昔のことで今やきつい、汚いがなくなり一Kのみの産業だろうと勝手に想像しているが、どうだろう。とにかく安全第一である。

＊注：伐採した木がほかの木に引っ掛かって取れなくなり、いつ木が倒れてくるかわからない状態のこと。

六　ニホンジカの増加に伴う影響

二〇一〇年頃から、新城市のあちこちでニホンジカの姿を目にするようになった。それ以前は、作手地区だけで姿が見られ被害もそれなりにあったのだが、今や林業被害も相当なものである。また、茶臼山一体でも昔からニホンジカがかなりいたようである。

兎に角、伐採後植林などしようものならすぐに苗を食べられてしまうので、ニホンジカに食べられないよう植林地を柵で囲わないと、せっかく植えたものが台無しである。

現在愛知県では、「循環型林業」として皆伐・再造林を行い森林の若返りを図り、持続可能な森林経営を推進している。この事業は、「伐って・使って・植えて・育てる」プラス、シカ柵設置に対しての補助事業であるが、もう少し木材の売上が多ければもっと多くの所有者に協力していただき、森が若返り循環するに違いない。

ニホンジカの生息域では、絶えず食害にあうため木や草は成長できず、枯れてしまう場合もある。また、大きくなったスギやヒノキなども餌の少ない冬季に樹皮を剥ぎ、内側の甘皮を食べられる被害も出ている。ひどい場合は、腐りが入ることもあるし枯れる場合もあるので要注意である。

スギやヒノキを植えるのもいいが、周囲をシカ柵で囲わなければならないのと、柵の補修が必要な場合もあるので定期的に見回りが必要である。補助金が出るにしても、余分な経費が掛かる訳で、シカが嫌いでなお且つ建築材に利用できる木は無いか考えている。

ある人曰く、イチョウがシカに食われず通直に育ち碁盤やまな板あるいは家具（テーブル）などに加工され、銀杏は食用かあるいは漢方薬にも使われるため今後はニホンジカの食害を意識せず、経費も掛からないため有望ではないかと力説している。確かに銀杏を山にばら撒くことで芽が出て来るなら、植林費用がほとんど掛からないため低コスト造林であろう。

また、私が見たところ、アカメガシワやミツマタなども食べないようであるが、ミツマタは和紙として需要があるものの、アカメガシワは利用方法が無いため除外しておく。しかし森林には多種多様な樹木が生育しているので、時間をかけて探せばイチョウのようにまっすぐ育ち、可能性のある樹木が見つかるはずだ。

ニホンジカの生息域が広がったことで、奥地にしかいなかったヤマビルの生息域も拡大し、今や山間部だけでなく農地でも普通に生息している。天敵がいないため減る気配はなく、まるで忍者のように侵入し、衣服が真っ赤になって初めて気づくのだが、本当に気持ち悪いし不気味である。私はこれが嫌で、四月から一一月まではできるだけ山に入らないようにしている。

どうしても山に入らなければならない時は、タビや長靴に殺虫剤を散布し活動するようにしている。もちろん帰ったらすぐに服を脱いでチェックするのは当然であるが。

以前東栄町で、近隣住民を対象にヤマビル被害対策協議会（名称にちょっと自信がない）が開催され、東京からヤマビルの第一人者をお招きしたのだが、結局現状では打つ手無しとの結論であった。

同様にマダニも増えている。以前は冬季には活動しないと思っていたのだが、近頃は年中活動している。マダニの場合、マダニ感染症「重症熱性血小板減少症候群（SFTS）」に感染しているマダニに咬まれると、最悪死に至ることがあるので要注意である。

森林内での動物の通り道は、ダニに吸着される危険があるので、長袖・長ズボンを着用し下半身にはスプレー式の殺虫剤を散布すれば、ダニ除けにもなる。またマダニの赤ちゃんのように小さい個体が衣類に付着している場合があるので、マダニの有無をよく確認し、ガムテープ等で吸着させ除去するのがいいだろう。

ニホンジカを減らすにはハンターによる殺処分しかないと思うが、ハンターも高齢化しているため、あまり期待できない。そのため天敵のオオカミを一定数山に放したらどうかという案もあるようだが、オオカミが山にいるとなると人間が山に入れなくなってしまうので、それも困る。

このまま増え続ければ、山はどうなるのだろう？　餌があるうちは、増えるがそのうちに頭打ちになるのだろうか。本当にわからない……。

七　終わりに

昔、森林所有者は「山持」などと呼ばれ羽振りが良かった。家は当然のこと、身の回りの物はほとんど木製だった。例えば、電柱、橋、建築用足場丸太、小型船舶などである。今と逆で需要は多く、黙っていても高く売れたし、「白木屋」なる今でいうブローカーも潤っていた時代である。まさに林業界全体がバブルだった。湯谷温泉なども、木を売って儲けた人々で繁盛していたらしい。

そのころと比べると、今は木は豊富にあるのに儲からない。林業が儲かるようになれば、境界不明だとか、所有者の確定ができないことによる諸問題は解決するだろう。今、建築材や燃料材の需要が多いが、今後これ以外の全く違う需要を掘り起こすことで、儲けに繋げたい。例えばガンやコロナに効果のある薬とか、木単体でなく他の物質と混ぜて新しい商品を開発するなど、今までと違う考え方、やり方が必ずあるはずだ。

国も長年にわたり林業に活力を与えようと、様々な政策や補助事業を実施してきたが、なかなか効果が出ていないようである。

満を持して、平成三〇年度に森林経営管理法が施行され、森林環境譲与税の活用により、適切な経営管理が行われていない森林について、市町村が仲介役となり森林の経営管理を林業経営者へ委託するとともに、林業経営に適さない森林については市町村が直接管理する仕組みが構築された。

今後は、この仕組みを活用し経営意欲を失った人々が森林に対し愛着を持ち希望を持てるようになることと、林業に関わる人たちの明るい未来を期待したい。

【二-9】

新城市の商工業の問題

新城商工会会長　権田　知宏

新城市及び北設楽郡三町村の商工業の問題

新城市の工業、商業の諸問題を考えるにあたり、人口の推移や事業所数などから、現状について確認しておきたい。新城市と北設楽郡の設楽町、東栄町、豊根村の四市町村は、総称として奥三河と呼ばれ、愛知県の面積の約二〇%を占めている。

新城市の人口は、**表1**のとおり昭和六〇（一九八五）年の五万四九六五人をピークに減少に転じている。国立社会保障・人口問題研究所の推計によると、令和一二（二〇三〇）年には三万八七七一人になると推計されており、以降も減少が続く見込みである。また、高齢化も進行しており、平成二七（二〇一五）年の高齢化率は三一・七%であったものが、令和一二（二〇三〇）年には四二・二%となる見込みである。

表1　新城市人口推計

（単位：人）

年	人口
1985	54,965
2010	49,864
2015	47,133
2020	44,434
2025	41,592
2030	38,771
2035	35,884
2040	32,875
2045	29,847

出典：国立社会保障・人口問題研究所「日本の地域別将来推計人口（平成30（2018）年推計）」

表2　北設楽郡３町村2020年と2015年人口（単位：人）

	2020年	2015年	増減率
設楽町	4,445	5,074	－12.4％
東栄町	2,942	3,446	－14.6％
豊根村	1,017	1,135	－10.4％

（令和２（2020）年・平成27（2015）年　国勢調査結果）

また、**表2**のとおり令和二（二〇二〇）年に実施された国勢調査では、設楽町四四四五人、東栄町二九四二人、豊根村一〇一七人となり、平成二七（二〇一五）年の調査より、いずれの町村も減少していた。

次に、令和三（二〇二一）年経済センサス活動調査から、愛知県と新城市及び北設楽郡三町村の事業所数の状況を確認する。**表3**のとおり愛知県における産業大分類別の状況をみると、「卸売業・小売業」が六万八六二七事業所と最も多く、「宿泊業・飲食サービス業」が三万二八九一事業所、「製造業」が三万二五三八事業所となっており、この三業種で全産業の四五・四％を占めている。

令和三（二〇二一）年経済センサス活動調査から**表4**のと

表3　愛知県の事業所数　（単位：事業所）

	令和３年活動調査	構成比（％）	参考 平成28年活動調査
全産業	295,277	100	309,867
卸売業・小売業	68,627	23.2	77,110
宿泊業・飲食サービス業	32,891	11.1	40,412
製造業	32,538	11.0	35,817
建設業	27,177	9.2	27,178
その他産業	134,044	45.5	129,350

表4　新城市及び北設楽郡３町村の事業所数　（単位：事業所）

市町村	令和３年活動調査	構成比（％）	参考 平成28年活動調査
新城市	1,922	0.7	2,046
設楽町	257	0.1	280
東栄町	190	0.1	221
豊根村	72	0.0	77

（以上、令和３（2021）年経済センサス活動調査）

おり新城市及び北設楽郡三町村の事業所数をみると、新城市が一九二二事業所、次いで設楽町が二五七事業所、東栄町が一九〇事業所、豊根村が七二事業所となっている。この四市町村の事業所は、愛知県内では〇・八三％となっている。

首都圏及び名古屋・関西圏へのアクセスについて

新城市内には、新東名高速道路の新城インターが二〇一六年に開通し、新城市内に生産拠点を持つ企業には一定の効果をもたらしている。さらに、東名高速道路においても、二〇二一年八月に豊橋新城スマートインターチェンジ（仮称）の新規事業化が決定された。このスマートインターが開通すれば、首都圏及び名古屋・関西圏へのアクセスは大幅に向上することとなる。

商工業の問題について

工業については、新城市内には愛知県企業庁の造成した工業団地を始めとして、数か所の工業団地がある。

企業にとって、事業を継続するためには、従業員の確保は重要なポイントとなる。しかしながら、人口減少の傾向と他の地域よりも早い高齢化の進行地域であり、地域内からの従業員の確保が難しくなることが想定される。ハローワークが取りまとめている、雇用情勢の中の有効求人倍率を確認する。有効求人倍率とは、求職者一人に対して何件の求人があるかを示す数値で、「就職のしやすさ」の目安になる指標である。有効求人倍率が一を超えると、求職者に対し一社以上の求人があり、職を求めやすい状況となっている。（参考：労働市場主要指標）。新城公共職業安定所によると、令和五（二〇二三）年三月の新規有効求人倍率は一・三六倍となっている。求職者一人対して、求人が一社以上あることから、求職者は勤務条件の良い会社を選択できる状況である。また、近隣の豊橋及び豊川のハローワークでは、求人の事業所数が多く、多種多様な求人がある。このため、求職者は、条件のよい企業を探すことが出来る売り手市場になっている反面、求人企業は、近隣の企業よりも高待遇などにしなければ、従業員を確保することが難しくなっている。

この状況は、事業が順調に推移していても、人材不足により事業に支障をきたすことも考えられ、人手不足が長引くことによる事業所数の減少は、その一因となるものである。人手不足に対応するためには、ＡＩやロボットなど最先端技術の導入による生産性の向上やＤＸにより業務や組織の変革に向けた取り組みが重要となってくる。また、マンパワーを重視する企業は、技能実習生制度を活用することとなる。

視点を変えて、企業に新たな投資を促す面では、先ほど記したが、東名高速道路に「豊橋新城スマートインターチェンジ（仮称）」の新規事業化が決定し、早期に完成を目指して準備が進められている。新東名高速道路には、既に新城インターチェンジがあり、新たなインターチェンジの稼働により高速道路のダブルネットワークが構築されることは、新城市にとって大きな強みとなる。物流容量の増加や高速化とともに、災害・事故などが起こっても、高速道路のダブルネットワークにより停滞を緩和させることが可能となってくる。首都圏及び名古屋・関西圏へのアクセスの一層の改善は、物流業界など企業立地を検討する企業が増えることにもつながる。特に、働き方改革関連法の適用により、二〇二四年四月から時間外労働時間の上限規制が導入されることとなっているが、その背景には、物流業界では不規則な就業形態や長時間労働等を背景にドライバー不足が深刻化していることが挙げられ、トラックドライバー需給の将来予測として二〇二八年度には需要量に対し約二七・八万人が不足するといった推計（（公社）鉄道貨物協会：平成三〇年度本部委員会報告書）が出されている。

この打開策の一つとして、「中継輸送」が検討されている。国土交通省では、「中継輸送は、トラックの長距離運行を複数のトラックドライバーで分担する輸送形態であり、日帰り勤務を可能とすることにより労務負担の軽減や人手不足の緩和に資する方法のひとつ」として注目している。長距離輸送を担うドライバーの長時間労働の是正は喫緊の課題である。こうしたことから、インターチェンジ近郊や国道沿いに工業用地を開発することは、企業誘致に向けて大きなチャンスとなり、地域の工業力の向上を図るためには、新たな投資を呼び込むことが重要となる。工業用地の開発には、企業ニーズの把握や開発候補地選定、用地の取りまとめ、規制解除など多岐にわたる事務があるため、機会を逃すことなく早期に行うことが重要となる。

当地域は、従業員確保の面では厳しい状況であるが、新たな投資を呼び込むチャンスも併せ持っている。

商業について、**表5**により新城市と北設楽郡三町村の卸売業と小売業の状況を、経済センサス活動状況から確認する。

当地域の卸売業の事業所数は変わらないものの、小売業については五二事業所の減となっている。詳しくみると、新城市は三六事業所の減少であるが、東栄町は一〇事業所の減少となっている。小売業の事業所の減少には、人口減少も一因と考えられる。小売店の数が減少する中で、地域住民の中には食料品など毎日の暮らしに関わる小売店が、身近な地域から無くなり、生活に困る場合も出てくると考えられる。

　こうしたことから、地域に必要な小売業を維持していくことや、宅配サービスや移動販売などについても、検討していくことが必要となる。

表５　新城市と北設楽郡３町村の卸売業と小売業の比較（2014年と2018年）

（単位：事業所）

町村	卸売業			小売業			計		
	2014	2018	2014-2018	2014	2018	2014-2018	2014	2018	2014-2018
新城市	55	56	−1	400	364	36	455	420	35
設楽町	7	5	2	59	53	6	66	58	8
東栄町	2	3	−1	57	47	10	59	50	9
豊根村	1	1	0	18	18	0	19	19	0
合　計	65	65	0	534	482	52	599	547	52

（平成24(2014)・28(2018)年経済センサス活動調査）

新城市の商業施設としては、食料品スーパー八店舗、コンビニエンスストア一一店舗、ドラックストア一一店舗、ホームセンター三店舗、大型家電量販店二店舗、道の駅三か所（出典：新城市立地適正化計画）が営業をしている。また、個人商店も営業しているものの、多くは市内中心部に集積しているが、中心部においては、廃業した店舗も見受けられ、活気がやや失われている状況となっている。こうした中で、新城中央通り商店街においては、毎月一回第四日曜日に、「しんしろ軽トラ市　のんほいルロット」を一〇年以上継続して開催しており、「日本三大軽トラ市」の一つとして認知され、近隣の市町村から多くの人を集客している。今後も、行政、商業者と商工会が一体となって、かつての市の中心部の賑わいを取り戻そうと、様々な取り組みを進めていくことを期待する。

結び：諸問題に対する商工会の取り組み方向について

　人口減少、少子高齢化、経済の縮小などの問題を解決するためには、ＩＣＴ（情報通信技術）の利活用を促進していくことが重要である。このためには、大容量通信インフラを支える超高速通信技術の開発に商工会として関与することにより、通信インフラの大幅な改善を図っていきたい。その結果として、この地域に、イノベーションを生む多様な人材やスタートアップ企業の集積を促し、これらの企業と地域資源を生かした産業との連携を図るなど、地域固有の仕事を作ることで、自らの力で稼ぐ力をつけていくよう、企業のマッチングを行うことも商工会の一つの柱となると考えられる。

また、当地域に超高速通信が設置されることにより、テレワークの推進やサテライトオフィスの整備、通信インフラを活用した遠隔教育（教育ＤＸ）、遠隔医療などが進展していくこととなると、仕事・教育・医療の面において、都市と同じ環境で生活できることが可能となり、「転職なき移住」の促進により、都会から地方への人材の還流を図ることも、可能になると考えられる。

これまで、新城市と北設楽郡三町村の現状を把握し、問題や今後の方向などについても記述をしたところである。課題解決のためには、魅力的な地域や仕事を作り、そして他地域からの人の流れを作ることが重要である。今後、関係者が連携を密にして、課題の解決に向けて取り組んでいきたい。

【二－10】

一般社団法人新城青年会議所の活動状況

新城青年会議所　理事長　原田　直彦

本原稿を作成するにあたり、まずは簡単に自己紹介をさせていただく。私は原田直彦といい、一九八八年新城市生まれである。新城小学校、新城中学校、国府高校と地元の学校に通ったのちに、慶応義塾大学経済学部経済学科へ進学、卒業後は大手産業ガスメーカーである大陽日酸株式会社に営業として九年間勤務し、二〇一九年より新城市に戻ってきた。その際、家業である株式会社あみや商事に専務として入社し、同年に一般社団法人新城青年会議所（以下、新城ＪＣという）にも入会した。以後、二〇二〇年に地域の魅力、再発信委員会委員長、二〇二一年に専務理事、二〇二二年に副理事長を歴任し、二〇二三年度、第六四代理事長の職をお預かりしている身である。

新城に戻ってから四年強という短い期間ではあるが、本原稿においては新城ＪＣとしてのこれまでの活動事例と、二〇二三年に取り組み始めたこれからの新城を担う人材育成プログラムについてをそれぞれ紹介していく。

新城ＪＣは「明るい豊かな社会の実現」をモットーとして、青年経済人たちが様々な分野においてその実現のために活動を行い、その活動を通して青年が成長していくことを目的としている。故にその挑戦の数、幅は多岐にわたるがその中でも今回はここ数年間における教育、経済、防災の三つの分野における活動事例をご紹介したい。

・教育：Wakamono lab

Wakamono labとは、中学生向けキャリア教育の支援プログラムの総称である。二〇二〇年二月、新型コロナウイルスの発生、蔓延により世の中の状況は大きく変わった。当初委員長として活動を予定していた私も例外ではなく、予定していた活動から大きな変更を余儀なくされた。そんな折、元々地域の魅力について、学外活動として学生が情報発信をすることは出来ないかと考えて訪問していた八名中学校から、一本の連絡が届いた。

「コロナによって職場体験の実施が出来ない、協力してほしい」

すぐに中学校に伺い、校長先生、二年生の主任先生と面談。構想をお伝えしていた魅力発信を市内の事業所の魅力発信と捉えて、キャリア教育の一環として授業で扱えないかという相談であった。学校の規模もこちらが想定した人数に収まった運の良さもあり、方向性を決め、撮影に協力いただける事業所探しに奔走、候補として提示した一〇件のうち、八件に了承していただき、無事に開催する運びとなった。動画の制作にあたっては愛知県事業である三河の山里サポートデスクと協力し、動画の構成～撮影、出演までをプロの指導の下で中学生が行い、編集は中学生の指示に従ってプロが行うという形を採用、結果として非常にユ

Wakamono lab　初回説明会

Wakamono lab　活動の様子

ニークでクオリティの高い動画が八本生まれた。ユニークな取り組みであったことから新聞各社にも取り上げられ、二〇二三年六月現在で一万五〇〇〇回以上の再生数となっている。

本活動では、事業所にとっては人手不足の状況下においての自社の特徴や良さを地域の学生が真剣に考え、その成果を公開するというメリットが、学生にとっては自分たちの関心の高い動画というツールを用いることでキャリア教育に対して高い関心を持ち、その中で今まで知りえなかった事業所の実態に触れるというメリットが、学校にとっては開かれた教育を行う上で必要不可欠な外部との連携に労力をかけずに行えるというメリットが、それぞれ存在し、翌年以降も実施を希望する声が出てきた。

こういった成果を受けて、中学校と事業所をキャリア教育の側面で繋げる文化が生まれ、二〇二一年には市内三中学校、二〇二二年には市内にあるすべての中学校である六校がこのWakamono labを通じてそれぞれの行いたいキャリア教育について事業者の募集を行った。現在はこの仕組みを一般社団法人奥三河ビジョンフォーラムへ移行し、中学校からの需要がある限り恒久的に事業所と学校を繋ぐ仕組み作りに貢献できた事業だと感じている。

・経済：新定番お土産菓子決定戦

この決定戦とは、二〇二三年のNHK大河ドラマ「どうする家康」に向けてお越しいただく観光客の方々にお渡しする定番のお土産を作ろうと、二〇二二年に実施したキャンペーン名である。こちらも自身が副理事長の職をお預かりしている以上、新城の経済に寄与する活動が出来ないかと準備段階の二〇二一年冬に産業政策に関わる部署に面談を申し入れていた。その時お会いした観光課の方から「二〇二三年は大河ドラマで家康が扱われ、この地域にも多くの観光客が訪れるだろう。NHKもまた大河ドラマに向けた盛り上がりをみせる地域を取り上げてくれるはずだ。二〇二二年のうちに準備をしておくことが肝要だ」という話を聞き、自分の中で「大河ドラマに向けた何らかの準備を行うことで、二〇二三年に観光客が来てくれた際に新城で発生する経済効果が大きくなること」を目的として、何らかの仕掛けを作ることを決めた。

とはいえ、自分は今まで観光に携わったことはない。このまちでどんな人が観光に関わっているかも分からない。〝何かする、何とかする〟この決意だけしかないあいまいな言葉でも当時の観光課の課長は期待を寄せてくれて、徳川家康ゆかりの地活用推進会議の開催に際して新城JCもお声がけを頂き、発言の機会を得た。会議の場で「どうする家康」の活用推進プロジェクトの立ち上げを提案したが、冷ややかなリアクションが目立つ。ここまでは想定内。最も厳しい意見を頂いた方を中心に会議後にご挨拶させていただき、一緒に参加してくれたJCメンバーと一緒に〝何か〟の種を探した。

そして、その場で見つけた〝何か〟の種がお菓子だった。会議に参加したボランティアガイドの方がおっしゃった「観光客の方からおススメのお菓子を聞かれた時にこたえられない、何かお土産に持って帰ってもらえる定番のお菓子があると良いのに」という声をきっかけに新城の定番お土産菓子を新しく作る決定戦をしようと企画の主旨が決まった。その後はどんなお菓子が欲しいのかというワークショップの開催とアンケートの実施、ノミネートされるお菓子の条件の検討、補助金を含んだ予算の調整、参加してもらう市内のお菓子事業者への打診など、詳細を詰めていった。二〇二二年九月には新城茶を使って、後援いただく新城市観光協会の推奨シールを貼った、市内五つの事業者さんのお菓子を新定番お土産菓子の候補とするという準備が整った。一〇月末から一か月間の決定戦を経て、WEB投票、現地投票の合計得点が最も多かった「レインボーのお菓子やさん」の「なごみ」が優勝。この決定戦の様子は地元新聞の一面を飾るなどの大きな注目を集め、一二月には市長へお菓子の献上を行った。

優勝した「なごみ」を市長へ献上

この「なごみ」は、市内の各種イベントのお土産に採用され、道の駅やPAでの販売も開始しており、名実ともに新しいお土産として定着しつつある。また、今回の決定戦を行うにあたって作成された新城市観光協会の推奨シールも協会としてルールを作り、今後運用していきたいという声も頂いており、定番お土産の門出と推奨シールの登場という二つの成果をもって事業を終えることが出来た。

・防災：新城市社会福祉協議会との防災協定

三つ目に防災に関する取り組みについて紹介する。新城

ＪＣは公益社団法人日本青年会議所を介して全国に六〇〇以上ある青年会議所と繋がっており、何か有事の際にはこの連携によってさまざまな支援を要請することが可能である。また、所属するメンバーは地元企業の経営者が多く、自動車や必要物資などの融通が利きやすい。そうした側面から日本各地で地域との防災協定を結ぶ動きが青年会議所内で起こっていた。

新城ＪＣも例外ではなく、自分が専務理事を務めていた二〇二一年から当時の理事長であった斉藤竜也さんの尽力のおかげもあり、社会福祉法人新城市社会福祉協議会との間に防災協定を締結した。主には、災害時のボランティアセンター開設のサポートとボランティアの人員確保に対して、共同で活動していく旨が書かれた協定となる。勿論、協定を結んだからすぐにこうしたサポートが出来るわけでもないため、この年からは毎年一一月頃に開催される災害ボランティアコーディネーター養成講座に参加している。

二〇二二年には新城ＪＣとして初めて防災委員会が設立され、地域の方々と災害が発生した時の避難行動について気軽に学べるＥＶＡＧを活用したワークショップを開催したり、災害発生時を想定して市や社協との連絡連携、備蓄倉庫の確認などの具体的な内容を取り入れた訓練など、もしもの時にも地域のために動ける準備を怠らないようにしている。

以上が新城ＪＣとして活動してきた三つの事例紹介となる。こうした様々な分野での活動の中で、「より多くの人が地域活動やあるいは自分の考える地域を良くする活動に携わり、実行していくためのプログラムを作れないか」と考えるようになった。その考えもまた行動に移すことで、理事長職を預かっている二〇二三年のうちに多くの団体、個人の協力を頂きつつ新城リーダー育成塾を開催することとなった。最後にこの育成塾について触れていきたい。

新城リーダー育成塾とは、「新城においてなんらかの活動や事業を行いたいと思っている方」を対象に、「新城のまちを背負うリーダーとしての一歩目を踏み出す機会の提供」を目的とする人材教育プログラムである。

参加者は自分がまちで行いたいテーマを選択し、月一回のセミナー（全六回）とその間に出される宿題を通じて自身の取り組みたいプロジェクトをブラッシュアップしていく。最終回のセミナーにおいては後援団体が参加する前で自身のプロジェクトの発表を行い、協力体制を築きながら実行に移していくというものである。

サポート体制としては、自身はメイン講師を務め、地域の課題解決をなりわいにすることを目的に二〇二二年に市の事業として設立された新城しごと組合が主催と事務局機能を担当。その他に受講生のプロジェクトをフォローアップする四人のメンターや受講生が自身のスキルアップのために活用できる広告系のWEB講習、打ち合わせや作業場として活用できるワークスペース（とみかわや杉山店のご協力）などがある。

開催にあたってとくに気を付けたこととしては、何らかのテーマ（起業や政治など）に偏らず、様々なテーマに取り組みたい受講生が幅広く応募してくれることである。これからの少子高齢化時代では、使用できる資源（人、金、物）には限りがある。同じ業種や業態だけで何らかの仕事や取り組みを従来通りに行っていくことは難しく、何らかの協力をしあってシナジー効果を生んでいくことが必要となってくる。そうした時に、この講座を通じて、他の分野の方の人となりや行おうとしているプロジェクトを知り、少しでも横のつながりになればと考えていた。

そのために、後援団体も新城市を始め、観光協会や社協、JAなど様々な業界に関わる九団体を集め、受講生も起業、福祉、農業、国際、観光、行政など様々な分野に関心を持つ一〇名の方が集まっていただいた。

こうした活動が継続して行われることで新城において何かを行うリーダー的な存在が年々増えていき、様々な分野においてコラボレーションや変化が起きていくためにも初年度の成果発表の場でもある一〇月に向けて全力で彼らを支援していきたい。

結びとなるが、多くの企画に携わってきた自分としては、何かを考えることも大切ではあるのだが、それを文字におこし、人に伝えていくことでその内容は確かになっていくし、そのように練り上げた企画を実行に移していくことが大切であると感じる。勿論、実行の中では成功もあれば失敗もあるが、行動に移さなければそれさえわからない。

多くの人が率先して行動し、いろんな場所でいろんな分野で活発な動きが出てくることで新城にも新しい風が吹き、その風が外部に届いた時に外から関心が高まってくると思う。そうした風の作り手として、育て手として、送り手として、自分自身これからもまちのために尽力していきたい。

第三章　歴史の奥三河（今昔の昔）

長篠合戦図屏風　徳川美術館所蔵　© 徳川美術館イメージアーカイブ／DNPartcom

【三－1】

長篠合戦四五〇年史と江戸時代二六〇年間の歴史的意義

弁護士・元裁判官　梶村　太市

一　はじめに

第三章は、新城市を中心として愛知・奥三河の過去からの教訓とその活かし方を論ずる、いわば「今昔の昔」編である。本章の中心的テーマは、後記二及び三に記載する長篠の戦い（以下「長篠合戦」という）と徳川二六〇年の江戸時代についての【三―1】から【三―5】までの諸事項についてであるが、そのいわば付随・関連事項として、あと三稿を加えている。【三―6】は元新城市教育委員会所属の鈴木孝行氏の執筆に係る名著『鳳来寺の今昔』を編者梶村が同氏の同意を得てまとめたものであり、【三―7】は徳川天領の新城市乗本地区（本久）の歴史を描いた『乗本今昔』の中から江戸時代における逸話を梶村史麿氏が紹介するものである。そして、【三―8】は今から六〇年以上も前の裁判所関係の同期生が、全国から八〇歳の老躯をものともせず湯谷温泉に集まった時の同期会の様子を紹介したものである。梶村は、その同期生の一人が鳳来寺に向かう深い杉並木の山道をドライブした際、「鳳来寺山周辺の冷えた山のにおい」を感じたとする感想には痛く感激したことを、あえてここに記しておきたい。鳳来寺山や鳳来寺には、参詣者である私どもに何かを感じさせる霊力を持っていると思わざるを得ない。

さて、本体の長篠合戦についてである。それは、天正三（一五七五）年旧暦（以下同様）五月二一日（新暦六月二九日）、三河国長篠城を巡り、三万八〇〇〇人の織田信長・徳川家康の連合軍と一万五〇〇〇人の武田勝頼軍が、長篠城周辺及び約四キロ離れた設楽原において鉄砲・騎馬隊等により決戦を繰り広げ、わずか一日で信長・家康連合軍が圧勝したものである。連合軍は約三〇〇〇丁の鉄砲を使ったといわれ、勝頼側は信玄以来の騎馬軍団の名将が数多く参加し戦死したことで知られる。そして、家康はここで勝利したことにより、やがて国を背負う戦国大名として徐々にのし上がり、信長・秀吉・家康という戦国三傑の天下統一の道筋に上手く乗りながら、鉄砲の使用禁止・刀狩り等により戦国を終わらせ、二六〇年に及ぶ平和な江戸徳川時代を築いた功績者であることは否定できない。

　私どもの郷里、新城・奥三河は、いわばこのような戦国時代から江戸時代への橋渡しの役割を果たした地として、歴史の一端を担っており、その役割の重要性が強く自覚されるようになってきている。時あたかも、令和五（二〇二三）年は「どうする家康」の大河ドラマが進行中で、この地方が全国的に注目され始めている。そこで、以下ではこの長篠合戦とトクガワーナともいわれる江戸時代の歴史的意義について、問題点を整理してみようと思う。整理の仕方にはいろいろあるが、ここでは代表的な文献によることとし、長篠合戦に関しては、平山優『長篠合戦と武田勝頼』（吉川弘文館・二〇一四年）及び同著『検証　長篠合戦』（同社・同年）を、江戸時代に関しては、尾藤正英『江戸時代とはなにか—日本史上の近世と近代』（岩波現代文庫・二〇〇六年）を中心にしてまとめてみることとする。

二　長篠合戦の意義と評価

（一）開戦の経緯と理由

　一五四三年の鉄砲伝来後、一五五三年からの川中島の戦い、一五六〇年の桶狭間の戦い、一五七〇年の姉川の戦い等を経て、一五七三年に信長の将軍足利義昭追放により室町時代は滅亡した。長篠合戦のあった一五七五年といえば戦国時代が始まった初期の頃で、周知のように三河周辺では、上杉・武田・今川・北条家がしのぎを削った後当時は、武田勝頼（一五四六～一五八二）・織田信長（一五三四～一五八二）・徳川家康（一五四二～一六一六）等が群雄割拠していた（なお、豊臣秀吉（一五三七～一五九八）は長篠合戦には信長の配下に組み込まれており、戦国三賢人が同一戦で戦った数少ない事例の一つである）。

　長篠合戦は、信玄亡き後武田家の再興を図って、勝頼本隊は甲府→高遠→二俣→古宮城（作手）で足助城等陥落させた先遣隊と合流し、吉田城（豊橋）→野田城を経て、天正三（一五七五）年五月一日、当時三年ほど前に徳川方に奪われていた長篠城を取り返すべくこれを包囲したことによって始まった。長篠城は三河・尾張・遠江そして天下を支配するにはその起点となる重要な位置関係にあったため、戦国大名にとってはその支配下の有無は死活課題であり、勝頼は信玄時代からの名将の反対にもかかわらず敢えて合戦の道を選んだのであった。

（二）長篠城・鳶ヶ巣山攻防戦

この点に関しては、本書【三―3】長篠城址史跡保存館館長湯浅大司氏の立場から「長篠城址攻防戦と三河武士」、同【三―4】梶村代筆「鳥居強右衛門と磔」、及び同【三―5】梶村昌義氏「鳶ヶ巣山奇襲戦と酒井忠次―これを語らずして長篠合戦をかたることなかれ」等に詳しいので、それを参照願いたい。

要するに、酒井忠次の奇襲作戦によって勝頼側の鳶ヶ巣山砦が落ち、強右衛門の城脱出の活躍によって信長及び家康の援軍が実現して長篠城は守られ、次の設楽原の決戦に引き継がれたということである。

(三) 設楽原決戦―鉄砲と騎馬

この点に関しては、本書【三―2】設楽原歴史資料館館長湯浅大司氏の立場から「設楽原徳川・武田鉄砲・騎馬合戦の歴史的意義」をあわせて参照されたい。

前掲・平山著『検証　長篠合戦』によれば、従来の通説的な見解では、長篠合戦は信長・家康連合軍が勝頼の騎馬軍勢を撃破したもので、その勝因は織田軍が馬防柵を装備した鉄砲三〇〇〇丁による三弾撃ち射撃法によるとし、この両軍の対比は戦国史を転回させ、鉄砲の集団運用に道を開いた画期的事件だと印象付けるものであるが、最近の研究では以下のような疑問が提起されている。すなわち、①信長の三〇〇〇丁の鉄砲投入は事実か、②三弾撃ちの手法は信長の天才的才能によるものか、③勝頼隊に騎馬隊は本当に実現したか、④勝頼の突撃作戦は無謀で自殺行為ではなかったか、⑤勝頼は味方の不利を説き諫める家臣団を振り切って決戦をしたのか、⑥信長の装備した鉄砲はどのようにして集められたか、⑦武田氏は鉄砲の有効性を軽視しており、これが長篠敗戦につながったのか、⑧長篠古戦場には両軍の陣城跡が歴然としており、この位置関係が鉄砲と並んで勝敗に影響を与えたのではないか、⑨馬防柵は信長のち密な計画により建設したとされるが事実か、等の疑問である。このうち、①〜④は前掲・平山著『長篠合戦と武田勝頼』において、⑤〜⑨は上記『検証　長篠合戦』において、それぞれ通説的見解について批判的見解が述べられているので、参照されたい。

要するに、三〇〇〇丁だったか、三弾撃ちだったかどうか等はともかくとして、信長側は鳶ヶ巣山砦の奇襲や設楽原決戦において、従来にない大がかりの鉄砲が立て続けに使われて、それが連合軍の圧勝につながったことは否定すべくもない。前記④⑤の点が特に議論されるが、武田の信玄時代からの重臣たちが、信長・家康連合軍との決戦に反対したことは事実だとしても、死を覚悟して水杯を交わした等との逸話の真実性は乏しく、彼らは一部を除き馬防柵まで突進して死亡した者はほとんどおらず、敗北が決定的となり勝頼が退却を命じた後に戦死していること等からすれば、④⑤の真実性も万全ではない。ただ、武田の重臣たちが馬防柵に向かって突撃を繰り返したのは、本書【三―5】で梶村昌義氏が説くように鳶ヶ巣山砦の奇襲で背後から突撃を誘発したということの他、武田軍将兵の矢玉飛び交う「場中」で敵将の首を取ってこそ「場中の高名」となるという名誉意識の存在も見逃せない。いずれにせよ、勇敢な将兵ほど退くことなく真っ先に戦死していったことも事実であり、結局それが死傷者の続出につながり、武田軍の戦闘継続能力を奪うこととなった。逆説的ではあるが、こうした個々の将兵達の意識と行動が敗戦に結び付いたのであり、勝頼だけに敗戦の責任を負わせることへの反証の一つになるとする（『検証　長篠合戦』二一六頁以下参照）。最後に、長篠合戦は、鳥居強右衛門を捉えたときに、信長来ずという城兵への伝言を命ずるというような小細工をしないで、直ちに強右衛門を殺し長篠城に総攻撃を加えて落としておけば、戦況は変わっていたかもしれないとの見解もあることを付け加えておきたい。

（四）長篠合戦と徳川家康の歴史的意義

ここでは長篠合戦の意義とあわせて、後述の江戸時代の意義につなげるために、家康の評価について触れておこう。

前述のような最近の学説の流れに従えば、長篠合戦は戦術革命・軍事革命の画期的事件と評価され、新戦法信長鉄砲大量使用、旧戦法勝頼騎馬隊という従来の図式が資料的基礎の欠缺から崩れ始め、批判の対象となっていったのであるが、それは戦国史研究においてすべての分野で再検討が始まった東西冷戦終結後の一九九〇年代からであるという歴史的背景がある。東西冷戦の終焉は戦後勃興したマルクス主義の崩壊を印象付け、戦後歴史学を規定し続けたグランドセオリーやあらゆる権威に対する懐疑の精神の台頭を印象付けた。しかし、その最近の批判学説もまた必ずしも資料的背景に基づいたものではないとして、長篠合戦の歴史的評価の再検討を行ったのが、前述の平山著『検証　長篠合戦』だったのである。同書の「あとがき」で著者は、今も根強い信長や家康に対する過大評価は慎むべきであり、最両名は武田・北条・上杉・今川と同質の権力体であり、最終的に広大な領国を形成し「天下」を掌握したことだけを根拠に、他の戦国大名とは違うとの過大な評価は止めた方がよいともしている（同書二四一頁）。

特に家康の評価は、一方では「狸親爺」「腹黒い男」等マイナスイメージがある反面、他方では「神君」「東照大権現」等のプラスイメージがある。最近の文献でも、軍事面に光るところはなく「史上最強の平凡」で「努力人」であるとするどちらかといえば消極的な評価（本郷和人『徳川家康という人』（河出新書・二〇二二年））と、家康の人間的魅力と歴史的役割は大きいとし、あるいは困難な選択を生き抜いたとするどちらかといえば積極的な評価（小和田哲男『徳川家康大全』（ＫＫロングセラーズ・二〇一六年））とがある。ここでは、注意深く、何度も悩み失敗しながらも前途を切り開いた生涯とするどちらかといえば中立的評価をしている、本多隆成『徳川家康の決断―桶狭間から関ケ原、大坂の陣までの一〇の選択』（中公新書・二〇二二年）の見解、あるいは長篠の戦いは柵・弾・火薬がカギを握ったとしてどちらかといえば客観的評価をしている、磯田道史『徳川家康　弱者の戦略』（文春新書・二〇二三年）の見解に従っておくこととしよう。

筆者梶村は、家康公遺訓だとされる「人の一生は重荷を負って遠き道を行くが如し、急ぐべからず」の人生観を評価したい。また、「織田がつき羽柴がこねし天下餅座りしままに食うは家康」というのは時代の流れに従ったまでのことであり、「鳴かぬなら鳴くまで待とうホトトギス」の姿勢であってほしいと思うからである。なお、梶村の哲学（コモンの哲学）や世界観に関しては、拙著『臨床調停学入門1』（恒春閣・二〇二二年）を参照されたい。

三　江戸時代の意義と評価

（一）江戸時代二六〇年の平和主義、パクス・トクガワーナ

前記一でも触れたが、信長・秀吉・家康は長篠合戦で大量に使った鉄砲をその後原則として使うことを禁止し、かつ武士以外には刀狩をして武器の使用を日常から排除し、江戸時代は鎖国までして平和な社会を築いた。一時期・一場所において三〇〇〇丁という大量の鉄砲を使用して戦争をしたのは世界的に見ても歴史上先にも後にもなく、その意味で長篠合戦が世界史上に踊り出た。本書第一巻目の『立ち上がれ、ふるさと』一九〇頁でも紹介したが、川勝

平太静岡県知事が一九九一年発行のＮＨＫブックス『日本文明と近代西洋―「鎖国」再興』において外国人の以下の文献を紹介している。すなわち、ノエル・ペリン氏がその著書『鉄砲を捨てた日本人―日本史に学ぶ軍縮』（中公文庫・一九九一年）において、帝国主義と植民地主義が支配する国際社会において、要旨「日本人が世界最大の鉄砲使用国から刀剣の国に戻った理由として、①鉄砲の使用によって失われた倫理を再び確立しようとしたこと、②当時の外国人が日本人は強くて日本の攻略は無理だという日本観を築いたこと、③刀が「武士の魂」として象徴的意味を持っていたこと、④鉄砲・キリスト教・商業が三位一体となっていた西洋人に対する軽蔑心、⑤刀を美しいと感じる美的意識をもっていたこと、等を挙げていたというのである。徳川幕府の鎖国政策を軍縮という発想で捉えていたわけで、一つの見方が示された。軍縮はすなわち平和主義であり、江戸時代は二六〇年も戦争のない時代が続いたところの、いわばパクス・トクガワーナの時代だったわけである。

（二）江戸時代における民主主義の芽生え

江戸時代の社会体制に関しても、学説の捉え方に変遷がある。すなわち、江戸時代までは政府が国民を体制的に支配する封建社会だったとする認識が従来一般的であったが、最近の学説は古代から中世、近世に至る道筋についてもっと細かい議論が有力化している。例えば、前掲『江戸時代とはなにか』において、尾藤氏は、最近の歴史学研究会における時代区分では古代→中世→近世→近代という四区分とされることが多く、この場合中世は鎌倉・室町時代、近世を安土（信長）桃山（秀吉）時代を含めた江戸時代を指し、中世は封建社会だが近世はそうではない。日本史から見れば、縄文時代・弥生時代という無秩序時代を経て四世紀から六世紀にかけての古墳時代に日本全国統一化が進み、それが七世紀に完成され古代国家となる。その国家体制は、奈良・平安時代を通じて次第に変質し、一二世紀に武家政権（鎌倉幕府）という一定の秩序ができて室町時代に至るが、その秩序が崩壊して無秩序状態になるのが応仁の乱を画期とする一五・六世紀の戦国時代である。すなわち、安土・桃山時代を経て完成された江戸時代は、日本史上の古代国家と並ぶ第二の統一国家となったのであり、その成立は日本の歴史をその前と後とに二分する程の画期的な出来事だとされる。

そして、結論づければ、江戸時代は、①特に明治時代以降現代に至る日本社会の近代化を準備する要因がその時代に形成されていたという点に、②逆にまた維新後に近代化される以前の伝統社会の純粋な姿がこの時代にも残っていた点に、その特色がみられ、その伝統は維新後に西洋化が進んだ後も形を変えながら生き続けたことに、世界の中で特殊な「日本的」な近代社会が私たちの生活する場所となっている、というのである。そして、なお結論づければ、そのような二分法の画期は、実は私たちの土地で起こった長篠合戦にあるとみるのである。現在から見れば、長篠合戦の帰趨はその後の日本の歴史を規定することとなるほど重要な歴史的出来事であり、そして江戸時代は現在の私たちの社会生活・家庭生活を規律する規範の熟成期であり、我が歴史上最も重要な役割を果たしているのである。そして、江戸時代を引き継いだ現代社会も、それは決して封建的な社会ではないことはもちろん、日本国民に深く根付いた民主主義の浸透した近代社会となったのである。

（四）過去からの教訓とその活かし方

やはり、パクス・トクガワーナの江戸時代を築き上げた徳川家康の功績は大きく、古代における聖徳太子、平安初期における空海、鎌倉時代における親鸞・道元・日蓮の三賢人に次ぐ偉人であったと思う。月刊「文藝春秋」二〇二三年八月特大号では「代表的日本人一〇〇人」の中にも入っているが、幕末・明治以降では梶村の趣味に従えば西郷隆盛、西田幾多郎、柳田國男等も加えておきたい。

最近の名著である山内昌之『将軍の世紀　上巻』（文藝春秋・二〇二三年）によれば、「家康の本質は、世界的に稀有な軍人政治家であったところにある」「関ヶ原の戦いにおける冷酷な政治的リアリズムによって形作られた『天下取りの大局観』は、天皇家を法度の内側と追い込み、豊臣家を滅ぼすことで徳川の世を現出した」とされる。梶村もこの見解に同意する。長篠合戦は、そこに至る一里塚であったと思う。家康は、この長篠合戦においても、信長に従いつつその力を利用して、三河の権力を蓄えて行ったのである。

コラム

城址発掘調査から見える長篠城主像

一九九九年から二〇〇七年にかけて長篠城址の発掘調査が行われ、主廓（本丸）や帯曲輪（二ノ丸）の出土品から明らかになったのは、長篠城は戦いをするための砦的なものではなく、城主の住まいとしての居城であったことである。屋根は檜皮葺きや杮葺きといった板・茅・草葺きで、酒宴の場で使用したとみられる土師器皿も多数見つかっており、本丸は城主が賓客をもてなした「会所」をもつ城郭だった。出土品の中には、青磁・白磁・染付（青花）等の中国産の輸入磁器も確認され、住まいの床の間を飾る名品である「魚の鱗」模様の瀬戸物も発見された。

ここからは、長篠城主をつとめた長篠・菅沼氏、作手・奥平氏はともに「山家三方衆」と呼ばれる奥三河地域の国人領主の一族であり、長篠城主は「小さな一地方の領主・権力者」の地位にあるものの、今川・武田や徳川等の戦国大名をはじめとした客人と酒を酌み交わした礼儀作法や教養のある高い身分の家柄であり、かつ高価貴重品を入手することができた力のある領主であったという領主像が浮かび上がる。

（新城市役所生涯共育課　岩山　欣司）

コラム

長篠籠城戦とアラモの戦い

長篠籠城戦とアラモの戦いは似ている。

アラモの戦いとは天保七（一八三六）年、アメリカテキサス州独立戦争の時、アラモ寺の守将はトレビスという二五歳の青年で、一五〇の兵で立て籠もっていた。メキシコ大統領サンタ・アンナ率いる五〇〇〇の兵がこれを包囲。一〇日間余りの攻撃で食料、弾薬は僅かとなった。そこでジェームス・ボナムという青年が敵の包囲をくぐり、友軍のファンニンのもとへ援軍を求めた。しかし、ファンニンもまた敵に包囲されており、援軍を求めることができず、ボナムは再びアラモ寺へ戻り仲間と共に戦った。一三日間にわたる攻防の末、ボナムを含め全員が討死した、というものである。

また、岡崎出身の地理学者志賀重昂氏がこの戦いの類似性に気づき、アラモの地に両戦いの英雄を称える記念碑を建立している。

（新城市役所秘書人事課秘書係　戸村　俊人）

【三-2】

設楽原徳川・武田鉄砲・騎馬合戦の歴史的意義

設楽原歴史資料館館長
湯浅　大司

設楽原の決戦～何が勝敗を分けたのか

天正三（一五七五）年五月二一日に新城で繰り広げられた設楽原の決戦は、まさに天下分け目の戦いであった。徳川家康が領有する三河国で行われた戦いであったが、織田信長、徳川家康と武田勝頼というどちらが勝ってもおかしくないような両雄のぶつかり合いであった。

おそらく双方共に、勝者は天下取りに近づき、敗者は戦国時代という舞台から降りなければならないということに気づいていたであろう。このため、この決戦を迎えるに当たり、すべての人々が勝利を得ることだけを目的に入念な準備をしていった。

ただ、私は考える。信長の目的だけは少し違っていたのではないかと。勝利を得ることが目的であることに違いはないのであるが、信長は勝ち方にもこだわっていたように思う。信長が目指した勝ち方とは……。それは圧勝という簡単な言葉ではなく、自軍の損耗をいかに少なくして武田軍を追い払うか。そこを見落としてしまうと、設楽原の決戦での戦い方の要点を見逃してしまう。

信長・家康が選んだ戦い方

自軍の損耗をいかに減らすか。たどり着いた結論は防御である。設楽原の戦いではどうしても鉄砲に焦点が当たってしまう。武田軍の騎馬隊を旧来型の戦いとし、連合軍の鉄砲は新戦法と呼ばれている。連合軍の勝利は新しい時代の幕開けのような語られ方をしている。

この戦いはそんな簡単なものではない。

信長や家康は武田軍と戦おうとしたとき、まず、どこで戦うかを決めた。長篠城救援が目的であれば、長篠城を取り囲む武田軍を追い散らせばよいが、武田軍も連合軍の襲来を警戒している。下手に武田軍に近づけば、反撃に遭うことは必至であった。このため、長篠城の手前半里（二キロ）ほどにある連吾川沿いに布陣をした。現在、設楽原と呼ばれる地域である。比高差二〇メートルほどの舌状台地が幾筋もある場所で川沿いには水田が拡がっている。初めてここに立つ人の第一声は「こんなに狭いのか」。西の丘（弾正台地）から東の丘（信玄台地）まで広いところで四〇〇メートル、狭いところだとその半分。連合軍三万八〇〇〇人、武田軍一万五〇〇〇人が戦った場所としては、その印象は正しいであろう。さらに中央を流れる連吾川の川筋も細く、飛び越せるほどの川幅しかない。

信長と家康は武田軍と戦うための戦場としてここを選んだのである。その理由は大きく三つあげることができる。

①弾正台地と信玄台地の間の狭さ
②北は雁峯山、南は豊川と戦場として閉鎖された空間
③連吾川流域に拡がる水田

この三点は連合軍にとって勝利をするために重要な要素であるが、なかでも水田は最も重要な要素であった。設楽原の水田について、地域のお年寄りから話を伺ったことがある。

「腰のあたりまで水に浸かり、苗を載せた舟を腰紐で牽きながら、田植えをした」とか、

「水田に松の丸太を沈め、その上を歩きながら田植えをした」とか、

「あの辺りの水田は底なし沼のようだったから、葦しか育たん」などなど。

今は土壌改良や圃場整備などが行われたため、水に浸かるのは膝ほどまでだが、それ以前はまさに沼田であった。

戦いが行われた季節は梅雨明けころ。連吾川が氾濫し、両側に拡がる水田にも川の水が入っていたとも伝えられている。そのため、田と田を区切る畔は見えず、弾正台地と信玄台地の間には巨大な湿地帯が出現していたと想像される。弾正台地には連合軍、信玄台地には武田軍が布陣をした。双方の陣地を攻めるにはこの湿地帯を越えなくてはならない。防御することを中心に考えたとき、この湿地帯は自陣を守る天然の堀のような存在であった。

馬防柵　新城地区

これだけでも大きな効果が見込まれたが、信長や家康はその防御をより強固なものとするように考えた。「馬防柵」の構築である。連吾川沿いに約二キロにわたって三重の柵を築いた。織田軍が岐阜を発つとき兵の一人一人に一本の丸太と一筋の縄を運ぶように命じていた。つまり戦いの前からこの作戦は考えられていたのである。

この馬防柵が大きな役割を果たすこととなった。湿地帯を越えてきた武田軍にとって、大きな障害となり、また連合軍の兵にとっても、この柵に身を隠しながら戦うことができるし、鉄砲を撃つ際には台として活用することもできた。もしこの柵がなければ武田軍によって連合軍の陣地は蹂躙されていたであろうと考える人も多い。

武田軍の選んだ戦い方

その一方で武田軍はこの決戦での戦い方をどのように考えていたのであろうか。近年、武田勝頼は再評価されており、無謀な戦いに挑んだという考え方はもうやめた方がいい。勝頼の配下には祖父信虎、父信玄と武田家を支え続けてきた非常に優秀な家臣が大勢いた。長篠城の囲みを解き、設楽原への進軍は武田軍の総意として行われたものと考えるべきである。信長自身が三万という大軍を率いて武田軍に肉薄してきた。このまま長篠城を攻め続けることは当然できない。信長らが岡崎にいるころであれば、まだ兵を引くことができたであろうが、設楽原まできた段階ではかなり難しいであろう。

近年の研究で勝頼が長篠城を攻めた理由として、石山本願寺を中心とした反信長勢力への協力があったとされている。信長の勢力拡大に懸念していた戦国大名らが連携をしていたが、その中心であった石山本願寺は五年に及ぶ信長との争いでかなり追い詰められていた。徳川領への侵出を目論んでいた勝頼にとって、反信長勢力の一員としてこの窮状を打開するという使命を帯びて、三河国へと攻め込んだ。

勝頼が率いてきた一万五〇〇〇人という兵力は五〇〇人が籠城する長篠城への攻撃だけを目的とした場合に多すぎる。設楽原の決戦で家康は八〇〇〇人の兵を動員しており、勝頼は明らかに徳川勢との対決を意識しているといえる。しかし、織田勢との対決を望んでいる兵力ではないことも明らかである。武田軍の設楽原への布陣は信長を一定期間三河国に留め置かせるという一種のカケのようなものであったのかもしれない。その間に石山本願寺は一息つくことができ、再び反信長勢が盛り返すことを期待したのであろう。

信玄台地に布陣した武田軍の眼前には沼田と馬防柵が拡がっていた。この場所は連合軍が大量に用意した鉄砲の射程距離の外であり、連合軍が防御の態勢を敷いていることは馬防柵の構築によってはっきりしており、武田軍が前に進まない限り戦いが始まらないことは誰が見ても分かることであった。

この状況は勝頼が思い描いたとおりのものであった。信長を三河国にしばらく留め置かせる状況を作り出すことで、関西方面で反信長勢力が反転攻勢を仕掛け、窮地に陥った信長は兵を引くであろう。そこを追撃することによって家康を打ち破り、あわよくば信長にも大きなダメージを与える……そんな作戦を考えていた。とても壮大な作戦である。そうなれば長篠城はおろか東三河を一気に制圧することができる。

設楽原での鉄砲の謎

そうした勝頼の目論見を信長も家康も危惧していた。その目論見を打ち破った家康の作戦が鳶ヶ巣山への奇襲攻撃であるが、これについては『古戦場は語る　長篠・設楽原の戦い』（風媒社・二〇一四年）に詳しく記したので、そちらを参照されたい。

さて、設楽原の決戦におけるもう一つの主役が鉄砲である。前段で設楽原の決戦は鉄砲を用いた新戦法と述べたが、近年の研究で設楽原の決戦における鉄砲の使われた方について活発に論じられるようになった。

その中の三つを取り上げてみたい。

①鉄砲は三〇〇〇丁か

これまで設楽原の決戦では鉄砲を過大評価されてきたことは否定できない。鉄砲がなければ連合軍の勝利はなかったとさえ言われてきた。決してそんなことはない。前述したように決戦に至るまで連合軍は十分な準備をしてきており、鉄砲だけで得た勝利ではない。そうした中で、鉄砲は三〇〇〇丁ではなく、一〇〇〇丁であったとも言われることがある。当時の史料にそうした記述があるものもあり、実際のところは分からないが、ただ鳶ヶ巣山への奇襲攻撃に五〇〇丁持っていったという記述もある。この奇襲攻撃がいくら重要な戦いであるといっても鳶ヶ巣山へ五〇〇丁も持っていったことに対して、主戦場である設楽原で一〇〇〇丁というのはバランスが悪い。最近は武田軍も一〇〇〇丁ほどの鉄砲を持っていたのではないかといわれている。現代の私たちが設楽原の戦いは鉄砲の戦いであるというイメージを持つほど鉄砲の印象が強い理由の一つにその数があると思う。そんな風に考えると三〇〇〇丁は適切な数であるといえよう。

②三段撃ちについて

鉄砲は一発撃つと次の玉を撃つまでに三〇秒ほどの時間がかかる。この三〇秒という時間は鉄砲の大きな欠点であり、合戦の中においては致命的な時間である。これを短縮するために三人が一組になって順番で撃てば一〇秒ごとに撃てるという考え方に基づいた撃ち方が「三段撃ち」である。

長くこの「三段撃ち」が設楽原の決戦で用いられた画期的な戦法として流布してきた。しかし、近年の研究で三段撃ちについて当時の史料には出てこないなどとして否定されるようになった。

私は長篠・設楽原鉄砲隊に所属しており、この三段撃ちを何度か実践してきたが、なんとなく違和感を持っていた。

三人一組の三段撃ちは意外に短縮できないのである。所作の遅い人にタイミングを合わせなくてはならないために、待ち時間が出てしまうのである。しかし、三段撃ちを完全に否定することもできないと考えている。江戸時代初期の史料に三段撃ちの記載がある。何もないところから三段撃ちの話が出たとは考えにくい。また三〇秒問題が解決されていないのである。

そこで私が新たに提唱したい三段撃ちは三人一組ではなく、一〇人ほどでチームを組み、まるでコンビニエンスストアのレジで待つかのように、準備しながら一列に並び、撃てる場所が空いたらそこに入って撃つという方法である。放場自在（撃つ場所が自由であるという意味）三段撃ちとでもいおうか。まだ、検証途中であるが、この方法であれば、待機時間がなくなり、敵が攻めてくる間は常に鉄砲を撃つことができる。

③鉄砲の玉について

設楽原から合戦の中で使用された玉がいくつか出土している。三〇〇〇丁の鉄砲を使用しているわけであるから数万発の玉が使用されたはずであるが、二〇発ほどしか見つかっていない。鉄砲玉は鉛でできているが、当時鉛は結構貴重品であったため、戦後、回収されたのではないかと考えられている。

出土した玉を成分分析したところ、いくつかの出土玉の鉛と新城市内の鉛鉱山から産出する鉛と一致した。鉄砲といえば信長の印象が強いが、新城は家康の支配下であり、家康も鉄砲に対して強い関心を持っていたということが明らかとなった。

これからの設楽原古戦場

このように、設楽原で行われた決戦は日本の歴史においてとても重要な戦いであると共に、常に研究の対象となってきた戦いである。設楽原は長い間、地域の人々によって大切に守られており、日本全国の中でも戦国の風景に想いをはせることができる数少ない場所でもある。今後も地域の人々によって、この風景は守られていくであろう。

平成八年に私が設楽原歴史資料館に勤務して以来、変わりゆく設楽原の風景を見つめてきた。設楽原の中央を横切る国道一五一号バイパスの開通、新東名高速道路が設楽原の北端を横切っている。設楽原を訪れる方のなかには「せっかくこれだけの史跡があるのに、開発で破壊されて残念だ」とおっしゃる。

しかし設楽原の歴史を紐解くと風景の変化の歴史でもあったことがわかる。吉田から飯田を繋ぐ街道は戦国、江戸、昭和、平成と新たな道筋が造られてきた。連吾川も江戸時代に新しい川筋が造られ、昭和の末に圃場整備が行われ、耕作しやすい水田へと変化していった。これらの変化はこの地域に住む人々の利便性を高める変化である。

地域の人々はそうした開発を受け入れながら、設楽原をどうやって守っていくのか、それを常に考え続けてきた。今でも合戦当時の風景は色濃く遺しているが、そのままを伝えているわけではない。設楽原に住み続ける人がいて、初めて設楽原が守られていくのである。戦いは四五〇年前の出来事である。地域の人々は五年先、一〇年先のことを考えるのではなく、一〇〇年後、二〇〇年後を見据えており、次の世代にその想いを伝え続け、設楽原は守られて行くであろう。

【三―3】

長篠城攻防戦と三河武士

長篠城址史跡保存館館長
湯浅　大司

長篠城を巡る攻防～三河武士たちの意地

織田信長と徳川家康の連合軍が武田勝頼率いる武田軍と戦った設楽原の決戦のきっかけとなった場所が長篠城である。長篠城は永正五年（一五〇八）年に菅沼元成によって築城された。この当時、徳川家康の先祖である松平家の力は弱く、駿河国の大名であった今川家が三河国へと大きく勢力を伸ばしていた。長篠城を築いた菅沼家も今川家の家臣として東栄方面に勢力を伸ばしつつあった。長篠城は田峯城と並ぶ奥三河の要となる城であった。三河国が今川家の支配で安定するかと思われた永禄三（一五六〇）年、桶狭間の戦いで今川義元が討ち死にしたことによって、三河国の動静が一気に流動化していくこととなる。

そんな中、奥三河の中核であった長篠城も歴史の大きなうねりの中へと放り込まれていく。

天正三年五月一日、長篠城は武田勝頼率いる武田軍一万五〇〇〇人によって取り囲まれた。

戦国時代の奥三河

遠江国・駿河国の今川家、三河国の徳川家、甲斐国・信濃国の武田家にとって、奥三河にどのような意味があったのであろうか。なぜ、ここを領有しようとしたのであろうか。それほど魅力のある場所であったのであろうか。

三遠南信（三河国・遠江国・南信濃）の戦国時代の歴史を紐解いていくと、その理由が見えてくる。一言で言うと、三遠南信地域を安定化させるためには奥三河を抑えることが必須であったということである。奥三河をしっかりと抑えない限り、三遠南信地域の安定はあり得ないということであった。

事実、桶狭間の戦いの直前まで、三河国は今川領であった。今川家は松平家も取り込むほど強大な勢力をもって奥三河を飲み込んだ。奥三河の国衆らも今川家に従属することに利益を見出していた。桶狭間の戦いで今川家の当主義元が敗死しなければ、今川家と武田家との同盟関係を継続され、三遠南信地域はいち早く戦国の世から抜け出ていたのかもしれない。しかし、桶狭間の戦いで事態が大きく変わった。今川家が一気に弱体化して、奥三河が草刈場のようになった。ここを抑えることが三遠南信地域の支配者になれるからである。

　武田勝頼の父信玄の頃から武田家は奥三河へとその触手を伸ばしていた。三方ヶ原の戦いで家康を敗走に追い込み、野田城の攻略を果たすが、その直後病に倒れた。勝頼にとっては家康を打倒し、遠江国と三河国を手に入れることは父信玄以来の悲願でもあった。

風になびく葦の如くであったのか

　奥三河の国衆は今川家、松平家（後の徳川家）、武田家と戦国大名に取り囲まれ、生き抜くことに必死であった。その様子を「風になびく葦の如く」というように表現することもあった。東から今川家という強い風が吹けば、それに逆らうことなく今川家の一員として戦い、西から松平家という強い風が吹けば、それに従い、北から武田家という猛烈な風が吹けば武田家と共に戦う、そんな様子を表現した言葉である。

　しかし、近年の研究で、奥三河の国衆はもっとしたたかであったと考えられるようになってきた。奥三河を治める国衆として、最も高く評価してくれる戦国大名が誰なのか、それを見定めようとしていた。その動きは、むしろ戦国大名の方が奥三河の国衆を自らの支配下に収まってもらえるよう必死であったともいわれるようになった。

　その最も顕著な例が、徳川家康の長女亀姫が作手亀山城主奥平定能の嫡男信昌のもとへ嫁ぐという約束であろう。徳川家にとって武田方の奥平家は奥三河の国衆として最も必要とした家であった。三河国、遠江国を治める戦国大名の徳川家と奥三河の国衆の一つである奥平家とでは、通常であれば「格」が違う。その「格」を無視してでも、当時の家康は奥平家を武田家から切り離して徳川方へ引き入れたかったのである。

　信玄が存命中に信昌の元服の際に烏帽子親になり、貞昌の名を晴信（信玄の諱）から一字を与えて信昌と名乗らせたといわれ、奥平家を一族並みに重視していた（近年の研究で信昌の信は信長からもらったものではなく、信玄から与えられたものであるという説がある）。しかし、信玄の死によって三河国での武田家の影響力が低下していた。奥平家は隣家との領地争いの仲裁を甲州へ依頼したが、納得できる回答が得られなかった。このため、奥平家は武田家との関係を継続するかどうするかを迷っていた。その頃に舞い込んだ家康からの誘いである。

奥平家にとって最も奥平家を評価してくれた徳川家につくという結論に至ったわけである。

こうした動きは、奥三河の国衆らが生き残るための手段でもあった。

長篠城攻めへ

徳川方についた奥平家は家康に命ぜられて、信昌を長篠城主として赴任させた。武田家にとってみれば、武田方を見限り徳川方についただけでなく、徳川方に奪われたばかりの長篠城へ入るということは、とても看過することはできなかったであろう。しかし、家康からみれば、勝頼がそうした感情を持つであろうということを承知した上で信昌を長篠城主に据えた。一旦武田方を見限った奥平家を勝頼は許すはずもなく、信昌の長篠城主就任は奥平家にとってまさに逃げることのできない背水の陣であった。家康の非情な命令である。

信昌は家康の助けを借りて、長篠城を増強し、新たな兵を入れ、武田軍の襲来に備えた。勝頼は一万五〇〇〇人の兵で五月一日に長篠城を取り囲んだ。長篠城を守る兵はわずか五〇〇人ばかり。しかし、勝頼にとって長篠城は今回の三河国への進軍の目的ではなかった。それは勝頼が率いてきた軍勢の数を見ればよく分かる。城攻めに必要な軍勢が籠城兵の三倍であるといわれる。五〇〇人が守る長篠城を攻め落とすには一五〇〇人ほどで充分であった。だが、勝頼が連れてきた兵はその一〇倍である。勝頼の本当の目的は家康との決戦であった。そのため、勝頼は長篠城に兵の一部を残し、吉田城へ向けて南下していった。その道筋にある野田城や牛久保城など、徳川方の城を次々に落としていき、あっという間に吉田城を取り囲んだ。吉田城には家康が五〇〇〇人の兵とともに立て籠もっていた。簡単に吉田城を攻略することができないと悟った勝頼は長篠城へと引き返した。

さて、このとき勝頼は何を考えていたのであろうか。家康との決戦をしたいが、家康は吉田城に籠もったまま出てこない。家康をおびき出すためには……、さらに家康を窮地に追い込むには……、どうしたら良いか。

勝頼が採ろうとした作戦は、長篠城をジワジワ攻めるということであった。長篠城は確かに堅城であり、易々と落とせる城ではない。しかし、武田軍は多くの城を攻略してきた実績もあり、籠城兵の三〇倍の兵力を有していた。その気になれば、長篠城を攻め落とすことはできないはずがなかった。

なぜ、そうしなかったのか。そこに武田勝頼の戦略があった。奥三河だけではなく、三遠南信に拠点を置くすべての国衆らは家康や勝頼の動きを見ていた。家康は長篠城を助けるのか、それとも見捨てるのか。助けるにしても、その勝算はあるのか。勝頼はその家康の動きに対して、どのような行動をとるのか。それは国衆からすれば、家の行く末をどちらの戦国大名に任せるかという重要な判断であった。長篠城をジワジワと攻め、城兵たちの困窮ぶりが広く喧伝されればされるほど、そうした国衆の離反を促すことができ、やがて家康は窮地に陥るであろう。そんな戦略であった。

現代に伝わる戦国人の生き様

戦国のイメージはどうしても「戦」とか「刀」とか「武者」といった勇壮なものになりがちである。しかし、今長篠城に関わる人々の中にも当然そういった勇壮なイメージはあるが、それだけではない。戦で亡くなった人々への供養の気持ちを必ず持ち合わせている。そうした気持ちが形になって表れたものが、まもなく六〇回を迎える「長篠合戦のぼりまつり」である。

地元の小中学校の児童生徒も参加する武者行列、戦没者慰霊法要、長篠陣太鼓や山形県米沢からお迎えした米沢藩古式砲術、日本前装銃射撃連盟、地元長篠設楽原鉄砲隊による火縄銃の演武などを中心に、地域で活動している文化団体の皆さんによる活動披露、さらには飲食ブースの出店など大いに賑わっている。まさに地域を挙げての歴史絵巻であ

長篠合戦のぼりまつり　鳳来地区

る。

ここ三年ほどはコロナ禍で中止も検討されたが、長篠合戦のぼりまつりの根幹であり、地域の心である「戦没者への供養」だけは継続して行われた。そして令和五年度はコロナ禍の沈静化を踏まえ、久方ぶりに観光客を迎え入れての実施であった。開催に向けて幾度となく検討を重ね、多くの地域住民に支えられての開催であったが、大変賑やかな長篠合戦のぼりまつりとなった。

長篠・設楽原の戦いが単なる「戦」であれば、現代に生きる私たちには何も残らなかったであろう。しかしこの戦いには多くの将兵の人生が物語として凝縮されている。本稿では三河武士を中心としたが、当然武田軍側にも多くの将兵があり、多くの人生があった。むしろ武田軍の方が戦没者も多く、その生き様に想いを馳せる人も多い。そして、そうした将兵たちが関わった地に住む者として、これからも長篠城は大切に守られていくことであろう。

【三－4】

長篠攻防戦と鳥居強右衛門の活躍・磔

弁護士・元裁判官　梶村　太市

一　はじめに

新城市の市民に親しまれている広報誌『ほのか』二〇二三年五月号では、NHK大河ドラマ「どうする家康」にも登場する「鳥居強右衛門と長篠設楽原の争い」について分かりやすく解説しており、また同年六月号では六月一一日新城文化会館大ホールで開かれた「どうする家康スペシャルトーク in 新城」の模様が描かれている。すなわち、NHK財団と新城市及び新城市観光協会の主催で、ドラマに出てくる鳥居強右衛門役の「岡崎体育」さんと亀姫役の「當真あみ」さんがドラマ初出演時の感想や撮影現場の裏話などが出てくる。その六月号では、「新城と鳥居強右衛門・亀姫の繋がり」について、「長篠城主であった奥平貞昌は、家臣である鳥居強右衛門の決死の働きにより城を死守」し、この「功績により、貞昌は、信長から一字をもらい信昌と改名したとされ、新城城を築き」「さらに、家康の娘・亀姫は信昌の正室とな」ったと解説している。

　また、安形憲二氏作成のCD『長篠合戦と音絵巻、鳥居強右衛門』㈱KAIEN JP・二〇一四年）では、「天正三年……忘れてはならない長篠の心と記憶が此処に……音と語りで綴られた音絵巻」と銘打って、「天正三年五月一四日、出発の時、岡崎城、捕縛、武士の務め、最期、哀歌・炎のごとし～鳥居強右衛門～、辞世の句」の順序で感動的に表現されている。

　本稿は、鳥居強右衛門に関するいわば古典的名著たる鳳来町立長篠城址史跡保存館館長丸山彭編集に係る昭和四八（一九七三）年同址史跡保存館発行の『烈士鳥居強右衛門とその子孫』に主として依拠したものである。なお、同書に引用されている鳥居強右衛門の磔図は、落合左平次が指物（背旗）に用いたもので東京大学史料編纂所にあるという。また同書には、花本十一世不識庵聴秋が明治三六年に新城市史家皆川登一郎に送られた色紙に「鳥居強右衛門を弔ふ、聴秋」として、「魂は城にのこしてちる桜」の句を紹介している。

二　強右衛門の長篠城脱出

　天正三年五月一四日、武田勝頼軍の猛攻で長篠城落城の危機に遭い、城主貞昌は軍議を開き、田代（額田町）城主の水連達者な二二歳の士族奥平勝吉に城を抜け出して家康への支援要請をする密使を命じたが、「もし自分が脱出した後に落城すれば命が惜しくて城を出た」といわれるとして拒否した。貞昌は、やむを得ず、それならば自分一人が切腹して皆のものを助けようと城主の立場を述べた。この時に至って、豊川市市田出身の三六歳の雑平（足軽）鳥居強右衛門が、自ら進んでこの重要な使者を引き受けた。貞昌は、強右衛門に「城を脱出したらかんぼう山に一回のろしを上げて脱出の合図を、援軍が来ることが確実になったら同じ場所で三回のろしを挙げよ。」と命じた。当日は細雨が降っていて月は暗かった。強右衛門は、同僚にも知らせず野牛郭の下水口から忍び出て岸壁を伝わり寒狭川に降りた。ここは寒狭川と三輪川の合流点で渡合（どあい）と呼び、渡合から長走（ながはしり）の瀬までは牛淵という深い淵がある。牛淵の南端の長走の瀬頭あたりに鳴子網が張ってあった。強右衛門は水をくぐり貞昌から拝領した小脇差で鳴子網を切り破って川を下った。鳴子の音を聞いて番兵が怪しんだが、今井新助が五月時分には大鱸（すずき）がいて網を切るものだといったので、他の者は尋ねようともしなかった。強右衛門はそこから約四キロくだって広瀬で陸に上がり、かんぼう山に登り合図ののろしを上げたのは一五日の朝であった。これを見た城兵は歓声を上げたが、武田兵はこれを聞いて、味方に城兵と通じている者があるか怪しんだという。

三　強右衛門の信長謁見及び帰路捕縛と磔

強右衛門は、かんぼう山の峠を越えて、作手村の野合→宮崎→樫山→大平→岡崎城に辿り着いた。まず貞昌の父貞能→家康を経て、信長に長篠城の緊迫を訴えたところ、明日は長篠に向かって大軍を進める。お前も今日はここに留まって明日は道案内せよと労われたが、強右衛門は、城兵は援軍を待っているから一刻も早く知らせたいと言って直ちに引き返して、かんぼう山に登って三回ののろしを上げた。城兵はこれを見て安心した。強右衛門は間道を通って長篠城の対岸の有海の篠場野に出て、人夫に紛れ込み城に入る機会をうかがっていた。武田軍は、一五日の朝のろしがあがり場内に歓声がわいたのを見て脱出者があったものと察し、柵を二重にし、内側には川砂を散布して人の足跡を調べ、水上にも水中にも太縄や細網を厚くして監視を強めた。強右衛門が場内に入る機会をうかがっていたところ、穴山梅岩の配下、河原弥太郎に不審がられ、合言葉が通じなかったことから直ちに捕獲された。強右衛門は、武田信廉の調べを受け全部正直に話した。武田方では、強右衛門を味方に引き入れ戦局を有利に展開しようと考え、「城門へ行って、信長の援軍は来ないと呼びかけろ、そうすれば命を助けて恩賞は望みどおりに与える」と告げたところ、強右衛門は十人ほどのしっかりした武士に付き添われて場内の者を呼び出し、「信長の援軍は、本野ケ原から一宮付近まで満ち満ちている。運が開けるのはすぐだぞ」と叫んだ。武田勢はこれを聞いて怒り、寒狭川の右岸篠場野の本丸から見える位置で磔にして殺した。武田方の落合佐平次は、強

鳥居強右衛門磔図（湯浅大司氏所蔵）

右衛門の働きとその最後のありさまに感動して、こと切れようとしている強右衛門に断り、磔の姿を描いて、己の指物（背旗）にした。以来、強右衛門の磔の図は、前述したように、落合左団次の背旗として有名になったという。

四　強右衛門の名声と功績

封建時代の殿様と家来との身分関係は、上はテレビにも多く出てくる酒井忠次や本多忠勝・榊原康政・井伊直政の四天王といった著名な上層武士だけでなく、鳥居強右衛門などの足軽あるいは雑兵と呼ばれる下層に至るまでさまざまである。その上層部いわば支配者・指導者と、下層部いわば被支配者・一般国民との関係に関しても、建前上・理念上時代とともに変遷がある。いろいろ困難な問題が生じたときにまず最終的に責任を負わなければならないのは、上層部でなければならない。民主主義社会でも封建主義社会でも戦国社会でも同じである。古今東西変わらない。保守的な英国でさえ、王族を含む貴族は真っ先に戦場で戦わなければならない（君塚直隆『貴族とは何か　ノブレス・オブリージュの光と影』（新潮選書・二〇二三年）参照）。詳しいことは避けるが、そのような意味で上下を問わず自己の職責を忠実に履行した三河武士を先祖に持つことができたのは、我々の一つの誇りにしたいものだと考える。上も下も三河武士だったからこそ、二六〇年に及ぶ平和な社会を築くことができたのである。

【三―5】

鳶ヶ巣山奇襲戦と酒井忠次
―これを語らずして長篠合戦をかたることなかれ

梶村　昌義（自称・鳶ヶ巣の狸）

一　鳥居強右衛門の磔まで

天正三（一五七五）年の旧暦五月一日（新暦六月九日）、徳川家康の属城長篠城は、一万五〇〇〇の武田勝頼軍に包囲された。城を守る家康の配下（娘婿）奥平貞昌以下五〇〇の兵は、五月一四日武田軍の猛攻撃に遭い家康からの救援米三〇〇俵も焼かれ飢えの危機に陥った。城主貞昌は、援軍の要請使者鳥居強右衛門と鈴木金七郎に城の運命を託した。「我が君の　命にかわる玉の緒を　なにいといけん武士のみち」と腰の手ぬぐいに矢立で書き記し、松の小枝に結わいつけると、二人は城下の寒狭川（豊川）の流れの中に身を沈めて脱出した。

織田信長は家康からの再々の援軍要請に対し、一三日三万の兵を連れて岐阜を立ち、一四日に熱田神宮に戦勝祈願をして一五日岡崎に到着した。鳥居強右衛門は信長に「食料は後三日にございます」信長「口上はそれだけか」強右衛門「はい、それだけ申せば後は大殿が判断される」との答えに、信長は「あい分かった。余の三万と三河（家康）の八〇〇〇合わせて三万八〇〇〇が駆け付けて武田軍を蹴散らす故安堵するがよい」と労った。強右衛門は、城主他五〇〇の友が自分の知らせを待っているかと思えば、居ても立ってもおられず、湯漬けの接待も辞退して長篠への道を急いだ。城近くまで来て武田軍に捕らわれの身となり、「援軍は来ないと言え」との誘いに応じるふりをした強右衛門は死を覚悟して、城兵に向かって「援軍は明日にも来ますぞ、後一・二日の辛抱だ、さらばでござる!!」と叫び、磔刑に処せられたことは周知のことである（本書三―4参照）。

二　松山越えと鳶ヶ巣山奇襲作戦

信長率いる三万八〇〇〇の兵は、設楽原の今の八楽家畜市場の西に到着し、各持ち場に分かれて二万五〇〇〇は南北に走る連吾川の西側、設楽原に馬防柵を築き始め、残りの一万三〇〇〇は長篠城近くの有海原まで出陣し、武田軍と小競り合いを繰り返し、負けるふりをして引き下がり、馬防柵を築く時間を稼ぐと同時に、武田軍に「なあんだ連合軍は弱いぞ、組みやすし」と思わせる作戦に出た。

信長は、火縄銃の欠点である発射から次の弾込めまでに時間を要する点を考慮し「三段撃ち」を発案したといわれるが、それ以前にいかにして武田軍を鉄砲の射程内におびき寄せるか腐心したはずである。また、おびき寄せても一度の射撃でこれはまずいと手を引かれても困る。そこで、我々は武田軍のように射撃の訓練を受けていないから怖くて柵を設けて縮こまっているとか、武田軍が攻めてきたら佐久間信盛が寝返って信長の本陣を突くとか、偽りのうわさを流して敵の突撃を誘ってはみたものの、それでもまだ万全ではない。

そこへ、酒井忠次から、「鳶ヶ巣山を後ろから攻めたらどうだろう」との献策があり、信長は内心手をたたいて喜んだ。この話も、酒井忠次が急に思いついたように書かれている場合が多いが、実はそうではない。忠次には綿密な計算があった。夜中に三〇〇〇もの兵の山中の行軍はそう簡単にできるものではない。三年前、元亀四年から天正元（一五七三）年にかけて約二か月半、当時武田側の支配下にあった長篠城を、徳川軍は乗本久間山・中山に砦を築きふもとの舟津（ふなと）などから火矢等で攻め立てた。信玄が亡くなったこともあり、叔父菅沼琉山から徳川側に付いた方が得策と諭されていた当時の城主菅沼正貞は、真剣に争わず城を明け渡して逃げてしまった。酒井忠次は、この時の教訓をもとに、武田軍が長篠城を取り囲んだ時点で、菅沼定盈らと相談の上、道案内などの手配を整え万全を期した上で、信長への献策を行ったのである。梶村（昌義）は、これまで三八年間趣味道楽の狩猟や、研究者や小学校長等から乞われて実際の忠次らの行軍であった新城市吉川から鳶ヶ巣山への「松山越え」の道案内を何度もした経験から、そのように考える。すなわち、鉄砲というのは、射程距離から離れていたら「只の水道管・鉄パイプ」に過ぎず、そのことを熟知した忠次の直感から、至近距離から攻撃する方法として敵の背後の直近まで近づき鉄砲で攻撃する手段として、熟慮の上その有効活用を図ったのが「松山越え」であり、「鳶ヶ巣山奇襲作戦」だったのだ。

三　信長と家康の作戦

信長は、製造元である国友・日野・堺を押さえていたから、火縄銃を大量に調達することができた。火薬の素である硝石は輸入により潤沢に賄い、弾丸たる鉛も武田軍よりも容易に入手できた。しかしこれらの条件がそろっても、これを使う情景が醸し出されなければ、ただの宝の持ち腐れである。四キロも離れている西の連吾川で戦っていても、長篠城が落ちては何にもならない。信長はこれらの状況を踏まえて、酒井忠次の献策を敵に知られないように秘密裏に採用したのが真相だと考える。

娘を嫁に取らせた奥平城主の必死の訴えに対し、家康も長篠城は何としても守らなければならなかった。家康にとっても、三年前の三方ヶ原の戦いに惨敗し死を覚悟したほどであったが、この長篠の戦いではそうはいかない。当時吉田（豊橋）城主だった典型的な三河武士の酒井忠次のこの奇襲作戦に勝利する必要がある。事実、奇襲隊は鉄砲の威力によって、鳶ヶ巣山五砦を突破し、眼下の城兵と協力して設楽原に押し出し、武田軍を挟撃できて楽勝したのである。この場合、もし鳶ヶ巣山の奇襲が成功しなければ、連吾川で柵を作って鉄砲で待ち構えているところへ武田軍が強行突破するような動きとはならず、持久戦とならざるを得なかったであろう。鳶ヶ巣山の奇襲があったればこそ、信長・家康連合軍は武田勝頼軍に圧勝したのである。そうだとすれば、〝鳶ヶ巣山の奇襲戦、これを語らずして長篠合戦をかたることなかれ（金子華石）〟ということになろう。

長篠城址

乗本

今尚、「柵を作って鉄砲で待ち構えているところへ、何故武田軍は強行突撃をしたのか」と疑問視する向きもあるが、以上の梶村の実体験に基づく考察によれば、その理由と経過はほぼ明らかであろう。勝頼が本陣を築いた長篠山医王寺の片葉の葦の弥陀ケ池のほとりに立つ漢詩「忠言元逆耳　人要反求深　片葉千秋恨　為誰盡愫心」の意味を考え、我信長なれば、我家康なれば、我勝頼なれば、我忠次なればとの思いで熟考すれば、本当の歴史が垣間見えてくる。酒井忠次は典型的な「三河武士」の一人だった。

〝松山越え　鳶ケ巣山奇襲戦を忘れちゃいやよ　長篠合戦（鳶ヶ巣の狸）〟

なお、鳶ヶ巣山五砦のうち久間砦は現地に標識がなかったので、梶村（昌義）が平成二〇（二〇〇八）年五月一日石碑を建てた。また、中山砦は新東名高速道路の建設により一旦は消えたが、中日本建設・大林組・鳶ヶ巣山の戦いを考える会（会長梶村昌義）等により新砦が建設された。

（原典・愛知県古銃研究会『あい砲』三一号（令和二年）四三頁以下）

【三―6】

鳳来寺の今昔（奈良時代から今日までの沿革と現状）

鈴木　孝行（新城市教育委員会職員、平成二九年執筆）

鳳来寺山（本堂）

（本稿は、当時の新城市教育委員会臨時職員鈴木孝行氏が林正雄氏・小笠原道男氏両名の助言を基に執筆し、平成二九年三月一五日同委員会名義で発行された『鳳来寺の今昔（鳳来寺山名所図絵）』が、昨今における最も優れた解説書であるため、編者梶村が要約して作成し、御多忙な鈴木氏の了解を得たものである。）

一　鳳来寺及び鳳来寺山の概略

鳳来寺は、新城市内の鳳来寺山中腹の標高四五〇メートルに本堂が所在する奈良時代前から続く修験道を始祖とする古刹である。鳳来寺山は、一四〇〇万年前の海底からの火山活動によって隆起した山体から侵食を受けて形成された「鏡岩」（屏風岩、表紙写真参照）と樹齢八〇〇年、高さ五八メートル、根回り直系四・二メートルの「傘杉」等を有する峻厳な霊山である。その後鳳来寺は、鎌倉時代には源頼朝（一一四七～一一九九）、戦国時代には武田信玄（一五二一～一五七三）や井伊直政（一五六一～一六〇二）

が滞留し、江戸時代には徳川家光の発願によって東照宮が境内地に建立されるなど、武士とのかかわりも深かった。

二　鳳来寺・鳳来寺山の沿革

山城の国に生まれた利修仙人（五七〇?〜八七八?）は、推古一九（六一一）年に鳳来寺山の七本杉の内霊木を伐り、薬師仏等を彫り安置し、斉明七（六六一）年百済に渡り六人の護法師を従えて帰国の際に鳳凰（本書第二冊目表紙参照）に乗って帰朝し理趣教を伝え、理趣仙人と号し、白鳳元（六七二）年「煙巌山」を開いた。大宝元（七〇一）年文武天皇御病気につき草鹿砥公宣卿を勅使として理趣仙人に祈祷修法を依頼、大宝二年「鳳来寺」の佳名を賜り、勅願により諸堂建立、大宝三年仏閣造立。天平一（七二九）年心目坊祐（仙修の弟子）鎮守三社権現を勧請。天平宝宇一（七五七）年聖武天皇の御悩、鳳来寺への立願で平癒、光明皇后「鳳来寺」の額を賜う。元慶二（八七八）年開基理趣仙人三〇九歳にて勝岳院に入定、その際三鬼の首を刎ねて本堂の柱下に埋納したと伝える。

以下、平安末期から鎌倉時代にかけて、一三〇〇年頃鏡岩下遺跡から無経筒外容器・鏡・骨壺等発掘、一四〇〇年頃岩本院墓地に室町初期の五輪塔、一四五〇年頃から鳳来寺田楽が発祥。明応年間（一四九二年）長篠菅沼・作手奥平・田峯菅沼（山家三方衆）より三千石の寺領寄付（当時二四坊あり）。元亀三（一五七二）年三方ヶ原の合戦で鳳来寺門徒家康側に味方。天正三（一五七五）年五月長篠・設楽原の戦い、寛永一七（一六四〇）年春日局若君誕生祈願に御代参。慶安四（一六五一）年家光・東照宮完成、万治三（一六六〇）年御朱印更改、鳳来寺領八〇三石余・東照宮領五四六石余、計一三五〇石。

明治になって、元（一八六八）年神仏混交が禁じられ、東照大権現→東照神君、鳳来寺東照宮→鳳来山東照宮、鳳来寺百観音→新城宗堅寺、医王院薬師如来→新城最勝院、鏡堂の鏡鑑を四〇〇〇円で売り払い鳳来寺・東照宮・門谷小・師範学校へ分配。明治三九（一九〇六）年天台・真言両宗教管長協議で真言宗高野派に統一。大正一三（一九二四）年鳳来寺山大火、三千町歩消失した。なお、戦後のことであるが、昭和二六（一九五一）年鳳来寺は高野山金剛峰寺より離れ、五智教団を結成し本山となり、寺名は、「真言宗五智教団大本山煙巌山鳳来寺」と称し、また松高院は真言密教の法灯を守り、寺名「真言宗金剛峯寺末鳳来寺松高院」となる。昭和二七年、東照宮は神社本庁に包摂され神社として認証され、社名は明治以来の鳳来山東照宮が「宗教法人東照宮」となる。昭和三四（一九五九）年棟方志功作「梵鐘」が鋳造された。昭和四九（一九七四）年鳳来寺本堂が落慶を見、今日に至る。

三　各種の鳳来寺関係の文化財認定と全国的視野への動き

昭和五（一九三〇）年、長篠西横山出身の早川孝太郎（一八八九～一九五六）は、奥三河を中心としたその著『花祭』で鳳来寺田楽を紹介した。昭和六（一九三一）年文部省が鳳来寺山表山（南西面）約一二六ヘクタールを「名勝天然記念物」に指定し、昭和八（一九三三）年鳳来寺表参道入口に「名勝及天然記念物鳳来寺山」の碑建立。同年夏NHK名古屋放送局が仏法僧（コノハズク）の声を実況放送した。昭和一七（一九四二）年田口鉄道鳳来寺駅横の奥平仙千代丸の墓に宝篋印塔と記念碑が立ち、この年鳳来寺の釣鐘と金仏様が供出された。昭和二八（一九五三）年鳳来寺山門と東照宮が「重要文化財」に指定された。昭和三七（一九六二）年自然科学博物館竣工。昭和四〇年「コノハズク」を愛知県鳥に指定。昭和四四年鳳来寺山が天竜奥三河国定公園に編入。昭和四六年東海自然歩道が三河地区整備。昭和五三（一九七八）年文化庁が鳳来寺田楽を重要無形民俗文化財に指定。平成一五（二〇〇三）年鳳来寺山歴史シンポジウム「日本を動かすもの」（作家井沢元彦）、この年東照宮創建三五〇年記念・平成大改修完了記念大祭。

四　鳳来寺の文化と家康出生の秘話

文化関係では、松尾芭蕉（一六四四～一六九四）は、元禄四（一六九一）年奥の細道の帰途、新城により太田白雪等の案内により鳳来寺参詣。「こがらしに岩吹きとがる岩間かな」「夜着ひとつ祈り出でして旅寝かな」。十返舎一九（一七六五～一八三一）は、文化一二（一八一五）年鳳来寺を訪れ、「聖代のしるしハ見えつ朝まだきはれあかるきり鳳来寺」。若山牧水（一八八五～一九二八）は、大正一二（一九二三）年鳳来寺医王院に泊まり「仏法僧仏法僧となく鳥の声をまねつつ飲める酒かも」。

家康（一五四二～一六一六）誕生の秘話として、父松平広忠（一六歳）と母於大（一四歳）夫婦が男の子を得たいと鳳来寺に祈願お籠りをしたところ、於大の方の夢枕に現れた老翁のお告げの通り金の玉が腹の中に入り、床の下には薬師如来の尊像があった。この時以来身重になり男の子（家康）が寅の刻に生まれた時には十二神将の中の寅童子が紛失し、家康が亡くなった時に戻っていたという言い伝えから、家康は寅童子の生まれ変わりだといわれた。

五　これからの課題

『鳳来寺の今昔』では、以上では紹介しきれないほどの色彩入りの写真等多くの情報を提供した上、そのあとがきで鳳来寺・鳳来寺山は、「多くの歴史的事象を有する宝庫となっていることでその名を全国に知られる」に至っているとされる。まとめ役梶村の感想を最後に一言述べさせていただければ、最近鳳来寺参拝や観光が下火になりかけていることでもあり、今回の本書出版を機に、鳳来寺の宗教的意義を再確認した上、鳳来寺田楽等古来の伝統を維持増進させ、ひいては鳳来寺名物の秋の紅葉や春の桜などを更に多く植えこみ、五平餅などの名品宣伝普及にまい進するなど、我々後輩の観光開発努力が大いに期待されていることを強調しておきたい。

コラム

鳳来寺山の岩壁・森林・動物

鳳来寺山は、基盤の領家花崗岩類・変成岩類（白亜紀中後期）の上に礫岩・砂岩・泥岩・凝灰岩からなる海成層（第三紀中新世）が発達し、その上を流紋岩・デイサイト・安山岩等の火山岩類が厚く覆ったことにより形成され、その後、長年の侵食により現在の切り立つ岩壁を持つ山の風貌となった。例えば鳳来寺山のシンボル「鏡岩」は、高さ数十メートルもある大岩壁である。鏡岩の大部分を構成する松脂岩（ピッチストーン）は、松ヤニのような光沢を持つガラス質の流紋岩から構成されており、日本の代表的な産地となっている。この松脂岩は二〇〇七年に「新城市の石」、二〇一六年に「愛知県の石」に指定されている。

鳳来寺山は二次林となっており、モミ・ツガを主とする温帯樹種に混じって、カシ類・ヤブツバキ等の暖帯植物や、ラン類・シダ類・コケ類が繁茂する豊かな植物群落となっている。岩場に自生するホソバシャクナゲは、本地域を代表する固有種である。動物の種類も多く、モリアオガエル・ニホンモモンガ・ホウライジギセル等が生息している。また、新城市の鳥（二〇〇七年指定）、愛知県の鳥（一九六五年指定）の「コノハズク」が生息する山としても知られており、美しい声で「仏法僧」と鳴く。当自然科学博物館展示室で、その声を聞くことができる。（鳳来寺山自然科学博物館学芸員　西村　拓真）

【三－7】

村人と年貢

梶村　史麿

一　乗本村

これは三河国乗本村本郷の話である。乗本村は現在の愛知県新城市乗本である。その昔この近辺には、蔵平、宇川、大平、栗衣、乗本、久間、卒川という七つの村があった。

豊川上流の宇連川と合流する地点に、長篠城址がある。その対岸に拡がる緩やかな傾斜地にある集落が乗本村で、この地域の中心地であった。

江戸時代初期からのことと言い伝えられているが、この地域は豊川の回漕が盛んであった。長篠城下の豊川左岸にその河岸があり、回漕はこの河岸を起点として出帆していたので、舟運の起点、即ち「乗本」がその集落の地名の由来と言われている。

江戸時代の何時頃かは定かではないが、この七か村は合併して一つになり、その村名を乗本村とした。そのために従来の乗本村は本郷組となった。

本郷組は明治九（一八七六）年に久間組と合併して一つの行政区となり、現在は本久区と呼ばれている。

本久区に残る古文書の中に『田畑山林譲地證文帳』という本郷組の公文書綴と、『諸書附下書留控帳』という名主柿原喜平次の文書控がある。

この文書はいずれも嘉永年間のことから始まるが、この時代は黒船来航、尊皇攘夷運動と安政の大獄、そして、大政奉還から戊辰戦争へと繋がる激動の時代であった。

こうした動乱の世に、本郷組の人たちはどのように暮らしていたのか。どのような影響があったのか。これらの文書からそれを推測することは出来ない。しかし、そこに垣間見えるのは、庶民の苦しい暮らし振りの一端である。

二　年貢

（一）本郷組の年貢

江戸時代、乗本村は天領（幕府直轄地）であり、赤坂代官所（豊川市）の管理下にあったので、年貢もこの御役所によって徴収された。

江戸時代の社会は村請制といって、領主の指示・命令は村が受ける仕組みになっていたので、年貢についても領主

（御役所）は村に通達し、村に納入義務を負わせた。

毎年、乗本村は御役所から年貢高の呈示を受けると、村役人立合により各組の負担分を決めた。年貢高は総額で請求されたので、これを各組の耕作面積の比率によって配分した。

その内容を記した『年貢割賦之事』によると、村に課せられた年貢は、田方・畑方に対する賦課だけではなかった。それに追加して、役（綿役・鉄砲役・舟役）、高掛り（伝馬宿入用・六尺給米・蔵前入用）、運上（井林役）などが、その他の租税として課せられた。

田方の年貢は米の量（石斗升合）で計算され、畑方の年貢は銀で計算されている。また、その他の租税は銭または永で計算されている。そして、それらを合わせた年貢納入総額は、金及び銭に換算して表示されている。これは当時には既に、年貢は米納から代金納に改められていたためである。

本郷組が納入した年貢高を、年号別に選んで**表1**に示す。「高」は現代の税制における課税所得に当たり、田方の収穫量に畑方の収穫量を米（石斗升合）に換算して合算した数量である。

表1

年	高（賦課対象収穫量）				年貢高			
					金		銭	
	石	斗	升	合	両	分	貫	文
文元4（1739）	121	5	1	4	46	1		138
寛保2（1742）	120	2	4	5	38	1		15
安永7（1778）	112	1	9	2	33	3		92
天明7（1787）	112	3	2	5	45	1	1	138
寛政9（1797）	111	5	7	4	32	3	2	611
享和2（1802）	111	0	1	1	34	1	1	170
文化8（1812）	111	5	6	5	30	1	1	983
文政6（1823）	114	4	6	7	32	2	3	259
天保4（1833）	115	1	2	1	49	2	3	994
嘉永元（1848）	129	3	3	3	46	2	2	564
安政5（1858）	134	9	1	5	61	3	1	784
万延元（1860）	138	2	0	5	70	1	1	785

寛保時代から文政の初期にかけては世が安定していたのか、高にも年貢高にも大きな変動がない。但し、天明七年の年貢高が急増しているのは、天明の飢饉の影響ではないかと思われる。

それが文政一〇年代からは高が漸増し、それ以上に年貢高が高騰している。これは幕末の幕府財政の逼迫を表しているのではないと推測する。

(二) 年貢高

本郷組に賦課された年貢高の村人各戸への配分は、村役人によって決められ、それを組頭が『年貢割付帳』という文書に記した。宝暦三（一七五三）年と文化元（一八〇四）年の『年貢割付帳』の記載内容をまとめて**表2**に示す。

年貢は金と銭で納められていたので、銭は四千文を金一両として金に換算した表である。

表2

年貢高＼年	宝暦３	文化元
金６両以上７両未満	２戸	
金３両 〃 ４両 〃	１	
金２両 〃 ３両 〃		５戸
金１両 〃 ２両 〃	５	５
金３分 〃 １両 〃	３	１１
金２分 〃 ３分 〃	７	１
金１分 〃 ２分 〃	８	１４
金１分未満	１７	８
年貢納入戸数	４３戸	４４戸

宝暦三年の年貢高の各戸の平均は約金三分一朱であり、文化元年の平均は約金三分である。平均以上を納付したのは、宝暦三年は一一戸であり、その内の上位八戸で組総額の六七パーセントを納入している。文化元年に平均以上を納入したのは二一戸であり、その内の上位一〇戸で組総額の五二パーセントを納入している。

このことから、本郷の農地の多くは一部の大地主の所有地であり、村人の多数は大地主の小作農か、少しの自作地を持った小作農であったことが分かる。

当時の貨幣価値はよく分からないが、田は嘉永年間に一畝一〇歩を金八両、安政年間に一畝一〇歩を金一〇両、畑は安政年間に二畝を金九両、慶応年間に二畝一七歩を金九両で売買された記録がある。

(三) 年貢率

田方の年貢率は、上中下の三段階に分けて決められており、文元年代から天明年代までは、上田は五割五分から五割八分、中田は四割六分から四割八分、下田は一割九分から二割九分であった。それが寛政年間に入ると、上田は四割から四割八分、中田は三割四分から三割九分に下げられたが、下田は一割九分から三割四分に引き上げられた。

この年貢率の三段階を平均すると、田方の年貢は天明年代までは「五公五民」であったが、寛政年代からは「四公六民」となっている。

年貢率が低下したのは、江戸時代の後期になると農機具の改良や作物の品種改良、そして肥料作り技術が進展して生産性が向上したためであると言われる。

定免法による検見（けみ）の高は課税基準であって実測値ではな

いので、どの程度実態を反映しているか不明であり、そこから村人に伸し掛かった年貢の重さを実感することは困難である。しかし、狭い耕地面積で収穫の絶対量が少なかった本郷組の村人にとっては、たとえ少額であっても五割、四割という年貢は、大きな負担となっていたことに相違ない。

(四) 年貢納入の困難

『田畑山林譲地證文帳』には、年貢納入に差し詰まり、田畑・山林を売って納めたという証文が、嘉永五年から慶応四年の一八年間に一八五物件について残されている。その内容をまとめて**表3**に示す。

村役人は納入が困難となった村人から年貢高に見合う田畑・山林などを差し出させ、村役人が地主の村人に代わって買手と交渉し、その売上代金から年貢高を徴収した。

田畑などの売買には、契約と同時に所有権が移転する通常の売買と年季売りという方法があった。年季売りとは期限(年季)を定め、それまでに元金(売買金額)を返済すれば、無条件で売り渡した田畑などを取り戻すことが出来るという売買方法である。二二物件の売買がこの方法であった。

また、子供を年季奉公に出し、その給金で年貢を納めた村人もいた。年季奉公とは豊かな農家や商家に一定の期限(年季)まで住み込んで、家事や家業に従事する雇用である。嘉永五年に、本郷組の百姓周蔵が年貢納入に窮し、息子

表3

年	物件数	田			畑			山林				売買額			
		面積			面積			面積				金			銀(匁分) 銭(文)
		反	畝	歩	反	畝	歩	反	畝	歩	不明	両	分	朱	
嘉永5(1852)	35	1	6	23	2	3	21	3	4	28	2か所	157	1	1	5匁 535文
6(1853)	27		7	2	1	1	8	6	2	0	1か所	109	2	2	3匁
7(1854)	9			26		3	24					11	2	2	
安政2(1855)	15		3	9		5	14					26	3	2	
3(1856)	30		3	25	2	6	18				1か所	66	3	2	
4(1857)	23	1	0	18	2	0	17	1	4	0		64	0	2	5匁4分
5(1858)	4					2	24					9	3	0	
6(1859)	10		1	15		7	4					5	3	0	
万延元(1860)	6	1	4	6		6	25					39	2	2	
文久元(1861)	3		1	7							2か所	11	3	1	
2(1862)	9		6	14								45	2	0	
元治元(1864)	6				1	0	1					13	0	2	
慶応元(1865)	2					2	24					9	2	0	
2(1866)	4		3	3							1か所	14	2	2	2匁2分
4(1868)	2					2	17			12		10	2	0	

の音蔵を給金三両で三年の年季奉公をさせること、そして、内金二両を前受けして年貢を納めることを雇い主の弁蔵に、周蔵、親戚、保証人及び村役人の連署で誓約した証文が残っている。

三　逃亡

遂に貧しさが限界に達してしまった村人もいた。年貢の納入や借財の返済に事を欠くにも拘わらず、稼ぎの目途は立たず、もう誰の援助も望めなくなった村人に残された道は欠落（かけおち）（逃亡）であった。

『諸書附下書留控帳』には、嘉永七年一月一六日の夜に、三〇歳の源助が女房と母を連れて金比羅詣でに行くと言って出かけたまま行方を暗ました。

村人が手分けして金毘羅道筋、信州道筋の中泉から江戸海道まで捜索したが見付からなかったと、村役人が御役所に届出た文書がある。

乗本村は逃亡者が出ると、御役所に宗門人別帳からの除外を願い出て、村に迷惑が掛からないようにした。これは親子親戚からも縁を切られるものであるから、逃亡者は二度とこの村には帰らないと覚悟しなければならなかった。

しかし、逃亡者の帰還を受け入れた話がある。安政四年のこと、予て逃亡中であった百姓伊兵衛が、隠遁生活に耐えられず帰村した。伊兵衛の身の上に同情した親類や村役人が、彼の受け入れを御役所に嘆願した文書がある。この史料を次ページ以降に掲載する。

四　まとめ

山間にある本郷地域の農業は零細であり、生産性が低かった。この収入の少なさが年貢負担の重さ以上に、村人の貧困の原因であったと考えられる。しかし、村人にとっては農業の他にも稼ぎはあった。主なものは、植林、間伐、伐採といった山仕事や炭焼きなどの林業の雇用である。

また、養蚕業も既に普及していたので、多くの村人はこうした副収入で家計を支えていたと考える。

本郷組に残された古文書の中には、善光寺詣でなど村人の旅行に関する文書や鳳来寺藤本院延命講などで金銭の貯蓄を記録した文書もあり、相当の余裕を持った暮らしをしていた村人も多かったようである。この動乱の時代にあっても、本郷組には貧富の差は大きかったが、村人の平和な暮らしがあったと思われる。

恐れ乍ら書付を以て願い上げ奉り候

八名郡乗本村
百姓
伊兵衛
当巳四十四歳

右の者は当村百姓伊兵衛　去る嘉永六年丑四月中ふと家出いたし候につき　心当たりの場所々々相尋ね奉り候得共　一向行方相知り申さず候　其の段早速御届け申し上げ置き奉り候ところ　日数百八十日尋ね奉り方仰せ付けられ　油断なく相尋ね奉り候得共これまた一円知り申さず候につき　旧離帳外に願い上げ奉り候ところ　猶またその段御届け申し上げ奉り候　然るところ当月十日村方へ立ち帰り　親類組合まで申し出候は　先年心得違いにて無沙汰に家出いたし候段は一忘の申し訳これ無き候得共　追々借財相嵩み返済方に差し支え候間　余儀なく家出いたし　遠州豊田郡月村にて山稼ぎ

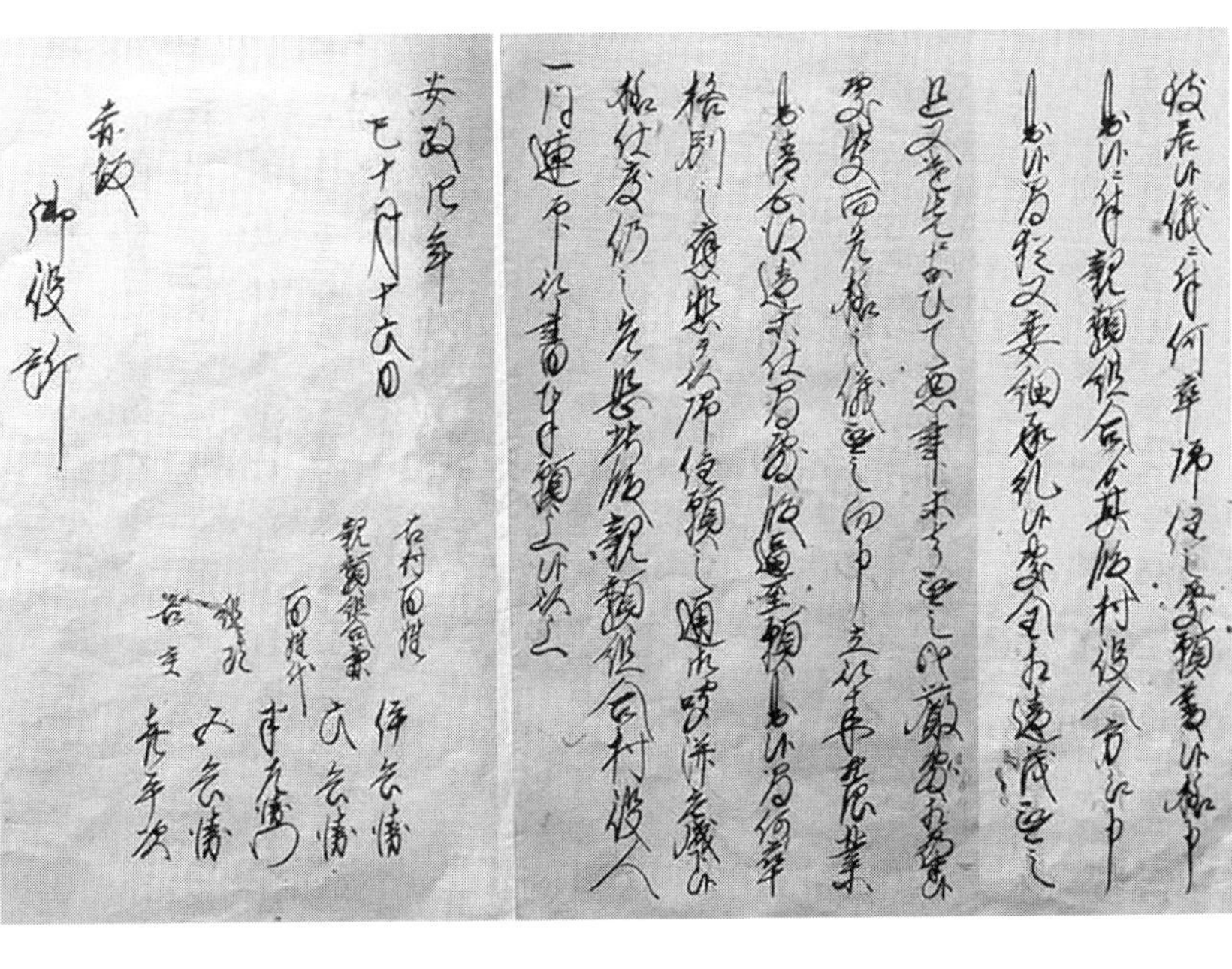

致し居り候儀につき　何卒帰住のところ願いくれ候様申し出候につき　親類組合よりその段村役人方へ申し出候間　猶また委細承り糺し候ところ全て相違もこれ無く　且また遣い先において悪事等はこれ無き哉厳しく相尋ね奉り候ところ　決して左様の儀これ無き向き申し立て　以来農業に精出し心得違い等仕りまじく候　必死に願い出候間　何卒格別の応悲を以て帰住願いの通り御聞き済み成し下され候様仕り度　これに仍って恐れ乍らこの段　親類組合村役人一同連印の書を以て願い上げ奉り候　以上

安政四年
巳十月十六日　右村百姓　伊兵衛
親類組合兼　六兵衛
百姓代　半左兵衛
組頭　五兵衛
名主　喜平次

赤坂
御役所

コラム

「乗本今昔」（梶村史麿）について

前記梶村昌義氏論稿掲載の写真「乗本」は長篠城址の三輪川向うにあり、新城市乗本地区の一部であるが、「乗本今昔」はその乗本における江戸時代から明治時代にかけての寺社石仏・盆行事や葬式など文化的遺産・伝承等を幅広く集めた貴重な文献である。梶村史麿氏論稿【三―7】の「年貢」の話もこの中で出てくる。史麿氏は写真家でもあって、「乗本今昔」には古文献や古老から聴きつけた話とともに各種写真が飾られていて分かりやすく、江戸の天領だった一地方「乗本村」の古今の実情が網羅的に理解でき、興味が尽きない。私が中学時代体験した「万灯の火は燃えて」（中学機関誌登載）の「乗本万灯」（県無形民俗文化財）の解説も出てくる。史麿氏は私の旧宅の斜め前にあった「精米屋」の跡取りであり、高等学校長等を歴任された知識人である。中には山仕事に出かける牛たちとその背後に取り壊した拙宅が移った写真もある。乗本では「馬」ではなく「牛」が農作業等に利用された。「乗本今昔」は、その他「乗本」の地名の由来や子どもたちの仕事と遊び・豊かな清流と山里など、いわば奥三河地方の一農村の今昔物語が綴られ、「三河学」研究の一対象である。新城高校卒業まで過ごした私の出身地・わがふるさと「乗本」のモニュメントであり、私の終生の宝物である。

梶村史麿著：「乗本今昔」

乗本の共同墓地の入口に「大日堂」がある。明治維新政府の廃仏毀釈の運動は当時この地にも押し寄せ、隣村山吉田のそれも峻厳を極め、満光寺の和尚も疲労困憊となっていたとき、乗本村本郷の組頭が村人の賛同を得て、当時無住となっていた大日堂に呼び寄せ、お寺を守った。梶村家の墓もその近くにあり、私もいずれそこに入ることにしている。

（新城ふるさと応援隊　梶村　太市）

コラム

東海自然歩道と山野辺の道・熊野古道

二〇二三年六月、奈良県天理市の石上神宮（いそのかみじんぐう）から山野辺の道を二時間ばかり歩いた。その際、そこも東海自然歩道の一部であることの標識を見つけびっくりした。東海自然歩道は、東京都八王子市から愛知県や岐阜県を経由して奈良県・京都府・大阪府まで延々と続く。愛知県ではもちろん鳳来寺を通る（写真参照）。東海自然歩道ではないが、同年五月の新緑の真っ最中に伊勢神宮と熊野古道・高野山を巡ったのは圧巻だった。二時間近くの熊野古道を歩いた時はさすがに疲れた。八〇歳を超す高齢となり、せめて足腰は鍛えたいと毎日一時間以上歩くようにしたい。と思って考えてみると、東海自然歩道を歩いたことがなかったことに気が付いた。近いうち是非歩いてみたい。

（新城ふるさと応援隊　梶村　太市）

【三－8】

裁判所速記官同級会　全国から湯谷温泉に集う

弁護士・元裁判官　梶村　太市

昭和三五（一九六〇）年四月から二年間東京都文京区湯島の岩崎弥太郎邸所在の裁判所書記官研修所速記部を昭和三七（一九六二）年に卒業した一一期生四五名（内女子三四名）中一六名が、令和四（二〇二二）年一一月一五日から三日間、新城市内の湯谷温泉泉山閣（湯谷観光ホテル）で同期会を開いた。二日目には、香嵐渓・設楽原古戦場・道の駅もっくる新城・長篠城址等を回り、三日目にはオプションで鳳来寺・武田勝頼本陣医王寺（梶村菩提寺）・豊田市美術館等を巡った。一一期生寮歌（故出村慶子作）と三人の参加者の感想文を次に掲げる。

後述の清水論稿にある明石武美会員が去る四月二三日急逝。惜しみて余りある。六月二一日上野の森での「偲ぶ会」には近隣の八名の他に滋賀県から沖村敏夫・舞葉夫妻が駆け付けた。後述の「コラム」にある明石農園の園長誠一氏は武美氏の長男。

裁判所書記官研修所速記部一一期生寮歌

作詞・作曲　出村（梶村）慶子

「緑あふれる広き庭
こじゅけいの声満ち満ちて
小高き岡の風清ら
鹿鳴の世のしのばるる
ゆかしき館はわが館

はるかに望む不忍の
池面をこがす夏の陽や
また紅に燃ゆる庭
ともにうたいし二年の
情けの友よ永遠にぞと

つめたき風の切通し
遠き坂道踏み来れば
われさしまねく大銀杏
かたき研鑽のりこえて
ともに進まん一一期」

岩崎弥太郎邸（https://www.tokyo-park.or.jp/park/format/about035.html）

六〇年目の同期会 湯谷温泉に集合

東京　清水　忍

梶村さんを発起人、中村さんをリーダーとする東京幹事団は三回余の幹事会を開いて計画を練った。それまで続いていた第八波のコロナウイルス感染症の波は、開催当日の一一月一五日に至るまで一向に衰える気配はなく、予定通り開催できるかどうかとても不安だった。それでも、景気浮揚対策に躍起になっていた政府は、地域限定クーポン券を発給するという旅行支援のキャンペーンを張ってきたので、ホテルのチェックイン時に本人確認書類とコロナワクチン接種済証を添えて参加同意書を提出する手続が必要とされた。私達はみな八〇歳を超し、旅先での体調の変化に大変気を遣う年代なので、ドタキャンがないか心配だったが、杞憂に過ぎなかった。一一月一五日午後二時過ぎ、出席予定の一五名（男性三・女性一二）全員が昔の面影を漂わせながら、会場の湯谷観光ホテル「泉山閣」のロビーに次々と元気な姿を見せた。女性幹事団による会費徴収や部屋割りの手続などすべての手続が終わると、それぞれ割り当てられた部屋に入って旅の衣を解いた。

午後六時の開宴に先立って、菊池さん作成の同期会横断幕を背に恒例の記念撮影。その後、あのソフトな調子の明石さんの司会で宴会が開始。初めに、梶村さんからあの朗々と響き渡るような声調で挨拶があった。続いて、新潟柏崎からシェアハウスしている友人の車ではるばるやってきた、いつもながらにタフネスな大田さんから乾杯の音頭が発せられて、開宴セレモニーはつつがなく終わり、目の前に並んだ奥三河の食材をふんだんに使った郷土食豊かな懐石料理を肴に賑やかな酒宴が始まった。一時間ほどたった午後七時ごろ、海老原智子さん（神奈川）、東治子さん（埼玉）、清水（東京）、中村嘉子さん（千葉）、栫井充子さん（鹿児島）、森下禮子さん（長崎）、明石武美さん（東京）、菊池弘子さん（東京）、藤田順子さん（神奈川）、太田伸江さん（愛知）、紀平正樹さん（紀平孝子さんのご主人）、廣川陽子さん（東京）、大田操さん（新潟）、紀平孝子さん（三重）、土山俊子さん（熊本）、梶村太市さん（東京）の順に近況報告が行われた。皆さんの話はまるで私小説の一編を読んでいるかのようなリアル感があって、メモを取るのも忘れて思わず聞き入った。本人を含め家族の健康に関すること、研修生活のエピソード、地域、一般でのボランティア活動に関すること、今楽しんでいる趣味のこと等々だった。この夜ほど時を短く感じたことはなかった。近況報告が終わった後も、それぞれ、あの時の思い、今の思い、これからの思いを語り合い、約三時間の宴会時間はあっという間に過ぎてしまった。なお、森下さんから来る途中立ち寄った津山の本田さんから「皆様によろしく」との伝言、海老原さんから金沢の故鍋島真智子さんに関する情報などがそれぞれ追加報告された。午後九時過ぎ、全員で一一期生寮歌を三番まで歌い、最後の晩餐ならぬ同期会最後の宴会は静かに幕を閉じた。

翌一一月一六日は、一階ロビーから板敷川上空を飛ぶ数十羽のトンビの餌付けを見た後、午前七時四五分、友人の車でまた帰っていく大田さん、ホテルに残る森下さん以外全員、ホテルのマイクロバスに乗って天竜奥三河国定公園の観光に出発した。この日は絶好の行楽日和に恵まれ、中部一と言われる香嵐渓の絶景の紅葉を心いくまで堪能し、梶村さんの実家のほぼ三〇〇メートルの近場にある長篠城址もゆっくりと探索して回った。予想以上の人出で交通渋滞が予測されたため鳳来寺山へは向かえなかったが、途中休憩に立ち寄った新城の土産物店で、地域限定のクーポン券を使って買物をしたりして、午後五時ごろホテルに帰ってきた。

以上をもって、三日目の自由行動までの同期会の報告を終わるが、筆を置く前に、梶村さんは何故自ら発起人となり、自らの生地で、自ら過分の費用を負担してまで今回の同期会を開こうとしたのか、気になっていたことを書き添える。彼はそれなりの理由を案内状に書いていたが、私はどこか腑に落ちなかった。もう一度彼の送ってくれた「臨床調停学入門1」（恒春閣発行）を読んでみた。そこで生前の母の言葉を見つけた。重い言葉だった。彼は高校卒業後、書記官研修所に入所するために母の意に反して家を出た。そして一期一会、一一期の素晴らしい仲間と遭った。そしてニイチェの言う運命愛によって結ばれた。故郷奥三河の乗本の梶村家の墓に母は眠っている。彼もまたそこに眠るつもりと断言された。母が眠る故郷、自分を一八歳まで育んでくれた故郷を一一期生の仲間達に見てもらおう。そうすれば母と一一期会に贖罪が叶うと彼は考えたのではないだろうか。

次もまた行けそう

熊本　土山　俊子

いいお天気　いいお宿
そしていい感じの幹事さんの頑張りで
久々に懐かしい同期生との集い
穏やかでやわらかな笑顔に満ち溢れていた

（中村嘉子写す）

八〇年以上過ぎた人間同士　なんだかんだと言いつつも
前向きに優雅に
人生を楽しんでいるようで　すごく元気をいただいた
コロナ禍の中　思い切って出かけてホントよかった！
昔々の懐かしい話や今まで知らなかった裏話なんぞに
あんなことこんなことあったっけ？
その記憶力の素晴らしいこと！　恐れ入谷の鬼子母神！
（二日目の夕食時に）華やかな浴衣に替わり文庫結び？
にバッチリ決めた
昔乙女の面影あるあるで一瞬タイムスリップしたかのよう
すっかりいい気分にさせてもらってご機嫌だった
香嵐渓の鮮やかな紅葉　長篠古戦場
特別オプションの鳳来寺山　豊田美術館
大忙しだったけれど元気に回れてよかった
次もまた行けそう（知らんけど）

（最近新聞を見ていて目にとまった）
「秋風やたぶん最後の同窓会」（朝日俳壇）
一緒のお人がいましたね

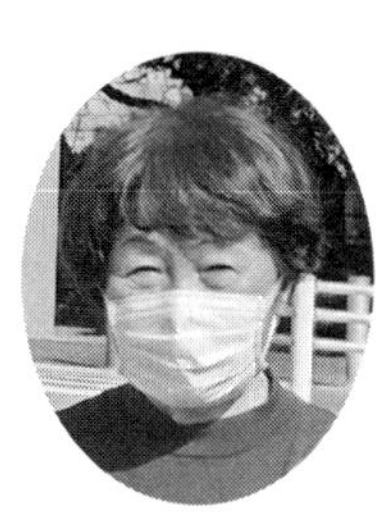

「蛍雪時代」が結んだ一一期との絆

鹿児島　栫井（かこい）充子

最後の同期会との案内をいただいて、本当にやるの？と思い、コロナ禍で、ましてやワクチン接種もせずにひきこもり生活をしている身としては、行きたくもあり、行ける自信はなし、で、最初はちょっと迷っていた。でも旅慣れた土山さんや森下さんという心強い同行者もあり、本当に行ってよかった。「青春にさよならの旅」という気持ちにもなった。湯谷温泉駅の帰り花に迎えられて、最後の同期会の開催を象徴しているみたいと思った。いつも参加していたあの人、この人の顔が見えない寂しさはあったが、いろいろと話してると、どなたも参加しているような不思議な感覚になった。

私が書研のことを最初に知ったのは、蛍雪時代に載っていた各種学校の案内の記事だった。倍率三〇倍とあり、すごいねーと思って読んだ記憶があった。一〇期生の倍率だったのだろう。模擬試験のつもりで受けて、合格したことが地方新聞に載った。よく覚えていないが、難関だけど、こんな前途洋々たる職業がある、みたいな記事だったと思う。その新聞社は潰れて、今はない。速記も有望な仕事ではなくなったかもしれないが、書研で皆さんと知り合えた幸せを感謝している。一一期生の一員でおれたことは私の人生の宝である。

コラム

無農薬明石農園

埼玉県三芳町にある「明石農園」は、四町五反（約三〇〇〇坪）の畑を経営し、無肥料・無農薬で四季折々の野菜を栽培している。明石誠一氏は、武美氏の長男で一五年前から、固定種のタネを使用して野菜はみんなで育てるを理想とし、タネ採り（自家採種）も可能。希望者は参加自由であり、映画「お百姓さんになりたい」（ｍａｚｅｃｏｚｅ研究所）でも紹介され、全国的に評判になっている。新城・奥三河の農業の在り方にも参考になりそうである。

（新城ふるさと応援隊　梶村　太市）

コラム

湯谷温泉（ゆやおんせん）と奥三河

湯谷温泉は、北西には香嵐渓・鳳来寺・東海自然歩道、北東には飯田までの天竜川の秘境、南東には遠州秋葉山・龍潭寺・浜松、南西には長篠城址・新城設楽原古戦場・豊川・豊橋があり、それらをＪＲ飯田線・複数の国道・新東名・三遠南信道で結び、いずれリニア新幹線によって飯田から東京・名古屋につながることとなる。いわば、奥三河の交通の中心地・要衝にある。

湯谷温泉は歴史が古く、八世紀に鳳来寺を開山した利修仙人がたびたび浴して長生きし、その後修行の場として「鳳液泉」と称し、皮膚病は治り足腰の痛みも消え、仏徳偉大なりと評判になった。湯谷は斎屋（いや）で斎戒沐浴するために籠る建物の意で、近年多くの人々から湯谷温泉の効能が評価され始め、周辺の観光と併せて連泊する人が増えているという。風光明媚な板敷川が流れ、近くには愛知県民の森や鳳来湖もあり、四季折々の変化に富む景勝地にある。是非皆様も訪れてほしい。

（新城ふるさと応援隊　梶村　太市）

第四章　どうする奥三河（展望）

長篠城址上空（梶村昌義氏提供）

座談会

◆日時：令和５年８月19日

◆場所：新城市役所本庁３階政策会議室

◆参加者

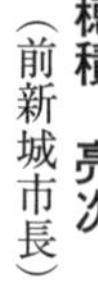

下江　洋行（新城市長）

穂積　亮次（前新城市長）

松下　裕秀（前名古屋大学副総長）

小林　宏之（元日航機長）（紙上参加）

伊藤　利男（元ブラザー販売社長）

松井　光広（元連合組織局長）

梶村　太市（元裁判官・現弁護士）【司会】

第一章　「俯瞰の奥三河」を巡って

梶村　早速ですが、小林宏之氏には、本企画が始まってすぐの令和五（二〇二三）年四月一一日には本書の原稿が送られて行きました。トップバッターです。全国的に知られている日本航空の名機長だった小林さんは、四〇年間高度一万メートルから地球を眺め続けてきた経験を基に、日本列島から新城・奥三河を俯瞰して、近未来の二〇五〇年の時点に立ち、持続可能な新城・奥三河を展望するという壮大な論稿を寄せられました。

小林　要点として次の三点を挙げたいと思います。

（一）二〇二五年の時点での世界の中の日本、そして日本列島を俯瞰して「どうする新城・奥三河」を考える必要がある。

（二）地球規模、日本列島の視点で見ると、奥三河は様々な潜在的条件に恵まれている。

（三）日本社会共通の課題である少子化と超高齢化社会への対応が求められる。

松井　私も八〇歳を超えましたので、高齢化対策が特に重要だと思います。私は本書一巻目の『それぞれの地方創生』の中で「二つの古里を持とう」と書き、①現住所（千葉県）と新城との往来活発化のためのボランティア活動、

②それぞれの古里のまちづくり、むらづくりを推進し、転出者も準市民に加える、③中山間地域の新城としてはやはり山林を活かす政策づくりが絶対に必要だとの三点を指摘しましたが、現在もその通りだと思っています。

小林　高度一万メートルから見る地球の美しさの一つに、森林の緑がある。奥三河はかけがえのない美しい山林に恵まれている。

伊藤　地域を取り巻く環境が大変厳しく、ともすれば近視眼的な施策になりがちなので、小林さんが指摘するように二〇五〇年の姿、ビジョンを描き、それを目指して総合計画を五年毎に見直していくのが望ましいと思いますよ。

梶村　さて、何と言っても本書のメイン論文ということになりますが、下江市長の「生まれ育ったふるさとを元気なまちにしたい」―人口減少と少子高齢化の現実に負けないまちを目指して―」は壮大な下江市政を俯瞰するまたとない論文です。基本は、下江市政の五つの目標、すなわち①将来に責任を持つ行財政改革、②安心して暮らし続けられるまち、③市民の安全を守るまち、④次世代が夢と希望が持てるまち、⑤人が集まる元気なまちの目標の実現です。

下江　人口減少と少子高齢化に負けないまちを目指すには、人口減少・少子高齢化は問題というよりは避けられない現実と受け止めた上で、人口動向の特性を正確に分析し、それに対応する将来を展望したまちづくりを進めていく必要があります。高等教育機関等への進学で、いったん市外へ転出している若者や、都市部で暮らす現役世代の方が、再び新城市へ戻ってくることができるような魅力づくり。周辺都市へも通勤通学ができるような手段の確保。高齢化・過疎化に対応できるような保健・医療体制の整備や、買い物・移動等における生活支援など、安心につながる施策の充実。交流人口の創出をまちの活力につなげるため、地域資源を活用した産業政策の強化。そして、住民自治の取り組みを定着させ、支え合いを育む人づくりと、みんなで助け合う地域づくりをさらに進め、市民の将来不安を取り除き、ふるさとと新城で暮らす誇りと安心を実感できるよう、まちづくりを進めていきたいと考えています。

松下　穂積前市長、下江市長の陣頭指揮の下、市民の皆さんが懸命に頑張っている様子は端から見てもよくわかるので申し上げにくいですが、下江市長の五つの目標のうち、②④⑤は実現にはまだ相当の距離があるので、地域の持続性維持のために尽力を続けて頂きたいです。小中高校の廃止・統合・合併は収束した感もありますので現状は死守してほしいですし、安心して子供を生み育てるためには市民病院の産婦人科の拡充は不可欠に思えます。

伊藤　五つの目標は、的を射たものと思います。ただ、新城の特色を一言で表し全国に知らしめる尖がった政策も期待したいですね。例えば「新城はＩＴ教育のまち」。ＩＴ教育で人材を育成し関連産業を誘致すれば、住民の定着と移住増に結び付くでしょう。日本経済は、「ジャパン・アズ・ナンバーワン」と言われた時代以降沈滞し所得も増えませんでしたが、アメリカはＩＴ・金融を中心に成長を続け、巨大ＩＴ企業のＧＡＦＡＭ（グーグル、アップル、フェイスブック（現メタ）、アマゾン、マイクロソフト）は世界中にユーザーを抱え、我々も日々利用しています。時代は大きく変わっており、政府もデジタル庁を設置し半導体産業の育成に注力しています。

梶村　ただ、ＩＴ教育の強調には問題点も多く、危険を伴うことを忘れてはなりません。特に高齢者の多い地方自治体の場合には高齢者を置き去りにしてしまう危険があり、慎重な対応が望まれます（岡田知弘・中山徹・本多滝夫・平岡和久著『デジタル化と地方自治　自治体ＤＸと「新しい資本主義」の虚妄』（自治体研究社・二〇二三年）参照）。

なお、先ほどの市民病院の産婦人科の拡充のご主張はごもっともですが、あくまで市政の一環として市の公的責任をもって取り組んでほしい。この医療機関や医療対策の問題に関しては、下江市長としてはどのようにお考えでしょうか。

下江　東三河北部医療圏保健医療計画においても、周産期医療対策における課題として、医療圏内に分娩を扱う医師及び医療機関の確保があげられています。全国の過疎関係都市（過疎地域の町村と合併した市など）と連盟で、周産期医療ができるよう山村地域の産科医、小児科医を含めた医師確保の要望を継続して続けていきます。現実的な取り組みとしては、平成二三年に開設した「しんしろ助産所」における妊産婦健診、産褥療養、保健指導などがあります。

梶村　下江市長は温厚で目配りのきく市長として評価の高かった穂積前市長の市政の後継者との位置づけてよろしいのでしょうか。

穂積　四期をもって退くことを表明した記者会見の場で「後継指名は？」と聞かれたとき、私は「後継指名はしない」と明言しました。今もその考えに変わりありません。下江市長には、前任者のことを気にすることなく、市民との約束と自分のビジョンに従って信念のままにやっていただきたい。またそう期待するに足る市長さんだと思います。

梶村　穂積市政一六年間の業績としては、思いつくだけでも、①新城ふるさと銀行（応援隊）の創設、②若者議会の創設、③市長選挙の公開政策討論会、④市民病院の再建、⑤全市域への光ファイバー網敷設、⑥幼保一元化と希望者全入の新城版こども園開設、⑦自治基本条例と地域自治区の施行、⑧道の駅「もっくる新城」の開設、⑨東三河広域連合の創設、⑩ニューキャッスル（新城）アライアンス交流事業、⑪新城駅のバリアフリー化（昇降機の設置）など枚挙にいとまがないのですが、穂積前市長として、特別に言い残したいこととしてはどういうことでしょうか。

穂積　「言い残したい」ということは特にありませんが、私の在職期よりももっと難しい問題が次々と生じてくると思いますので、心身の健康に気をつけ、市民と職員を励ましながらまい進してもらいたい。

伊藤　穂積市政の業績で特に印象に残るのは、自治基本条例と地域自治の制定、若者議会、東三河広域連合の創設等です。ニューキャッスル（新城）アライアンス交流事業は、その活動内容が評価され栄えある総務大臣賞を受賞し誠にご同慶の至りです。副次的な効果として市民がグローバル社会を、子供達が英語勉強の必要性をそれぞれ実感したに違いなく、とても有意義な事業であると思います。我々が一冊目で提言した東三河政令都市構想は頓挫しましたが、穂積前市長が主導して東三河広域連合を創設したことは、提言の一端が実現した思いで大変嬉しいですね。

梶村　下江市政として、今後特に積極的に推進しようとされる政策としては何が挙げられますか。

下江　ひとつは旧新城東高等学校跡地の有効活用です。新城市が主体となって、医療・福祉・健康増進の分野での活用を検討していく方針決定をしました。官民連携なども含め幅広い活用の可能性を視野に入れ、愛知県と協議調整を行ってまいります。もうひとつは、医療・健康・ライフスタイル等に係る名古屋大学との包括連携協定にもとづき、研究機関や企業の持つ知見や技術を取り入れ、各分野において困難と思われる地域課題解決に向けての取り組みを推進することです。これらの事業推進をはかるため、今年度から、企画部門に総合政策課を新設しました。

梶村　下江市政は、今後二期・三期・四期と続くでしょうから、是非穂積市政と同じように、これが下江市政だということで形に見えるものをいくつか残していってほしいですね。その中の一つとして、市役所職員のやる気を起こさせる職員対策の一層の強化・推進を強調したい。穂積前市長もその方向で取り組まれ、職員の評判は良かったのですが、下江市政ではこれを看板にしてほしい。昔私の若いころ、志村喬主演の黒沢明映画『生きる』において、万年下積みでハンコを押すだけの職員だった志村が定年退職直前に一市民の要望を受け容れ万難を排して実現し、出来た公園のブランコに一人ゆられつつ（いのち短し恋せよ乙女の）「ゴンドラの歌」を唄った光景が今でも頭にこびりついています。何もしないことが公務員だという常識を打ち破った。今日の市町村役場の職員も、目覚めた後の志村喬の生き方を見習ってほしい。

第二章 「それぞれの奥三河」を巡って

梶村 ここでは若者議会と他所からのUターン・Iターンの問題だけに絞りたいと思います。まず若者議会ですが、連合の元組織局長として、この問題に関心を寄せている松井さん、若者議会の今日的意義について話してください。

松井 私の立場から言いますと、保守にせよ・革新にせよ・リベラルにせよ最近の民主主義的傾向の衰退が気になります。特に労働界と政界の混迷は目を覆うばかりです。新自由主義的な損得中心の発想ではなく、現代における憲法を中心とした平和主義の再構築が課題です。それは若者の活躍に期待せざるを得ません。

梶村 伊藤さんがお住いの名古屋市郊外に位置する豊明市の一市議会議員から、今回特別な若者議会評価の論稿をいただいています。伊藤さん、この経過はどういうことだったでしょうか。

伊藤 ふじえ議員は市民派議員として活動しており、年四回「たんぽぽ通信」を各家庭に配布、昨年一二月号に「新城市の若者議会とは」の見出しがあったので、よく見ると市民の政治参画を進めるには「若者の声が届く豊明市政」が必要で、新城市に倣い「若者議会」設置を訴えていました。これを機にふじえ議員宅を訪問し、今回の原稿を依頼しました。若者議会メンターの峯田さん（名大三年生）は名古屋市在住なので、ふじえ議員と三人で事前打合せした際、彼は若者議会出身のOB・OGで若者議会連盟を立ち上げ、理念や今後の目標を検討中と聞き、先を見据えた姿に頼もしさを感じましたね。

松下 正直に申し上げると若者議会創設の頃は「どうせチーチパッパのママゴト議会」と思っていましたが、最近は「若い子たちもなかなかヤルジャン」と見直しています。制度の全国展開があるようですし、穂積前市長の先見の明に感服する次第です。この制度で育った方から近い将来行政分野で大きな力を発揮する人がどんどん出てくることを願っています。

梶村 前市長の穂積さん、この制度創設者として「若者議会」の今後の在り方についてお話しください。

穂積 若者議会が投げかけた問題は国の未来にかかわります。だからこそ同様の取り組みが全国各地で広がっていますし、国の政策レベルでも議論の対象になっています。そのためにも新城市の若者議会が先駆者としての気概を持ち続け、惰性に陥ることなく常にフレッシュな存在であり続けて欲しい。それと構成メンバーが高校生世代に偏りがちという問題があります。時間的な問題などで社会人には少しハードルが高い。これの解決には企業の理解・協力が不可欠です。若者議会の経験は、企業活動にとっても有益なはずですので、この辺の理解促進が求められると思ってきました。

梶村　当時市議会の一員として制度の導入に理解を示し協力された下江市長としてのお考えはいかがでしょうか。

下江　制度導入から間もなく一〇年を迎えます。一〇年前と比べて、若者を取り巻く社会環境も変化しています。こども家庭庁が設置され、こども基本法にもとづき、子どもの人権を保障することはもちろん、子どもの意見を政策に反映させるために必要な措置を講じることが定められました。こうしたことからも、若者議会が提案する事業に対しての予算措置を、これまでどおり堅持していく必要があります。全庁的にこどもや若者の意見を尊重し反映できるよう取り組んでいきたいと考えます。

梶村　次に、Uターン・Iターンの問題です。この問題に特別の関心を寄せ、執筆者の開拓にも尽力された伊藤さんいかがですか。

伊藤　今回、Uターン・Iターンは重要なテーマなので、実際に新城・奥三河へ移住した人達は、何処に魅力を感じたのか、移住してどう思ったか等をありのままに述べてもらい、今後の政策に反映してほしいと考えました。皆さんに共通するのは、当初は迷ったが相談したリノベーションの大工さん、役場の担当者、地域の住民等が、皆親身になって相談に乗り、一緒に手伝ってくれる姿に心打たれ移住を決めたようです。新城・奥三河の強みは、自然環境と温かい人情・助けあい精神だとつくづく実感しましたね。

松下　これに付随して下江五目標の所で述べた教育施設の持続性堅持と、医療施設の環境整備が欠かせないと思います。これらがないと若い人が安心して住み続けることはできません。

梶村　下江市長も人口問題・移住者の視点から問題提起をされていますが、今後どうしますか。

下江　新城市には総合学科の新城有教館高等学校と、北部医療圏の基幹病院である新城市民病院があります。新城市・北設楽郡圏域の学校教育と地域医療を守っていくべき地域なのです。小中学校の義務教育と高等学校との連携や独自性を打ち出した高等学校の魅力づくりに向けて、行政や市民が積極的に関わることと、救急を含めて安心できる地域医療体制の継続が移住や定住には欠かせないと考えています。また本編でも述べたことですが、移住者が新たな移住者を呼ぶ良い循環が生まれるためにも、移住者を温かく受け入れて応援していく機運を醸成していきたいです。

第三章　歴史の奥三河を巡って

梶村　令和五（二〇二三）年度のＮＨＫ大河ドラマ「どうする家康」では、鳥居強右衛門の城抜け及び岡崎への支援要請と、新城市設楽原古戦場における馬防柵での信長鉄砲隊と武田騎馬軍団の壮絶な殺し合いがそれぞれ一回毎の全放送時間を使って放送されました。この長篠の合戦の歴史的意義をどう見るか、今日でも評価が分かれています。

松下　これに関して本書のコラムにも書きましたが、私は一六世紀後半に尾張・三河で起こった三つの戦地と縁があり、歴史の中に生きているなと感じざるを得ません。桶狭間の戦（一五六〇年）は家康初陣で奇しくも恩がある今川が討伐される戦に加わることになり、長篠合戦（一五七五年）では信長参謀として武田滅亡に一役買って「家康ここにあり」を示しました。そして信長亡き後の小牧・長久手の役（一五八四年）では、秀吉に対する優位性を明確にしました。我々は歴史の傍観者なので勝手なことを言えるわけですが、すべての道が関ケ原・江戸につながっていたとしたとき、ナガシノは家康台頭の重要な起点だったと考えることができるように思います。

伊藤　私も、高校迄は長篠、家康が、七歳から一八歳迄、六五歳から死亡する七四歳迄を過ごした駿府（静岡）で、四年間の学生生活を送り、現在の住まいは桶狭間古戦場のある豊明市と、家康に関係が深いところで人生の大半を過ごしてきました。長篠の戦の勝利は、信長の先見性と財力のなせる技と言えるでしょう。信長は、猿投の金山、濃尾平野の穀倉地帯、堺の港等を掌握し莫大な財力を保有、これからの戦は鉄砲が左右すると考え、三〇〇〇挺を準備し圧倒的な戦力差の勝利でした。歴史にＩＦが許されるなら、勝頼は何故馬防柵に構える鉄砲隊へ戦国最強の騎馬隊を無闇に突進させたのか。もっと冷静になり鉄砲隊を馬防柵から引きずり出し野戦に持ち込めば勝敗はどうなっていたか。敗戦は信玄を乗り越えようとした若気の至りと言えば言い過ぎでしょうか。

小林　二〇五〇年の時点から新技術の活用という視点でその意義は、次のように考えられます。

（一）長篠合戦は、特に鉄砲という新しい武器の活用が重要な要素となったことは間違いない。ただ、火縄銃には弱点もあった。それを馬防柵と三段構えという方法で補った。

（二）二〇五〇年の時点に立った歴史的意義は、新しい技術をいかにして国家、自治体、企業・団体、そして個人生活に取り組み、活用していくかを示唆している。

（三）新技術には火縄銃同様、弱点、リスクも伴う。そのことを十分把握したうえで、新技術を活用することの重要性を、長篠合戦が教えている。

梶村　長篠合戦は、室町・戦国の中世から徳川の近世に移行するに至る画期を担った歴史上の重大戦争でした。そこでは三千挺の鉄砲が同時に火を噴いたという世界史上類例のない戦争でしたが、鉄砲の時代はそこで終わりを告げ、脱鉄砲・刀狩を経て、戦争のない江戸時代を築くきっかけとなったのです。その後家康が「パックス・トクガワーナ」の戦争のない社会を築いたわけで、私たちは今日こそこの平和思想を維持・推進しなければならない責務を負っている、最近の世相を見ていると強く感じますね。

小林　長篠合戦にはいろいろな意義があるかと思いますが、私は次の三点を挙げたいと思います。

（一）戦乱の世に終止符を打ち、戦争のない平和な世の中が二六〇年も続いたこと自体に大きな意義がある。

（二）平和な時代の副産物として、浮世絵をはじめ庶民の文化が興隆したことも見逃せない。

（三）識字率が高くなったことは、特に重要な意義がある。当時、イギリスのロンドンでは三割程度であったのに対して、日本の江戸の識字率は八割だったという説がある。地方でも寺子屋で「読み書きそろばん」が普及した。このことは、明治維新後、日本が急速に近代化を達成できた大きな要因の一つであると言ってよい。

穂積　本書の第三章の論稿でも紹介されていますが、土地の旧家や郷土史家を訪ねると江戸期の書付や文書類が結構残されています。日々のこまごましたことから、訴訟沙汰、境界争論、年貢割り当てなど、読む者の想像力を大いにかきたててくれるものです。地域共同体のルールや運営などについても、現代につながってくるものがあります。「郷土意識」の素地になっている「地域性」の、その地域の範囲も大体が江戸幕藩体制のなかで形成されていったものがコアになっているようです。江戸時代の「歴史的意義」を評価することは私の手に余りますが、そうした現代につながるものを見ていくと、興味がつきません。長篠設楽原合戦でも、新しい資料が発見されるたびに評価軸は変わりますし、見る側の価値観によっても一八〇度違ってくるものだと思いますが、われわれとしては、やはり「地元ならでは」の視点を大切にしたいですね。

梶村　おっしゃる通り、奥三河の農民たちは訴訟等においても元気で自分の権利を積極的に守りました。二つだけ例を挙げておきますと、①江戸時代においても、東三河の花祭の里の農民と商人との間の地域の産物の取引に関する争いは江戸表の裁判にまで発展しました（山本正名著『江戸の裁判　花祭の里の天保騒動記「議定論日記」』（風媒社・

二〇一八年〕)、②最近の戦前から戦後にかけても、西三河の山林等の入会地を巡って入会団体の総有権確認請求権を認めた最高裁判決を引き出した「付き合い仲間」五〇人余の活躍(最高裁平成六年五月三一日判決・別冊ジュリスト民法判例百選①総則・物権〔第八版〕)があります。

下江市長のお考えはいかがでしょうか。

下江 わがまちの歴史資源こそ、シビックプライドの醸成に欠かせないものですね。長篠設楽原の戦いに関係する考察は、新たな発見を生み、さらなる探求心を掻き立てます。そして、万燈(灯)や火おんどりなど、合戦で亡くなられた方の慰霊の行事が、大切に引き継がれていることが、平和を願うこのまちのかけがえのない歴史と伝統です。私たちは常に、平和への祈りを込めて戦国の歴史を語り継いでいくことを忘れてはなりません。戦国の世に終止符が打たれ、平和と安定の時代に育まれた伝統芸能に歌舞伎や能・狂言があります。町衆の文化として新城城下で定着した新城歌舞伎や薪能などが、令和の時代の町衆に受け継がれ、祭事などの際に披露されています。新城市の自慢の伝統芸能として、大切にしていきたいと思います。

伊藤 家康の評価は、戦争のない世の中を築いた為政者として後世まで語り継がれており、異論を挟む余地はありません。

梶村 よく徳川時代は百姓泣かせの封建制度だったと言われますが、本書【三—7】の梶村史麿論文にもあるように、税金と年金等公的負担を入れれば五割近くになる現在の公的負担と徳川時代の年貢負担がそれほど違っていたわけではありません。飢饉や一揆の時は上も下も皆苦しかったのです。徳川時代が特に百姓に苛酷だったわけではありません。この点、最近は歴史学の立場からも、例えば、田中圭一著『百姓の江戸時代』(ちくま新書・二〇〇〇年)、渡辺尚志著『百姓の力 江戸時代から見える日本』(角川ソフィア文庫・二〇一五年)では、百姓が苦しい中でも江戸時代の民主主義的機能を推し進めた面があり、先ほど示した通り、三河の農民百姓も権利の確保に頑張っているのです。

第四章 どうする奥三河を巡って

梶村 各人の現段階で言い残したいことをお願いします。

松井 一言で言えば、高齢化対策と少子化対策とは市長・職員・市民・特にその中でも若者が中心となり、高齢者が経験に基づくバックアップを怠らず、これらの者全員が一体となってあくまで民主的に成し遂げることにあるということです。私はその成果と共にそのプロセスを大事にしたいと思います。今読み返すと、穂積亮次著『市民力ライブラリー 自治する日本—地域起点の民主主義』(萌書房・

二〇一六年）は名著です。

伊藤　本書の意義は、新城・奥三河のメンバー四〇数名が同じ趣旨に添い、それぞれの立場から地元愛を込めて記述したことにあると思います。これを機に自治体間のみならず各組織間の連携が密になり何らかの課題解決が図られるとしたら、これに勝るものはありませんね。

小林　家康は、様々な局面で「どうする」と意思決定をし、行動することにより江戸時代という二六〇年間続いた平和な世を築いた。前例のない少子化、高齢化が進むなかで、自治体、住民が一体となって、二〇五〇年の視点に立ち、バックサイド思考で「どうする奥三河」を考え、行動することにより、持続可能な奥三河の姿が描けるでしょう。

松下　次の企画があるなら「やるじゃん！　奥三河」などといえるように、これから自慢・紹介できる案件が多数出てくると良いですね。

穂積　ふるさと応援隊の皆さんの奮闘もあいまって、本書には奥三河各界から大勢の方が執筆者として登場してくださいました。実に画期的なことで、前例をあまり知ることはできません。一つの記録としても貴重なものでしょうし、明日への手がかりとしても意義あるものだと思います。本書をまとめ得たこと、ここに奥三河の現在地がある、と言えるのではないでしょうか。

下江　人口減少や過疎と必死に闘い、困難な地域課題に向き合っている私たちは、地元愛溢れる市外からの応援者に、常に勇気づけられています。本書が奥三河の発展的な未来を築く足がかりとなるよう期待するとともに、ふるさと応援隊の皆様には、これからも奥三河の未来を切り開いていくためのご助言を賜りたく思っています。この度の編者の皆様の熱意とご努力に心から感謝申し上げます。

梶村　ありがとうございました。紙数の関係で十分な発言時間が取れず、難儀をさせてしまったことをお詫びします。穂積前市長の「はじめに」にもありますように、本書はシリーズ三冊目ですが、西三河の「禅僧鈴木正三」を取り上げるスペース的余裕がなく残念だったため、それを含め今後の努力目標として、数年後に四冊目を、七・八年後に五冊目を出したいと思っています。梶村の今後一〇年の課題は「コモンの哲学」（恒春閣『臨床調停学入門1』）及び「コモンの地域学」、「三河学」（本シリーズ二冊目）の熟成化です。そして、命ある限り『戦後裁判官物語』を書き続けたい。七月末の暑中見舞いで、岐阜県に住む新城高校時代の友人から、懐かしい暑中見舞いが届きました。「八〇歳をこえ、望郷の念一入。特に貴殿と過ごした奥三河・新城、夢にまで見ること再三」。有難い。ふるさと奥三河を大事にしたいですね。

おわりに

初代応援隊長の伊藤利男氏からこの書の構想概略をお聞きしたのが令和五（二〇二三）年二月半ば。折しもNHK大河ドラマ「どうする家康」の放映が始まってこの地方に再び戦国ブームが到来した時で、仮の書名を「どうする新城・奥三河」として急いで出版したいので応援隊長として協力してほしいとのことだった。しかも、五月の連休明けに執筆依頼を出し、本年中に出版に漕ぎつけたいと言われた。私の経験上、多数の執筆者による出版計画は予定より遅れることが常であるので、正直に吐露すれば「そんな無茶なことできっこない」と思い、途中まではお断りするつもりでお話を聞いていた。

しかし、伊藤氏の輝く眼と熱意に絆され、お別れする時までには出版計画に同意していた。その後、三月に湯谷温泉で開いた関係者の会議で出版に向けた大筋合意がなされ、実質出版代表者の梶村太市氏が出版社の選定・交渉にあたることになった。恒春閣が受けてくれることはすぐに決まったが著者の選定などに手間どり、執筆依頼は六月になったため「遅れ」がすでに始まった。ところが、原稿提出一番乗りの小林宏之さんが見事な先陣を切り、梶村氏の強力な牽引力が重なって驚くことに四章の中身である座談会が行われた八月一九日にはほぼ原稿が出揃った。

さて、①日本全体の人口が急激に減る局面に入っている、②奥三河と他地域との人流を見ると転出の方が転入よりずっと多い。この二つの事象を見れば、この地域の人口が減ってゆくことは自明である。この現実を受け入れながら「どうする日本・どうする奥三河」を考える時である。誰もが知るアリストテレスは、人生の究極の目的は、その人の人生すべてを眺めたときに幸福を感じたかどうかだと説いた。少なくなってゆく人と人とのかかわりの中でどのように幸福感を築き上げてゆくか、私たち奥三河に関係を持つ者もこの事態をその視点でとらえた方がよさそうである。

本書第一章では、編者・執筆者と自治体の責任者諸氏に現状認識と将来展望・提案を述べてもらった。特に各自治体首長さんたちの苦悩と奮闘には、外から勝手なことを言えないほど迫力がある。現状認識の部分では、気が滅入るほどの厳しい統計的数値が並び深く考えさせられる。

第二章では、地域各界の責任者群による現状分析に基づく改善・改革提案に加え、若者議会関係者のフレッシュな提言、I・Uターン組のエネルギッシュな寄稿が多数続き、ともすると沈みがちな中高年に元気を与えてくれている。

第三章では舞台場面がガラリと変わり、戦国の世を夢をもって駆け巡り、汗と涙と血を流した三河武士たちの生き様が歴史考証を伴って冷静に語られ、彼らの魂が現代に生きるわれわれにも息づいているかのような感覚を持たせてくれている。

第四章は編者達によるまとめの座談会である。

本書全体を通じては、著者に対して大筋の執筆・編集方針を示したものの、多数の著者による打ち合わせの機会がなかったため、統計的数値や行政上の統合・合併などの記述にいくらかの重なりが生じてしまったが、本書の性格に免じてお許しいただきたい。

冒頭に述べたが、内容の発散や出版の遅延に陥りがちなこのような企画が予定を上回って進むことは驚嘆に値する。これも元祖新城応援隊員三氏の結束力、とりわけ梶村氏の強烈な熱意と牽引力の賜物である。そして梶村氏との綿密な打ち合わせや著者群との膨大かつ子細なやり取りにも丁寧に対応してくださった恒春閣の藤寄・栗原両氏の尽力なしには本書の刊行はあり得なかったことに執筆・編者を代表して謝意を表したい。

最後にひとこと。この書を「はじめに」で紹介されている先達二人に届けたとき、林先生からは娑婆で足掻いている我々を見て「あんたたち、もうちょっと頑張っておくれんよ　遠くで見とるでのん」との言葉が返ってきそうである。

二〇二三年十月

編集委員を代表して　新城ふるさと応援隊代表　松下　裕秀

愛知奥三河今昔物語

2023年10月17日　初版第１刷発行
2023年12月８日　初版第２刷発行

編著者　穂積　亮次
　　　　松下　裕秀
　　　　小林　宏之
　　　　伊藤　利男
　　　　梶村　太市
　　　　松井　光広
発行人　市倉　　泰
発行所　株式会社　恒春閣
　　　　〒114－0001　東京都北区東十条６－６－18
　　　　tel. 03－6903－8563　fax. 03－6903－8613
　　　　https://www.koshunkaku.co.jp

印刷・製本　日本ハイコム株式会社

Koshunkaku Co., Ltd.
Printed in Japan

ISBN978-4-910899-05-3　C0039
定価：1, 980円（本体：1, 800円）